実務家のための

企業再生 と 事業承継

あずさ監査法人 [著]

清文社

実務家のための
企業再生と事業承継

発刊によせて

　昨年7月以降のサブプライム問題以降、企業再生という言葉がふたたび頻繁に聞かれるようになっています。この問題は、グローバル化した金融システムのみならず、世界の主要国の事業会社まで大きな影響を及ぼしました。
　米国の資本主義の象徴的な存在であるGM（ゼネラルモーターズ）がチャプターイレブンを申請するという深刻な事態となっています。日本企業においても、グローバル化を推進した企業ほど事業に大きな影響がありました。
　また、この問題が金融を不安定化させ、企業側への資金供給不足により、企業倒産件数は増加し、上場会社の破綻件数も、ここ数年の件数と比較すると大きく増加しています。
　一方、ディスクロージャー面では、平成20年4月1日開始事業年度から、財務報告に係る内部統制報告制度と四半期報告制度がスタートし、これによりスピード・正確性・定性情報の3つの観点で情報開示の質の変化が起こりました。
　四半期開示制度の導入により、開示回数は年2回から4回に倍増し、有価証券報告書は90日内開示ですが、四半期開示は45日内開示にスピードアップされました。また、財務報告に係る内部統制は、経営者自身がその評価を実施して内部統制報告書にて報告し、監査人がそれを監査して監査意見を表明します。
　2008年11月に米国は、米国上場企業に対してIFRSを強制適用させる方向性を示すロードマップ案を公表し、アドプションを模索し始めました。このような状況下、日本においては、2009年6月11日、企業会計審議会第16回企画調整部会から、「わが国における国際会計基準の取扱いについて（中間報告）案」が発表されています。その中で、「IFRSの強制適用については、2012年に強制適用を判断する場合、2015年又は2016年に上場企業に一斉適用する」との記述があり、2012年には重要な意思決定が下される予定です。
　本書の前身として、平成16年9月に『企業再生の実務ガイド』を発刊しましたが、経営承継円滑化法が平成20年10月から施行されたことを踏まえ、今回全編を見直し、新たに『実務家のための　企業再生と事業承継』として発刊する

こととしました。一見、両者の関係はないように思われますが、激変する経済環境では、優良非上場会社といえども、事業承継の前提となる事業継続に確実な保障はありません。

　また、事業承継には相続税のコストが発生し、納税のために対象会社に株式を引き取らせる場合、対象会社はキャッシュアウトと自己株引取りにより、資本が減少するため財務内容が悪化します。したがって、健全な事業承継のためには、企業再生の手法を利用した事業継続のしくみ作りが必要と考え、本書を執筆しました。

　本書は、実際に企業再生、事業承継の実務に携わっているメンバーが豊富な実務経験を基に執筆しています。本書が企業再生の実務に携わる方や、事業の再構築により持続的な成長を目指されている企業の皆様の参考になれば幸いです。

　　平成21年7月

　　　　　　　　　　　　　　　あずさ監査法人　専務理事
　　　　　　　　　　　　　　　　代表社員　　公認会計士　吉田 享司

CONTENTS

目 次

第1編 企業再生と事業承継制度のフレームワーク

第1章 企業再生のフレームワーク
Ⅰ なぜ企業再生か …………………………………………………… 3
Ⅱ 再生手法とは ……………………………………………………… 25

第2章 事業承継のフレームワーク
Ⅰ 支配権の承継と経営能力の承継 ………………………………… 35
Ⅱ 事業承継の財務的側面 …………………………………………… 44

第2編 事業承継制度

第1章 事業承継のしくみ
Ⅰ 事業承継を構成する要素 ………………………………………… 49
Ⅱ 経営権と財産権の分離　～種類株式の活用 …………………… 59
Ⅲ 事業承継の方法 …………………………………………………… 66

第2章 事業実態の把握から事業成長、事業承継へ
Ⅰ 中小企業における事業承継 ……………………………………… 70

Ⅱ　事業実態の把握と事業承継 …………………………………………… 73
　Ⅲ　事業実態の把握から事業価値の向上へ ……………………………… 84
　Ⅳ　継続的な発展を重視した事業承継へ ………………………………… 89

第3章　経営承継円滑化法の活用と留意点
　Ⅰ　経営承継円滑化法について …………………………………………… 90
　Ⅱ　経営承継円滑化法の3つの特例について …………………………… 92
　Ⅲ　経営承継円滑化法活用のポイント ……………………………………107

第3編
企業再生

第1章　企業再生における事業再編手法の活用例
　Ⅰ　事業再編手法の概要 ……………………………………………………115
　Ⅱ　カネボウの事業再生 ……………………………………………………122
　Ⅲ　企業再生における事業再編手法の活用事例 …………………………138

第2章　経営再建計画の立案とモニタリング
　Ⅰ　現状分析 …………………………………………………………………144
　Ⅱ　経営再建計画策定のフレームワーク …………………………………150
　Ⅲ　自主再建計画策定手順 …………………………………………………155
　Ⅳ　金融機関支援を前提とした再建計画策定の手順 ……………………161
　Ⅴ　スポンサー ………………………………………………………………164
　Ⅵ　株主責任、経営責任 ……………………………………………………164
　Ⅶ　モニタリング ……………………………………………………………165

第3章　企業再生における私的整理

- Ⅰ　倒産処理手法の分類 …………………………………… 166
- Ⅱ　私的整理の特徴 ………………………………………… 168
- Ⅲ　私的整理の事例検証 …………………………………… 172
- Ⅳ　私的整理ガイドライン ………………………………… 177
- Ⅴ　特定調停法 ……………………………………………… 186
- Ⅵ　中小企業再生支援協議会 ……………………………… 188
- Ⅶ　RCC企業再生スキーム ………………………………… 191
- Ⅷ　特定認証紛争解決手続（事業再生ADR） …………… 194

第4章　企業再生における法的整理

- Ⅰ　はじめに ………………………………………………… 196
- Ⅱ　法的整理の概要 ………………………………………… 197
- Ⅲ　法的整理による企業再生事例 ………………………… 221

第5章　デット・エクイティ・スワップ

- Ⅰ　デット・エクイティ・スワップの概要 ……………… 231
- Ⅱ　デット・エクイティ・スワップの手続 ……………… 239
- Ⅲ　デット・エクイティ・スワップの会計 ……………… 243
- Ⅳ　デット・エクイティ・スワップの税務 ……………… 246
- Ⅴ　債権の評価 ……………………………………………… 250
- Ⅵ　まとめ …………………………………………………… 253

第6章　企業再生における公的支援機関と支援制度

- Ⅰ　整理回収機構（RCC） ………………………………… 254
- Ⅱ　日本政策投資銀行 ……………………………………… 267

- Ⅲ 日本政策金融公庫 … 268
- Ⅳ 商工中金 … 269
- Ⅴ 中小企業再生支援協議会 … 270
- Ⅵ 企業再生支援機構 … 272

第7章 企業再生における会計と税務

- Ⅰ 企業再生における会計実務 … 273
- Ⅱ 事業年度の取扱い … 280
- Ⅲ 債務免除益の取扱い … 282
- Ⅳ 資産評価損益の取扱い … 289
- Ⅴ 繰越欠損金の取扱い … 293
- Ⅵ 留保金課税の取扱い … 295
- Ⅶ 仮装経理に基づく過大申告の更正の請求と還付 … 298
- Ⅷ 保証債務の履行と私財提供 … 301

第8章 企業再生におけるファイナンス

- Ⅰ はじめに … 303
- Ⅱ 再生ファンド … 306
- Ⅲ 企業再生におけるつなぎ融資 … 321

第9章 企業再生における産業活力再生特別措置法の利用

- Ⅰ はじめに … 327
- Ⅱ 平成19年改正産活法の概要 … 329
- Ⅲ 産活法の活用事例分析 … 340
- Ⅳ 平成21年度改正について … 350

凡 例

文中の根拠法令については、次の略語を使用しました。

法　法……法人税法
法　令……法人税法施行令
法基通……法人税基本通達
措　法……租税特別措置法
所　法……所得税法
所基通……所得税基本通達
相基通……相続税法基本通達
国通法……国税通則法
地　法……地方税法
会　法……会社法
更生法……会社更生法
更生規……会社更生規則
民再法……民事再生法
民再規……民事再生規則

第1編 企業再生と事業承継制度のフレームワーク

第1章　企業再生のフレームワーク

ポイント
- 企業再生は、サブプライム問題発生以降の世界的な経済環境の悪化により、必要不可欠となっている。
- 会計ビッグバンは、企業に資本の部の調整を迫った。
- 民事再生法は、和議法にかわる再建型倒産処理手続として、2000年から施行されたが、上場企業の法的整理では、依然として主流となっている。
- 会社更生法は、更生手続の迅速化及び合理化を図るため改正され2003年4月から施行されている。また、最近は、DIP型の事例も出ている。
- 企業再生は、診断、安定化、再生戦略の策定、実行計画の作成、実行計画のモニタリングの5つのプロセスで実行する。
- 企業再生戦略及び計画立案、実行に重要なことは、強いリーダーシップのあるマネジメントの復活と全員の志気の向上である。

Ⅰ　なぜ企業再生か

　企業再生は、英語ではターンアラウンド（Turnaround）と呼ばれ、方向転換；（考え・態度などの）変更、転向；（業績・経済などの）回復などを意味します。

　米国では、1980年代から経済が低迷したため、日本より10年以上早く、ターンアラウンドが流行しました。日本においてこの言葉が利用されだしたのは、1997年頃からです。

　2008年、夏場以降のサブプライム問題を発端とする世界同時金融不況以降、

企業再生という言葉が、再度聞かれるようになっています。

1　経済動向

1990年代は、失われた10年とよばれ、日本経済は大きく低迷しました。実質GDP、公定歩合、日経平均株価、地価水準をみれば、その状況が理解されます。

2003年以降、景気がようやく回復しはじめ、2007年までは、順調に推移していました。しかしながら、2008年夏場以降のサブプライム問題の発生による世界同時金融不況以降、実態経済が大きくマイナスに転じています。

(1)　実質GDP

内閣府が公表している実質GDPの推移は、次のとおりです。1991年以降、成長が止まっていましたが、2003年以降増加傾向にありました。

実質GDP推移　　　　　　　　　　　　　　　　　　（単位：兆円）

1980年度	1981年度	1982年度	1983年度	1984年度	1985年度	1986年度	1987年度	1988年度	1989年度	1990年度	1991年度	1992年度	1993年度
315	324	333	338	352	368	378	397	423	442	468	478	483	478

1994年度	1995年度	1996年度	1997年度	1998年度	1999年度	2000年度	2001年度	2002年度	2003年度	2004年度	2005年度	2006年度	2007年度
471	483	497	497	489	493	506	502	507	518	528	540	552	563

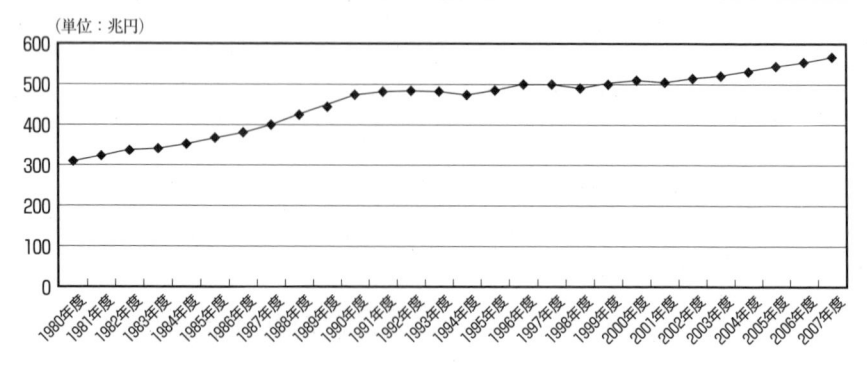

しかしながら、2008年夏場以降のサブプライム問題の発生による世界同時金融不況以降、実質成長率が大幅に鈍化あるいはマイナスに転じており、サブプライム問題が実態経済に与えた影響の大きさが伺えます。

内閣府公表の2004年から2008年までの四半期ごとの実質国内総生産、実質成

長率は、次のとおりです。

2008年第1四半期以降、実質成長率はマイナスに転じ、第3四半期においては、12.1％も下落しており、実態経済が急速に悪化していると考えられます。

2004～2008年の四半期ごとの実質国内総生産実質成長率

	（兆円）	前期比（％）
	実質国内総生産	実質成長率
2004年/04-06月	525.9	-1.1
2004年/07-09月	529	2.3
2004年/10-12月	527.2	-1.3
2005年/01-03月	531	2.9
2005年/04-06月	536.2	4
2005年/07-09月	540.4	3.1
2005年/10-12月	542.4	1.5
2006年/01-03月	542.9	0.4
2006年/04-06月	547	3
2006年/07-09月	549.8	2.1
2006年/10-12月	554.4	3.4
2007年/01-03月	560.2	4.3
2007年/04-06月	558.7	-1.1
2007年/07-09月	560.7	1.4
2007年/10-12月	566.2	4
2008年/01-03月	568.1	1.4
2008年/04-06月	561.6	-4.5
2008年/07-09月	559.6	-1.4
2008年/10-12月	541.8	-12.1

四半期実質GDP及び実質成長率

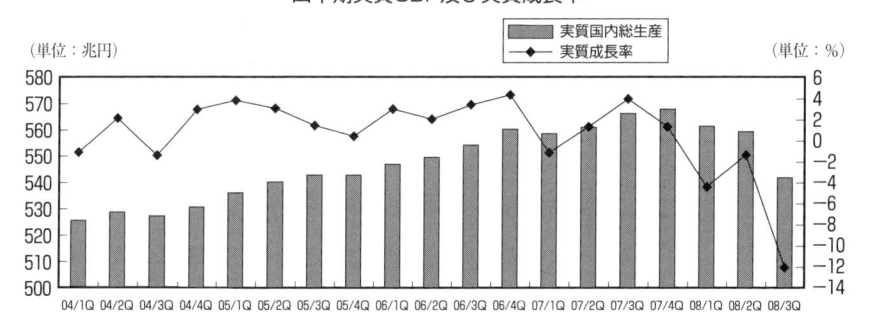

(2) 基準割引率と基準貸付利率（旧名称「公定歩合」）

　公定歩合は、日本銀行が、市中銀行などに貸付けを行う際に適用される基準金利のことをいいます。1980年8月に9％から8.25％に引下げを実施して以降、1987年に2.5％まで継続して引き下げられ、その後のバブル経済対策により1990年8月まで6％に引き上げられました。1995年9月からのゼロ金利政策により0.5％に引き下げられて以降、現在まで1％以下の金利が継続しています。日本銀行公表データにより、推移をグラフにすると、次のようになります。

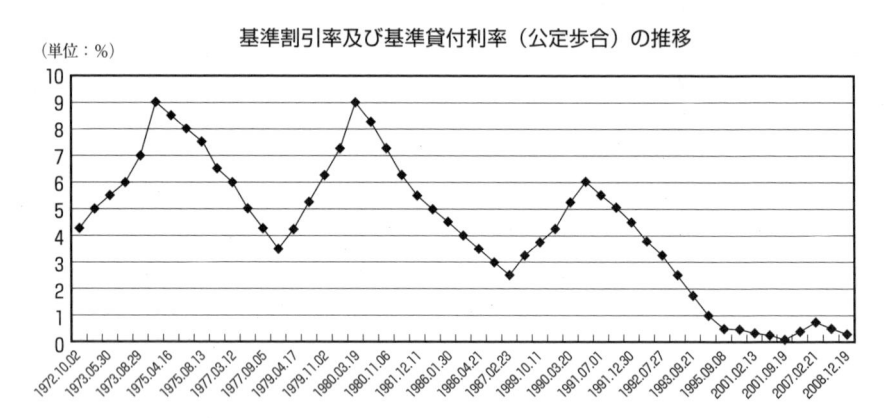

基準割引率及び基準貸付利率（公定歩合）の推移
（単位：％）

　ちなみに、2001年から現在までの金利水準（日本銀行公表データ）は、次のとおりです。

（単位：％）

年月	金利
2001.01.04	0.5
2001.02.13	0.35
2001.03.01	0.25
2001.09.19	0.1
2006.07.14	0.4
2007.02.21	0.75
2008.10.31	0.5
2008.12.19	0.3

基準割引率及び基準貸付利率

(単位：％)

2001.01.04	約0.49
2001.02.13	約0.34
2001.03.01	約0.25
2001.09.19	約0.09
2006.07.14	約0.39
2007.02.21	約0.74
2008.10.31	約0.49
2008.12.19	約0.29

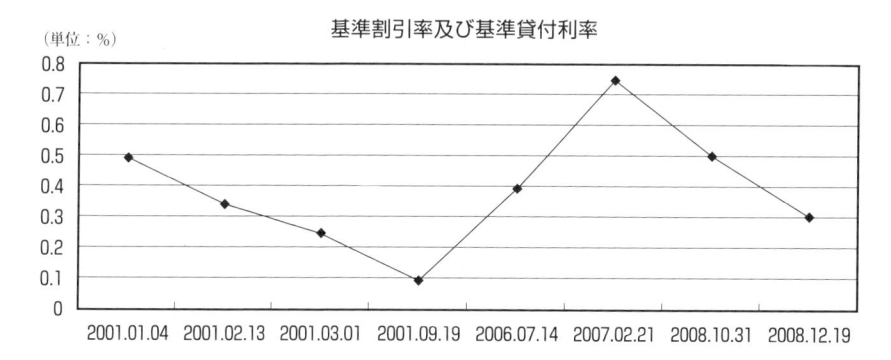

　なお、2006年8月11日に日本銀行は、これまで「公定歩合」として掲載していた統計データのタイトルを「基準割引率及び基準貸付利率」に変更する旨の発表を実施しています。

　これは、1994年に金利自由化が完了し、「公定歩合」と預金金利との直接的な連動性がなくなったことによります。現在は、こうした連動関係にかわって、各種の金利は金融市場における裁定行動によって決まっており、「公定歩合」は、2001年に導入された補完貸付制度の適用金利として、日本銀行の金融市場調節における操作目標である無担保コールレート（オーバーナイト物）の上限を画する役割を担うようになっています。

　そこで、政策金利としての意味合いの強かった「公定歩合」という用語にかえて、「基準割引率及び基準貸付利率」という用語を使用することになりました。

(3) 日経平均株価及び土地価格

　土地及び株式という資産の将来の価値上昇を法人及び個人が期待し、需要が供給を大きく上回ったため、異常な地価、株式等のバブルが発生しました。当然、永久に上昇することなく、日経平均株価は、1989年12月の38,915円をピークに2003年4月の7,607円まで80％以上の下落がありました。その後、2006年まで、株価は順調に回復しましたが、2007年から下落に転じ、サブプライム問題の発生した2008年には、大きく下落しています。

日経平均株価

(単位：円)

年	暦年終値	年	暦年終値	年	暦年終値
1986年	18,701	1994年	19,723	2002年	8,579
1987年	21,564	1995年	19,868	2003年	10,677
1988年	30,159	1996年	19,361	2004年	11,489
1989年	38,916	1997年	15,259	2005年	16,111
1990年	23,849	1998年	13,842	2006年	17,226
1991年	22,984	1999年	18,934	2007年	15,308
1992年	16,925	2000年	13,786	2008年	8,860
1993年	17,417	2001年	10,543		

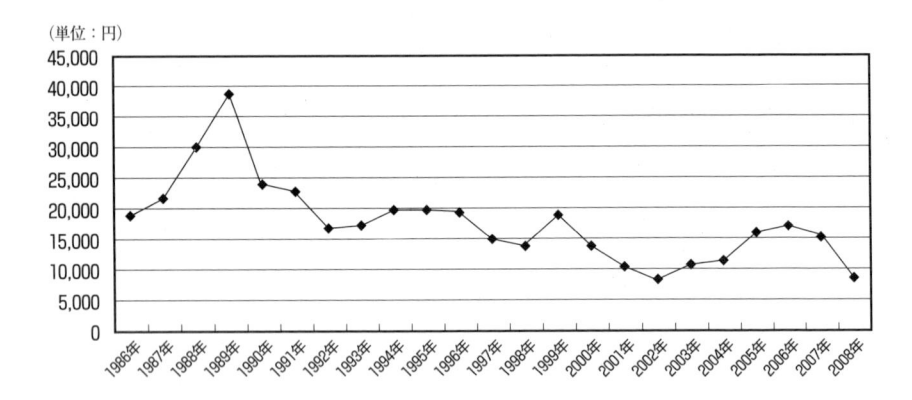

　昭和46年から平成21年までの公示地価の変動率は、次ページのとおりです。

　昭和48年、49年と列島改造ブームにより、大幅に地価が上昇し、49年のオイルショックにより、昭和50年に地価が下落しています。その後は、ゆるやかに上昇し、バブル経済がスタートした昭和63年以降平成3年まで大幅に上昇し、平成4年以降は一転し、平成18年まで下落しています。

　平成19年、20年と上昇に転じましたが、平成21年は再度下落しています。

昭和46年〜平成21年の公示地価の変動率

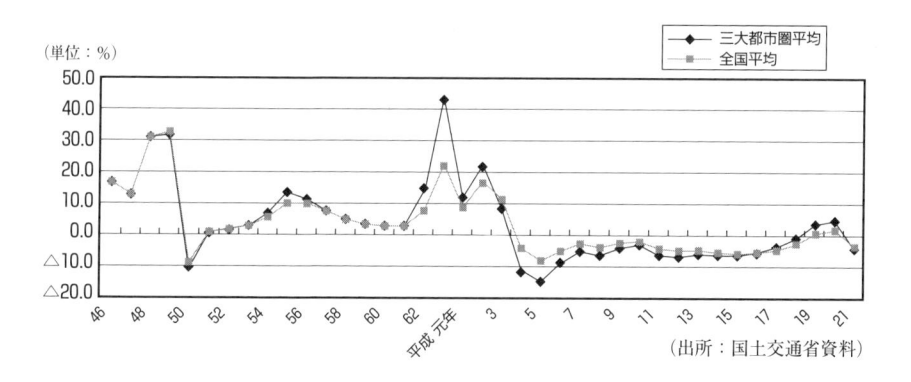

用途	公示年 圏域	46	47	48	49	50	51	52	53	54	55	56	57	58	59	60	61	62	63	平成元年	2
全用途平均	東京圏	16.7	13.1	34.0	33.3	△11.4	0.4	1.3	2.8	7.3	15.7	12.2	6.8	4.0	2.7	2.4	4.1	23.8	65.3	1.8	7.2
	大阪圏	16.8	12.2	28.1	29.9	9.5	0.3	1.4	2.3	5.6	11.8	11.1	8.5	4.8	3.5	3.2	3.1	4.6	19.8	32.1	53.9
	名古屋圏	13.8	12.2	26.0	26.5	9.5	0.4	1.9	3.1	6.5	11.4	10.3	7.0	4.1	2.4	1.7	1.7	2.4	8.3	16.4	19.9
	三大都市圏平均	16.5	12.8	31.4	31.7	△10.5	0.4	1.4	2.7	6.7	13.9	11.6	7.3	4.3	2.9	2.5	3.5	15.0	43.8	12.2	22.1
	地方平均		8.8	25.6	39.1	△8.2	0.6	1.5	2.4	4.1	7.3	8.3	7.4	5.0	3.2	2.3	1.8	1.5	2.4	4.8	11.7
	全国平均	16.5	12.4	30.9	32.4	9.2	0.5	1.5	2.5	5.2	10.0	9.6	7.4	4.7	3.0	2.4	2.6	7.7	21.7	8.3	16.6

用途	公示年 圏域	3	4	5	6	7	8	9	10	11	12	13	14	15	16	17	18	19	20	21
全用途平均	東京圏	7.0	△8.4	△14.9	△9.4	△5.0	△7.0	△5.1	△3.9	△7.1	△7.4	△6.4	△6.4	△5.9	△4.9	△3.2	0.7	4.6	6.7	△4.7
	大阪圏	6.8	△21.3	△17.4	△8.5	△4.0	△6.0	△3.4	△2.3	△5.9	△6.9	△7.4	△9.1	△8.3	△5.4	△1.4	2.7	3.4	2.3	△2.3
	名古屋圏	18.4	△5.1	△9.3	△6.9	△5.6	△5.2	△3.0	△1.9	△4.9	△3.0	△2.8	△5.3	△6.1	△5.3	△3.5	△1.0	2.8	3.8	△3.5
	三大都市圏平均	8.5	△11.6	△14.7	△8.8	△4.8	△6.4	△4.3	△3.2	△6.4	△6.6	△6.1	△6.9	△6.8	△5.9	△3.9	0.9	3.8	5.3	△3.8
	地方平均	13.8	1.9	△2.3	△2.0	△1.2	△1.8	△1.6	△1.7	△3.0	△3.4	△3.8	△5.0	△6.0	△6.5	△6.0	△4.6	△2.8	△1.8	△3.2
	全国平均	11.3	△4.6	△8.4	△5.6	△3.0	△4.0	△2.9	△2.4	△4.6	△4.9	△4.9	△5.9	△6.4	△6.2	△5.0	△2.8	0.4	1.7	△3.5

(出所：国土交通省資料)

　日本における土地及び株式の下落は、金融部門の貸付金の担保価値を大きく下落させ、景気悪化による企業業績の悪化と合わせて、不良債権問題を発生させました。不良債権問題は、一方で企業にとっては過剰債務の問題であり、表裏一体の関係となっていました。従来、企業にとって、含み益として企業信用の中心であった株式と土地がこのように下落したわけですから、含み益が一転し、含み損となりました。

　平成14年10月、政府は、不良債権問題の早期解決と銀行など金融システムの機能回復を目指した「金融再生プログラム」を策定し、平成17年3月末までに、主要行の不良債権比率を半分程度にすることを目指して、実行されました。

2　金融ビッグバン及び会計ビッグバン

(1)　金融ビッグバン

　1996年11月、当時の橋本総理大臣により「日本版ビッグバン」が宣言され、日本における金融制度改革が具体的に始動しました。1997年6月には、金融制度調査会、証券取引審議会、保険審議会が「日本版ビッグバン」の青写真を発表しました。その内容は、多岐にわたっていましたが、ポイントは2001年までに日本の金融市場を抜本的に改革して、日本市場をニューヨークやロンドン等の世界の主要市場に負けない金融マーケットにするというものでした。

　日本の金融ビッグバンでは、フリー、フェアー、グローバル3つの理念が掲げられていました。フリーとは「市場原理に基づく自由な市場」、フェアーとは「透明性のある公正な市場」、グローバルとは「国際的基準に則った市場」を意味します。

　金融ビッグバンの具体的内容は、①内外資本流出入の自由化、②株式・証券・保険など広義の金融機関の相互参入の促進、③株式売買など各種手数料の自由化、④会計制度・法制などの国際基準への調整、の4つに区分されます。

(2)　会計ビッグバン

　金融ビッグバンの一環として、国内会計制度のグローバル化を目的に、世界的に通用する会計ルールの改革がスタートしました。これを会計ビッグバンといいます。もし、会計制度改革に着手しなければ、海外の企業や投資家から日本企業が信用を獲得できないことになり、世界的なマーケットでの取引や資金調達が不可能となり、グローバル化の波から完全に取り残されることになったはずです。

　会計ビッグバンは、日本企業のバランスシートに大きな変革をせまり、その影響は資本の部に端的に表れました。平成12年3月期の新連結制度から会計ビッグバンはスタートしたといわれていますが、ここでは土地再評価法も関連改正として位置付けています。平成21年3月期までの会計ビッグバンの内容及び関連改正は、次表のとおりです。

会計関連法制度の改正

会計関連法制度等の改正	平成10年3月期	平成11年3月期	平成12年3月期	平成13年3月期	平成14年3月期	平成15年3月期	平成16年3月期	平成17年3月期	平成18年3月期	平成19年3月期	平成20年3月期	平成21年3月期
新連結制度				●――――――――――――――――――――→								
キャッシュフロー計算書				●――――――――――――――――――――→								
金融商品の時価会計 ・流動有価証券 ・デリバティブ取引					●―――――――――――――――――→							
その他有価証券						●――――――――――――――→						
退職給付会計					●――――――――――――――――→							
税効果会計				●――――――――――――――――――→								
研究開発費等				●――――――――――――――――――→								
外貨建て取引等会計					●―――――――――――――――――→							
土地再評価法		●――――――――――→										
継続企業（ゴーイングコンサーン）の前提の開示							●――――――――――→					
商法連結計算書類								●――――――――→				
減損会計									●――――――→			
企業結合会計										●―――→		
棚卸資産												●→
リース会計												●→
在外子会社の会計方針の統一												●→
内部統制												●→
四半期開示												●→

(3) 会計ビッグバンの企業への影響と企業行動の変化

① 資本の部に対する影響

イ　土地再評価法の制定

　一連の会計基準の改正は、個別企業だけでなく企業グループ全体に含み損等の会計処理を迫り、資本の部に大きな影響が発生しました。

　資本の部を変化させた法制度としては、まず、1998年に制定された土地再評価法があります。本来は、金融機関のBIS基準を満たすための措置でしたが、一般事業会社においても改正により利用されました。

この法律は、平成13年6月に改正され、平成14年3月31日まで延長されました。対象は、事業用の土地であり、部分適用は認められておらず、その全部について適用する必要がありました。評価損益合計から税効果相当額を控除した金額は「土地評価差額金」として資本の部に計上されました。再評価差額金の取崩しは、売却処理、減損処理、自己株の消却に使用するとき（平成14年3月31日までの期間限定）のみに限定されていました。

　再評価後の修正帳簿価額と時価を比較して、時価評価額の合計額が修正帳簿価額の合計額を下回る場合には、当該差額を貸借対照表に注記する必要があります。新たな損失を負担する場合、資本勘定が不足するので、事業用の土地を再評価して含み益を顕在化させる場合と、含み損と含み益を合算して減損会計を先取りするかたちで、利用したケースがありました。

ロ　自己株式取得の解禁

　金融機関が自己資本比率を維持するために、下落リスクのある株式、特に持ち合い株式の解消を積極的に進めると、市場における大量の売り要因となるため、一般事業会社が自社の株価維持のため、株式の買入れの必要性が発生しました。

　そのため、平成13年10月1日から施行された旧商法改正により、従来、原則禁止であった自己株式取得が解禁されました。自己株式の取得が原則自由となったことにより、従来、資産計上されていた金庫株は、その本質が配当であるため、資本の部の控除項目となりました。

ハ　利益準備金積立て規定の改正

　また、この旧商法改正で、従来、資本金の4分の1まで積立てが必要であった利益準備金が、資本準備金と合わせて4分の1以上とされ、超過額は取崩しが可能となりました。

　旧商法は、払込資本の部分までを、配当財源として認めましたが、会計上は、あくまで、資本取引と損益取引は明確に区分すべきであり、利益処分計算書においては、当期未処分利益の処分とその他の資本剰余金の処分とに区分しています。

ニ　有価証券の会計処理方法の改正

　金融商品会計基準では、有価証券は保有目的により売買目的有価証券、満期保有目的の債券、子会社株式及び関連会社株式、その他の有価証券に分類されており、その分類ごとに評価方法が定められています。

　その他の有価証券で市場性のあるものは、時価で評価されますが、時価評価差額は、原則として損益計算書には計上せず、資本の部に直接計上する方法（資本直入法）が採用されました。この処理方法は、毎期見直しがされ、簿価に対して時価が50％を下回っているものについては、減損処理の上、評価を実施することになっています。この評価差額は、資本の部において、「その他有価証券評価差額金」として表示されます。

ホ　会社法制定による影響

　平成18年5月から会社法が施行されました。会社法では、株主資本と株主資本以外のもの（評価・換算差額等や新株予約権）を分けて表示するため、貸借対照表の資本の部が、純資産の部に変更されました。

　現在の一般企業の資本の部の表示は、次ページのとおりであり、資本剰余金の一部が配当可能利益となっていることと、土地評価差額金、その他有価証券評価差額金、自己株式が会計ビッグバン以前にはなかった項目であり、資本の部に大きな変化が発生しました。

②　将来の事業計画に対する評価

　会計ビッグバン以前は、あくまで過去情報、つまり実績に基づく会計情報による会計処理が基本となっていましたが、会計ビッグバン以降は、将来情報に基づき、会計処理、開示の判断をせざるを得ないケースが発生しています。そのケースとしては、税効果会計、企業継続の前提に関する開示、減損会計があげられます。

　税効果会計は、企業会計における法人税等を調整して税引前当期純利益との対応関係の歪みを修正する会計手法です。この制度の導入により、有税処理が進めやすくなりました。

「資本の部」の内容

項目	内容	分配可能額
Ⅰ 株主資本		
1　資本金	株主からの払込資本のうち、会社法の規定に従い資本金とされた金額である。	
2　資本剰余金		
(1)　資本準備金	株主からの出資金のうち資本金とされなかった部分である株式払込剰余金のほか、合併差益、分割差益が含まれる。	
(2)　その他の資本剰余金	資本準備金以外のものであり、資本金及び資本準備金の取崩しによって生じる剰余金（資本金及び資本準備金減少差益）及び自己株式処分差益が含まれる。	①
3　利益剰余金		
(1)　利益準備金		
(2)　その他利益剰余金		②
任意積立金		
繰越利益剰余金		
4　自己株式	自己株式取得の解禁にともない取得した株式	③
Ⅱ　評価・換算差額等		
1　その他有価証券評価差額金	持ち合い株式の評価差額金	
2　繰延ヘッジ損益		
3　土地再評価差額金	土地再評価法による税金控除後の差額	
Ⅲ　新株予約権		
（純資産の部）資本合計		

（注）剰余金の分配可能額は、①＋②－③となります。

　一方、税効果の導入は、繰延税金資産の回収可能性の評価が重要な検討項目となりました。繰延税金資産の回収可能性、つまり一時差異の税金効果の実現可能性は、将来の支払税金を減額する効果、特に一時差異を解消するだけの課税所得が見込まれるかどうかを検討することになるので、課税所得が見込まれないと判断されれば、一時に繰延税金資産の取崩しが発生し、大きく資本勘定が減少する場合があります。

また、企業継続（ゴーイングコンサーン）の前提に関する開示が2003年3月期から実施されています。2002年の監査基準の改訂により、債務超過、重要な債務の不履行、継続的な営業損失の発生等、企業の継続に重要な疑義を抱かせる事象や状況が存在する場合には、経営者がその内容や経営計画等を財務諸表注記により開示を行うこととし、監査人が適切な開示が行われているか否かを検討することが義務づけられました。開示が適切に行われている場合であっても、監査人は、監査報告書において、その情報を追記し、投資者に情報提供を行うことになりました。

　さらに減損会計は、平成18年3月期から導入されました。減損会計は、収益性の低下により投資額の回収が見込めなくなった固定資産の帳簿価額を、一定の条件のもとで回収可能性を反映させるように減額する会計処理です。減損損失の認識あるいは測定においては、資産又は資産グループが生み出す将来キャッシュ・フローを見積ることが必要となります。つまり、将来の計画あるいは予測データを基礎として、会計処理をすることになるわけです。

　このように、税効果会計、企業継続の前提に関する開示、減損会計は、将来計画により、会計処理、開示を実施するので、従来より格段に事業計画の重要性がアップしています。

③　国際会計基準とのコンバージェンス

　日本の資本市場は、米欧に匹敵する規模を有しており、売買代金ベースでの外国人シェア及び外国人持株比率も増加しており、資本市場がグローバル化しています。このような資本市場のグローバル化の中で、資本市場を支えるインフラの1つである会計基準もグローバル化を踏まえた対応が必要であり、日本の会計基準とIFRS（国際会計基準）とのコンバージェンスを進めることが、海外での資本市場の重要性のみならず、日本の資本市場にとっても重要だと考えられています。

　わが国の企業会計基準委員会とIASB（国際会計基準委員会）は、会計基準のコンバージェンスに向けて、共同プロジェクトの初会合を2005年3月に実施し、その後年2回のペースで会合を持っていました。

当初は、着手しやすいものから取り上げるフェーズドアプローチを採用していましたが、2006年3月からは、差異のあるすべての会計基準について広く今後の取組みを明示する「全体像アプローチ」へと移行し、それを2008年までに解決を目指す「短期プロジェクト」とそれ以外の「長期プロジェクト」に分類しました。

　2006年6月に日本経済団体連合会が「会計基準の統合（コンバージェンス）を加速化し、欧米との相互承認を求める」という意見書を公表した頃から、企業会計基準委員会は、会計基準のコンバージェンスについて、積極的に取組みをスタートしました。

　企業会計基準委員会は、2006年10月に「我が国　会計基準の開発に関するプロジェクト計画について」と題する文書を公表し、また工程表も開示しました。このプロジェクト計画表は、2005年7月に欧州証券規制当局委員会（CESR）から公表された日本基準のIFRS（国際会計基準）との同等性評価に関する26項目の取組み状況について、2007年末までの作業計画と2008年年初の達成状況の見とおしを明らかにすることに主眼が置かれていました。

　さらに、2007年8月、企業会計基準委員会とIASBは、東京合意（会計基準のコンバージェンスに向けた取組みの合意）を締結しました。

　東京合意では、コンバージェンスの達成時期について、まず短期プロジェクトとして、EU同等性評価に関連する日本基準とIFRSとの重要な差異をあげ、2008年までに解消することとしています。残りの差異については2011年6月30日までに解消を図ることとしています。

　さらにIASBにおいて現在検討中であって、2011年6月末以後にIFRSとして適用開始となる新たな基準については、検討段階から当委員会も積極的に開発に参画し、その基準がIFRSとして適用されるときには、日本もその内容に沿って基準を受け入れられるように検討を行うこととしています。

　この東京合意を踏まえて、2007年12月企業会計基準委員会は、プロジェクト項目を短期、中期、中長期の3つに区分して、そのスケジュールを示した新たなプロジェクト計画表を公表しました。その内容は、次のとおりです。

プロジェクト計画表

目標時期	項目の性質	主な検討項目
2008年末まで	EUにおける同等性評価における26項目	・工事契約・資産除去債務・金融商品の公正価値表示・企業結合（持分プーリング法など）・会計方針の統一（関連会社）・開発費（企業結合における取得研究費を含む）・棚卸資産（後入先出法）
2011年6月末まで（中期目標）	日本基準とIFRS基準との重要な差異として認識されている項目	・セグメント情報関係・過年度遡及修正（会計方針の変更、廃止事業等）・企業結合（のれん、支配権獲得時・喪失時の処理等）・無形資産
新基準が適用される時期	IASB/FASBで現在議論が行われている、又は議論が行われる予定の項目	・収益認識・財務諸表の表示（業績報告）・連結・公正価値評価・金融商品・負債と資本の区分・リース・認識の中止・退職後給付

　2008年11月に米国は、米国上場企業に対してIFRSを強制適用させる方向性を示すロードマップ案を公表し、アドプションを模索しはじめています。

　このような状況下、日本においては、2009年1月28日、企業会計審議会第15回企画調整部会から、「わが国における国際会計基準の取扱いについて（中間報告）案」が発表されています。その中で、「IFRSの強制適用については、2012年をめどに判断し、準備期間として少なくとも3年を設け、上場企業に一斉適用する」という内容の記述があり、2012年をめどに重要な意思決定が実施される予定です。

④　四半期開示と財務報告に係る内部統制監査
　イ　四半期開示
　経済がグローバル化した今日、企業の経営環境や事業構造が大きく変化するため、企業業績も短期的に変動する傾向にあり、より適時に企業の業績を把握したいという投資家のニーズが高まりました。
　このような状況下で、投資家の投資判断に資するために、原則として2004年4月以後に開始する事業年度から、わが国のすべての上場会社に「四半期ベー

ス（年度及び中間を除いた第1四半期と第3四半期）の財務・業績の概況」の開示が証券取引所の要請する適時開示の充実の観点から、義務付けられました。しかし、これは法定開示ではなく、また、実務負担への考慮等から簡便的な作成方法や限定的な開示が認められていました。

その後、証券取引法における制度としての四半期開示のあり方についての検討が進められ、2006年6月に「金融商品取引法」が成立し、四半期開示制度が法定開示となり、2008年4月1日以後に開始する事業年度から強制的に適用されています。

ロ　財務報告に係る内部統制報告制度

米国においては、エンロン、ワールドコム等の不正経理に端を発した一連の企業・金融スキャンダルにより著しく信用力をなくした米国証券市場に対する投資家の信頼を早期に回復すべく、2002年7月米国企業改革法（サーベンス・オックスレー法）が制定されました。その法律の中の「第4章　財務内容開示の強化」の中で、会社の年次報告書に内部統制報告書を含めることを義務づけられ、また、監査人は、経営者が行った内部統制の評価について証明・報告を行わなければならなくなりました。

一方、日本では、カネボウ事件、西武鉄道事件等の財務報告関連の不祥事が発生し、財務報告に関する信頼性に疑問が呈されました。

日本においては、米国の内部統制の運用の動向をにらみながら、平成18年6月に「金融商品取引法」が成立し、適正な財務・企業情報の開示を確保するため、上場会社等に、2008年4月1日以後に開始する事業年度から強制的に内部統制報告書の提出が義務付けられました。

すなわち、上場会社等は、事業年度ごとに、財務報告に係る内部統制について自ら評価した報告書を有価証券報告書とあわせて内閣総理大臣に提出しなければなりません。また、その内部統制報告書は、監査法人等の監査が必要となります。

⑤　企業行動

会計ビッグバンが、企業行動に与えた影響としては、次のようなことが考え

られます。

イ　グループ経営の推進及び事業再編の加速

新会計基準の導入は、基本的には80年代後半から90年代前半における、いわゆるバブル経済後の資産デフレにより、傷んだ資産の含み損失の顕在化と退職給付に代表されるような将来債務の損失計上を強制するものでした。

また、従来、旧商法及び税法では、個々の法人格ごとに決算、税額を計算し、株主総会の決議に基づいて配当が承認されるため、個別決算重視となっていました。しかし、平成12年3月期から個別決算重視の開示から連結重視の開示に変更されたため、親会社を中心とした会計処理から、連結グループを中心とした会計処理に変更せざるを得なくなりました。つまり、グループ内取引による損益は、全く意味がなくなり、純粋外部取引を重視せざるを得なくなったことになります。

したがって、企業は、企業グループ全体で、新会計基準導入による損失処理を連結ベースで実施せざるを得なくなり、グループ全体での収益力をアップ、コスト削減が経営課題となり、グループ全体での経営戦略の見直しにより、事業の選択と集中を進めたといえます。

また、会計基準の大改革と並行して、1997年の持株会社解禁、1999年の株式交換制度の導入、2001年の会社分割制度の導入、2002年の連結納税制度の導入がなされ、企業再編の手法に関する法制度がほぼ完備されました。この法制度の整備は、持株会社制に代表される新しいグループ経営方式を推進し、整備された事業再編手法が経営効率の向上に有効に活用されています。

ロ　ストック経営からフロー経営への転換

資産デフレによる損失発生は、インフレ時代に重視された含み資産経営のパラダイムシフトを意味しました。含み資産経営の怖さは、資産の含み損もありますが、含み資産を担保に調達した有利子負債にあります。

本来、投資は、キャッシュアウトを意味し、キャッシュインによりそれを回収し、その一部を調達資金の返済に回します。したがって、十分なキャッシュフローを見込まない含み益に依存した投資には、当初からフローとのアンバランスさが内在しており、一旦デフレ下で価格が値下がりすると、有利子負債の

みが残り、過剰債務となります。

　さらに、デフレの進行による経済環境の悪化から、企業のフロー自身も弱くなってきており、それに拍車をかけています。減損会計は、平成18年3月期から強制適用されましたが、将来キャッシュフローから過剰投資の簿価修正を意味しますので、ストック重視の経営からフロー重視の経営を加速するとともに、投資とフローとの効率を重視する経営への転換が加速しています。

　また、平成18年4月1日以後開始する事業年度から導入された企業結合会計の影響により、M&Aにおいて、持分プーリング法を適用する場合がほとんどなくなり、上場企業の企業結合では、パーチェス法が多く採用されています。パーチェス法が適用されると、被買収側の資産、負債は時価評価され、ストックに対するフローの効率をM&A前後において経営上、考えざるを得なくなっています。

ハ　コーポレートガバナンスの強化

　持ち合い株式が、時価評価の対象になったことと、金融機関において株式がリスクアセットとなったこともあり、持ち合いの解消が加速しました。これは、株主から会社経営を委託されている経営者と株主との馴れ合いの構造から、緊張ある構造への転換を意味しました。なかでも、外国人投資家を中心とした一般投資家等の増加は、従来とは違ったコーポレートガバナンスの見直しを、経営者に迫りました。

　コーポレート・ガバナンスは、一般的に企業統治と訳され、会社の支配あるいは統治のことをいい、この観点からは、会社を効率的に経営するという問題と、健全に経営するために会社の基本システムはどうあるべきかという両面が、経営において必要となっています。

　したがって、マネジメントは、主として株主の出資に対し可能な限り最大の長期的利益を提供するよう経営を遂行していく責任があり、取締役会は、株主にかわってマネジメントを監督し、株主とその他のステークホルダーの利害を調整しながら、企業価値を高めていくよう努力する必要があります。

ニ　ディスクロージャーの質の変化

　平成20年4月1日開始事業年度から、財務報告に係る内部統制報告制度と四

半期報告制度がスタートしました。これによりスピード、正確性、定性情報の3つの観点で情報開示の質の変化が起こりました。

　四半期開示制度の導入により開示回数は年2回から4回に倍増し、有価証券報告書は90日内開示ですが、四半期開示は45日内開示にスピードアップされます。四半期報告書では、監査人は従来の監査にかわりレビューという手続を実施します。

　監査とレビューの違いは、監査が「適正に表示していると認める」と積極的な意見表明をするのに対し、レビューは「重要な虚偽記載は発見されなかった」と消極的な表明となり、レビュー報告書を四半期報告書に添付します。四半期報告制度は、法定開示であるため、四半期での決算処理方針を明確にする必要から、経営判断の意思決定が早まると考え、懸案事項の処理の先送りが難しくなります。

　また、財務報告に係る内部統制は、2009年3月期から経営者自身がその評価を実施し、内部統制報告書にて報告し、監査人がそれを監査して監査意見を表明します。

　内部統制の評価・報告の流れは、「全社的な内部統制の評価」、「決算・財務報告に係る業務プロセスの評価」、「決算・財務報告プロセス以外の業務プロセスの評価」の順となりますが、伝票1枚の誤りが財務報告に重要な影響を与えることになるので、決算・財務報告に係る業務プロセスの評価が最も重要です。

　「重要な欠陥」ということが内部統制報告書の中、あるいは、監査人に監査報告書の中で指摘される場合があります。内部統制監査報告書等で重要な欠陥が指摘された場合、投資家に対する財務報告の信頼性が低下するおそれがあります。そのためには、適時開示の社内体制作りに取り組み、重要なミスが発生しない体制作りが必要となります。

　また、「重要な欠陥」は定性情報であるため誤解を受けやすいので、どのようなIR（Investor Relations）を実施するかが非常に重要になってきます。

3 企業倒産の状況

(1) 民事再生

　深刻な経済環境は、経営破たん企業を増加させ、2000年4月から施行された民事再生法は、経済的に窮境にある債務者について、その事業又は経済生活の再生を合理的かつ機能的に図るため、和議法にかわる新たな再建型倒産処理手続の基本法を制定することを目的に立法されました。再建型倒産処理手続とは、債務者である企業が、その法人格を維持しながら、将来の収益及び資産売却などによる収入によって債務の一部を弁済し、過剰となる債務の免除を受け、企業の再建を目指す手続です。

　同時に、従来からの各倒産手続の長所を取り入れ、また、新たに独自の制度を設けたので、中小企業から大企業まで幅広く利用されています。

(2) 会社更正法

　経済的に苦境にある大規模な株式会社の迅速かつ円滑な再建を可能とするため、昭和27年に制定された旧「会社更生法」を全面改正して、会社更生手続について迅速化及び合理化を図るとともに、再建手法を強化して、現代の経済社会に適合した機能的なものに改正され、2003年4月1日に施行されました。

　経営破たんした大企業が再建を目指す場合、担保権者まで拘束できる更生法が望ましいとされていますが、手続に時間を要するという問題がありました。このため2000年4月から導入された民事再生法は、当初中小企業を想定していましたが、大企業も会社更生法を敬遠し、民事再生法を選択するケースが多くなっています。そこで、新しい更生法は手続の迅速化や合理化により、大企業の利用を促す狙いがありました。

　民事再生法の手続に参加できるのは一般債権者に限定されているのに対し、会社更生法は担保権者や労働債権などを持つ優先債権者や株主も含まれ、民事再生法よりも厳格な枠組みでの再建が可能です。大企業や上場企業の場合には、社会的責任、影響が大きいので、新更生法下で再建を進めるべきと考えられています。

会社更生手続においては、更生管財人が裁判所により選任され、この更生管財人が会社の財産について管理処分権限を持つところに特徴があります。更生管財人は、通常、裁判所が弁護士を選任します。

ところが、東京地裁民事第8部が、NBL895号（2008年12月15日号）において、DIP型会社更生手続の運用の導入についての論文を発表後、DIP型の会社更生手続が開始される例が出ています。DIP型とは、Debtor in Possession（占有する債務者）の略で、経営者がそのまま会社の経営執行権を持って再建に当たることをいいます。これにより、更生会社の元社長などが、そのまま更生会社の管財人に就任することになりました。

法的には、既に平成15年4月1日施行の会社更生法において、経営責任のない経営者、管財人、保全管理人等に選任することができることが明文化されていました（会社更生法67条3項、70条1項但書等）。また、今年に入って法的整理により、上場廃止となった東京証券取引所上場企業は、平成21年5月末現在で10社ありますが、3社が「会社更生」（うち2社はDIP型、1社は従来型）、5社が「民事再生」、残り2社が「破産（清算）」をそれぞれ選択しています。

ちなみに、東京証券取引所上場廃止企業のうち、2002年から2009年5月末までの法的整理を原因とする企業数の推移は、次のとおりです。

東京証券取引所　法的整理による上場廃止企業数

（単位：社）

年	合計	民事再生	会社更生	解散、破産
2002年	20	9	7	4
2003年	6	6	0	0
2004年	5	3	1	1
2005年	1	1	0	0
2006年	0	0	0	0
2007年	3	3	0	0
2008年	16	11	2	3
2009年	10	5	3	2

(単位：社)

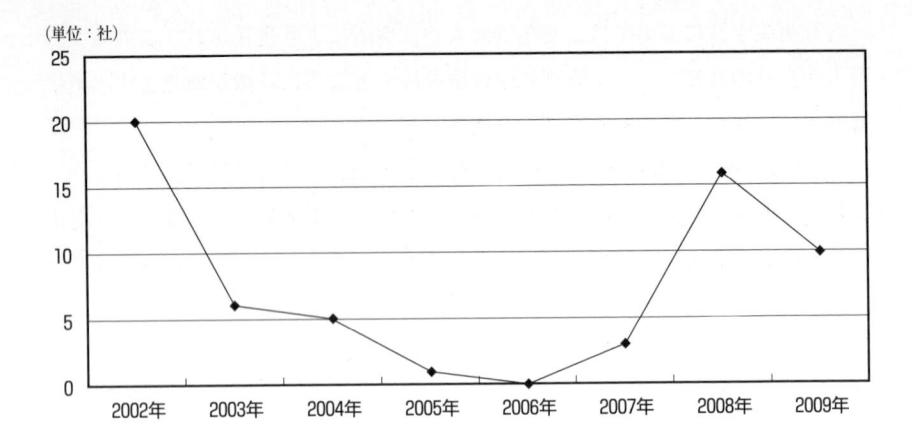

　バブル崩壊による経済の悪化が企業業績の悪化を招き、その実態を新しい会計制度があぶり出し、大きく資本勘定を減少させました。
　また、キャッシュフロー不足と過剰債務問題により企業倒産が増加し、キャッシュフローを補うために人件費を中心としたコスト削減を企業が実施したため、雇用不安の発生、失業者の増加、消費及び投資マインドの低迷と経済の悪循環に陥ったわけです。この悪循環は、2004年以降、少し回復基調にありましたが、サブプライム問題発生以降、急速に世界経済が悪化し、新たな企業再生モデルが必要となっています。

Ⅱ 再生手法とは

　企業再生は、救急病院に似ています。例えば、急病人が出てきて、患者が運び込まれてきて、まず事故であれば、どのような事故で、どういう症状なのか、外見的な症状から病状を推定し、レントゲン検査等により緊急の手術が実施されます。

　短時間に、生きるために最低限必要な処置が実施され、処置が適切であれば、生存確率が高まります。最後は、本人の持っている生きようとする力と運が重要です。救急病院を思い浮かべれば、再生手法のイメージが浮かびやすいと思います。

救急患者と再生企業

	救急患者	再生が必要な企業
症状	出血、意識不明、過去の不摂生、生きる気力のなさ	キャッシュフローがマイナス、経営者不在、過大債務、モチベーションの低下
支援者	医師、看護士、家族	銀行、事業スポンサー、再生コンサルタント、弁護士、会計士、税理士等
運	名医に担当してもらう	有力な銀行、コンサルタント、スポンサーにめぐり合う

　企業価値再生プロセスは、ターンアラウンドと呼ばれます。一部の企業の価値再生計画においても、この言葉が使われています。

　企業の再生のプロセスモデルを一つ紹介します。このモデルは、①診断、②安定化、③再生戦略の策定、④実行計画の作成、⑤実行計画のモニタリング、の５つで構成されています。

企業再生プロセス

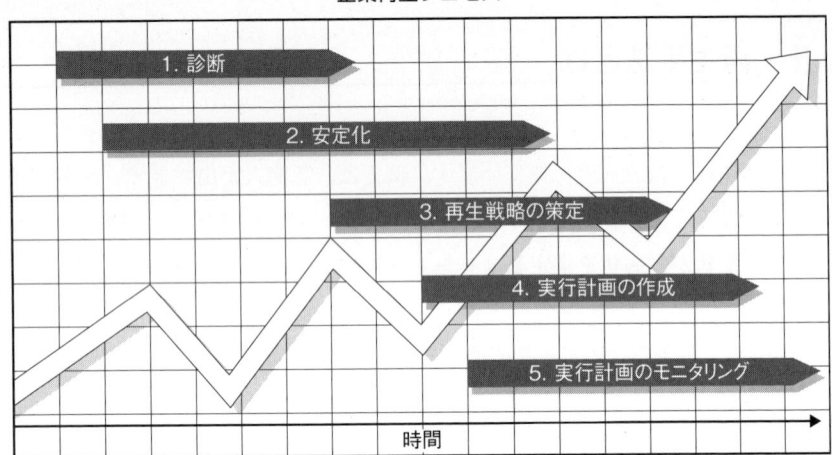

1. 診断
2. 安定化
3. 再生戦略の策定
4. 実行計画の作成
5. 実行計画のモニタリング

時間

1 診　断

　診断は、例えば人間ドックをイメージしてもらえれば、わかりやすいと思います。このプロセスでは、企業において、現在の厳しい状況を作り出している原因がどこにあり、どのような問題点があるかを正確に短期間で把握します。つまり診断とは、大局的な見地から株主価値を下落させた、あるいは破壊した経営戦略、業務プロセス、財務状態、組織上の問題点は何かということを把握することです。

　このプロセスは、再生戦略の基礎となりますので、非常に重要です。ここで診断を間違えますと、再生戦略を間違えてしまうことになります。

　診断項目には、現在の戦略レビュー、組織構造と能力のレビュー、財政状態の判定、業務の有効性の評価等があります。なかでも、時価ベースの純資産とキャッシュフロー、有利子負債のレベルの把握は、非常に重要となります。診断項目の詳細は次ページのとおりです。

　診断の際の有力な手法として、ベンチマーキングがあります。ベンチマーキングとは、一言でいえば「ベストな事例に学ぶ」ということです。ベスト・プラクティス（経営や業務において、もっとも優れた実践方法）を探し出して、

1 企業再生のフレームワーク　27

企業診断の項目

項　　目	内　　　　　　　　容
現在の戦略レビュー	● 組織のビジョン／使命 ● ビジネスの範囲と組合せ：製品・市場・地域 ● 特有の能力／資源 ● 競争上の優位性 ● 強みと弱み ● 産業としての魅力 ● 競争上の地位 ● 機会と脅威 ● 内部及び外部環境の調査結果と現在の戦略との整合 ● 価値増加手段の分析
組織の構造と能力のレビュー	● 文化 ● 構造、システム、プロセス ● 経営能力と人的資源 ● 適性と経験
業務上の有効性の評価	● 製品／市場 ● 製品／市場の利益性の分析 ● バリューチェーンの分析 ● 中心的活動についてのコストのベンチマーク ● 価格とコスト競争力を実現するための選択肢
財政状態の判定	● 利益性 ● バランスシート ● キャッシュフロー ● 資本構成 ● 価値増加手段と感度の分析 ● 会社とビジネスの価値 ● 株主価値の分析

　自社のやり方とのギャップを分析して、そのギャップを埋めていくためにプロセス変革を進める、という経営管理手法です。
　再生の診断は、短期間で実施する必要があるため、同種企業あるいはグループ内企業、企業内の事業部のデータを徹底的に比較すると、対象企業の抱える問題点が把握しやすくなります。
　例えば、対象会社がスーパー、コンビニエンスに対して、食料品を納入して

いる会社とします。経費を分析すると、大きな費目は、人件費と物流費となっています。物流費を分析すると以下のようになっています。

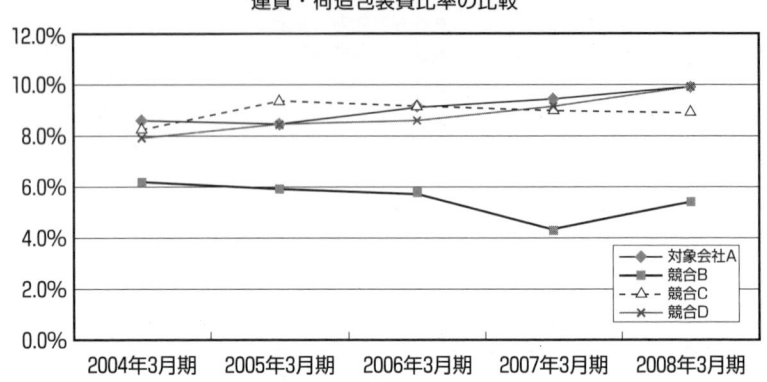

運賃・荷造包装費比率の比較

運賃・荷造包装費比率	2004年3月期	2005年3月期	2006年3月期	2007年3月期	2008年3月期
対象会社A	8.6%	8.5%	9.1%	9.5%	9.9%
競合B	6.1%	5.9%	5.7%	4.3%	5.4%
競合C	8.4%	9.4%	9.2%	9.2%	9.0%
競合D	7.9%	8.5%	8.7%	9.1%	9.9%

競合他社と比較すると、売上高に占める物流費の高さが顕著です。この物流費の構造を変革することができれば、大きくキャッシュフローのアップに繋がります。

この企業では、従来は、グループ内の物流子会社を利用していましたが、大手の物流会社に診断の見積もりを依頼し、約30％のコストダウンを目標としています。

診断の結果、会社の問題点を把握し、改善のための方策を特定します。方策のフレームワークの例としては、営業利益率のアップ、税金の削減、運転資本投資の縮小、固定資本投資の合理化、資本コストの低減などがあります。

2 安定化

　安定化とは、企業内部、外部の利害関係者との交渉を通じて、不安定な状況を取り除くことを意味し、従業員を中心とした内部関係者及び銀行、仕入先、販売先を中心とした利害関係者に継続した協力体制の継続を説得することです。

　安定化のポイントは、①十分な資金の確保、②変革への雰囲気作り、③業務上・組織上の変革、④重要な利害関係者との調整という4つです。

(1) 十分な資金の確保

　十分な資金の確保ができなければ、再生は不可能です。信用不安が発生し、仕入先から決済条件が変更されれば、たちまち運転資金が不足します。したがって、主力銀行からの全面支援等を取り付けることが必要です。

(2) 変革への雰囲気作り

　信用不安となると、従業員が企業の将来性に不安を抱き、モチベーションが大きく低下します。特に小売、ホテル等サービス業の場合、現場の士気の低下は、顧客へのサービス低下となり、顧客離れが加速します。

　実際に不振企業において、各階層にインタビューを実施した際に共通の特徴は、経営者、管理者と従業員との意識ギャップ、コミュニケーションギャップです。

　経営の建て直しには、マネジメント及び管理者で過去の成功体験に浸った評判の悪い人々に過去の経営責任をとらせ、更迭する必要があります。雰囲気の変革の一番の特効薬は、幹部人事の刷新と若返りです。

(3) 業務上・組織上の変革

　業務及び組織においては、変革のための経営資源の確保と財務コントロールを集中化することが必要です。平時ではなく非常時なので、資金、経理を集中管理することにより、限られた経営資源を有効に利用すると同時に、経営にお

ける異常点を素早く発見できます。

(4) **重要な利害関係者との調整**

　安定化において、利害関係者との調整は重要です。特に、債務者である一般仕入先と金融機関、役員・従業員の協力体制がないと、再生は不可能になります。仕入先は、事業に必要な材料、製品、商品の供給元であり、金融機関には、新たな資金の供給を要請するとともに、事業の収益で返済する前提で、極端な債権の回収行為をとらないようコミュニケーションを実施することが必要です。役員・従業員とは、大変苦しい中での事業運営となるため、密なコミュニケーションを実施し、協力体制を維持しなければなりません。

　安定化のチェックポイントの内容は、次のとおりです。

安定化のチェックポイント

項　　目	内　　容
十分な資金の確保	●キャッシュフロー分析 ●十分な運転資本の確保 ●主要な仕入先の支援の確保 ●十分な借入限度の確保 ●余剰資産の特定と処分
変革への雰囲気作り	●実行チームの選定と確立 ●社内キーパーソンの支援の確保 ●勤労意欲低下の抑止 ●コミュニケーション戦略の促進 ●他の外部利害関係者からの支援の確保
業務上・組織上の変革	●適切で十分な経営資源の確保 ●上下間の十分な情報の流れの確立（例．スコアボード） ●財務コントロールの集中化 ●中間目標の設定 ●日々の業務の安定化
重要な利害関係者との調整	●意思決定とコミュニケーションのプロセスの確立 ●変革について、利害関係者からの協力の確認 ●変革の過程における主体はエグゼクティブであるということの確認 ●変革プロセスへの適切な資源の供給

3 再生戦略の策定

再生戦略の作成においては、キャッシュフロー及び企業価値の増加に直結する増加要因を分析、特定します。成長率、営業利益率、税金、運転資本、設備投資、資本コスト等が主要な価値増加要因となります。各企業に適合した価値増加要因を分析し、金融機関等重要な利害関係者と協議のうえ、包括的で実行可能な戦略を立案しなければなりません。

その基本フレームは、次のとおりです。

再生戦略の基本フレーム

- 経営上の変化をつくる
- 財務コントロールを集中化する
- コスト削減〜直接費と間接費
- 資産の圧縮
- 製品／市場の再整合の実施
- 価値連鎖のプロセスの再設計
- 新規投資の開始
- 資本の再構築の遂行
- 組織構造、システム・文化の再整合

実際に立案されたある企業の事例は、次ページのとおりです。

事業の選択と集中、生産、販売の建て直し、コスト削減、財務リストラなどオーソドックスな再生戦略となっています。

再生戦略の事例

```
1  事業の再構築
     ●生産、販売体制の再構築（工場の分社化、製造コスト削減）
2  経営効率化及びコスト削減
     ●人員削減
     ●本社移転等
3  得意分野への選択と集中
     ●収益性の高い分野への集中
4  事業提携
     ●A社との包括提携
5  財務リストラクチャリング
     ●含み損失の一掃
     ●遊休資産の売却
```

4　実行計画の作成

　利害関係者と合意した再生戦略に基づいて、詳細な実行計画が必要となります。実行計画においては、役割分担の明確化と実行のタイムスケジュールが重要となります。実行計画は、通常３年計画が妥当です。５年では、経営環境が変化し、計画とのずれが生じやすいことと、再生のための集中力が持続しないことから採用されません。再生はスピードが重要です。

　実行計画の基本ポイントは、営業強化、コスト削減、資産売却の３つです。この中で、最も効果がすぐ出るのは「コスト削減」です。当たり前なのですが、１円のコスト削減は１円の利益です。コスト削減は今日実施すれば、今日からキャッシュが手許に残り、利益が発生します。

　資産売却は、計画してから実行まで少し時間が必要な面もあり、２年度が中心となります。営業強化は、施策と効果とのギャップがあるため、営業利益率の改善、売上の拡大は、施策をスタートして２年目及び３年目にその効果を計画に織り込みます。

年　度	重 点 項 目
初 年 度	コスト削減
2 年 度	資 産 売 却
3 年 度	営 業 強 化

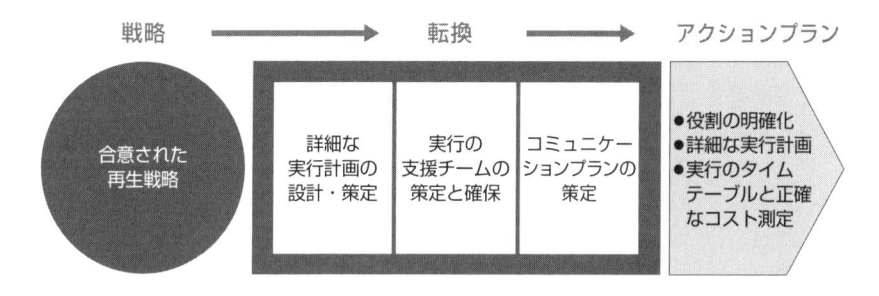

戦略　→　転換　→　アクションプラン

合意された再生戦略

詳細な実行計画の設計・策定

実行の支援チームの策定と確保

コミュニケーションプランの策定

● 役割の明確化
● 詳細な実行計画
● 実行のタイムテーブルと正確なコスト測定

5　実行計画のモニタリング

　実行計画は、当初計画どおり実行されているかどうか、タイムリーなモニタリングが必要となります。病院であれば、集中治療室から出た状態です。異常があれば、直ちに再治療が必要となります。企業も同様であり、達成状況に問題があれば、問題発生の原因を分析して、直ちに別の方策を検討することになります。

　再生計画の達成が当初から危ぶまれるようであれば、再度抜本的な再生戦略及び再生計画の立案が必要となり、自力再生型からスポンサー型再生にまで戦略転換が必要となります。

　モニタリングで最も重要な事項は、現状をタイムリーに利害関係者に正確に伝達することです。

実行計画モニタリングの流れ

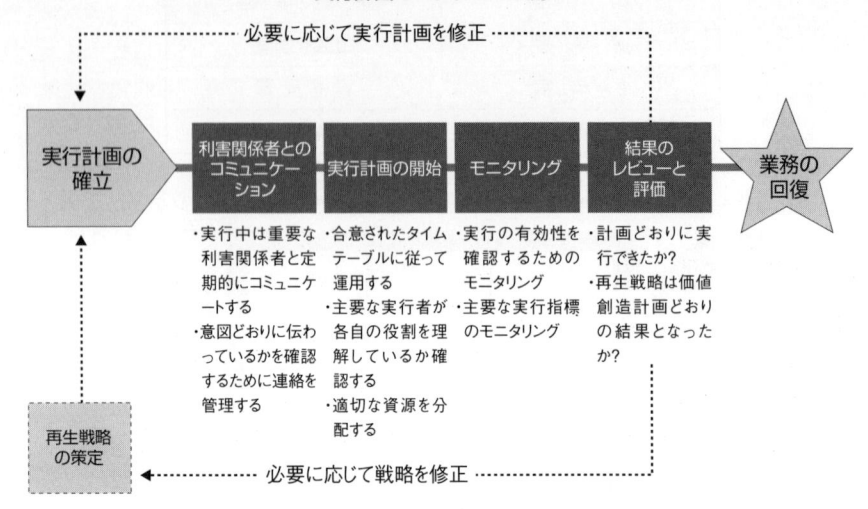

```
           ┄┄┄┄┄ 必要に応じて実行計画を修正 ┄┄┄┄┄
           ↑                                              ↓
    ┌──────────┐  ┌──────────┐  ┌──────────┐  ┌──────────┐  ┌──────────┐  ┌──────────┐     ★
    │実行計画の│→│利害関係者と│→│実行計画の│→│モニタリング│→│  結果の  │→│  業務の  │
    │  確立    │  │のコミュニ  │  │  開始    │  │          │  │レビューと│  │  回復    │
    │          │  │ケーション  │  │          │  │          │  │  評価    │  │          │
    └──────────┘  └──────────┘  └──────────┘  └──────────┘  └──────────┘  └──────────┘
        ↑
    ┌──────────┐
    │再生戦略の│ ←┄┄┄┄┄ 必要に応じて戦略を修正 ┄┄┄┄┄
    │  策定    │
    └──────────┘
```

- ・実行中は重要な利害関係者と定期的にコミュニケートする
- ・意図どおりに伝わっているかを確認するために連絡を管理する

- ・合意されたタイムテーブルに従って運用する
- ・主要な実行者が各自の役割を理解しているか確認する
- ・適切な資源を分配する

- ・実行の有効性を確認するためのモニタリング
- ・主要な実行指標のモニタリング

- ・計画どおりに実行できたか？
- ・再生戦略は価値創造計画どおりの結果となったか？

第2章 事業承継のフレームワーク

> **ポイント**
> - 事業承継には、株主であるオーナーによる会社に対する支配権の承継、経営能力の承継という2つの側面がある。
> - 株主総会が最高の意思決定機関であり、支配権は株主総会における決議内容を支配できるかどうかということである。
> - 経営能力の承継には、オーナー一族に跡継ぎ候補者がいることと実際の経営能力が備わっていることの2つが必要である。
> - 相続は、納税資金を確保するために株式の買取りを会社に対して実施する場合には、資本勘定を悪化させる構造を有している。
> - 相続のつど、実質的に会社が債務を負う状態となるので、事業の存続のためには収益力を一段と強化し、財務内容の回復のために、企業再生の手法を利用することが有効である。

Ⅰ 支配権の承継と経営能力の承継

事業承継には、株主であるオーナーによる会社に対する支配権の承継と、経営能力の承継という2つの側面があります。

1 支配権の承継

株主の権利は、自益権と共益権に区分されます。自益権は、利益配当請求権、残余財産分配権など会社から経済的利益を受ける権利のことであり、共益権と

は会社の経営に参与、あるいは取締役等の行為を監督是正する権利です。

会社においては、株主総会が最高の意思決定機関となりますので、支配権は、株主総会における決議内容を支配できるかどうかということになります。

会社法に規定する決議は、次のとおりです。

	定定数（会議成立要件）	決議要件（決議成立要件）
普通決議	議決権を行使できる株主の議決権の過半数（定款により、定足数の排除は可能）	出席した株主の議決権総数の過半数（定款において3分の1以上の割合を定めた場合にはその割合以上）
特別決議	議決権を行使できる株主の議決権の過半数（定款において3分の1以上の割合を定めた場合にはその割合以上）	出席株主の議決権の3分の2以上（定款において3分の2以上の割合を定めた場合にはその割合以上）
特殊決議1	規定なし	議決権を行使できる株主の半数以上（定款において半数以上の割合を定めた場合にはその割合以上）かつ、議決権を行使できる株主の議決権の3分の2以上（定款において3分の2以上の割合を定めた場合にはその割合以上）
特殊決議2	規定なし	総株主の半数以上（定款において半数以上の割合を定めた場合にはその割合以上）かつ、総株主の議決権の4分の3以上（定款において4分の3以上の割合を定めた場合にはその割合以上）
特殊決議3	規定なし	全株主の同意

また、株主総会の特別決議及び特殊決議事項の一覧は、次ページのとおりです。

したがって、支配権の維持のためには最低ラインで50％超の議決権、通常は、単独で特別決議が可能な3分の2の議決権を目標とすることになると思います。

特別決議事項（会法309②）

特別決議事項
譲渡制限株式の買取りの決定又は指定買取り人の指定（会法140②⑤）
株主との合意による自己株式の取得（会法160条1項の特定の株主を定める場合に限る）（会法156①）
全部取得条項付種類株式の取得（会法171①）及び相続人等に対する売渡請求（譲渡制限株式のみ、会法175①）
株式の併合（会法180②）
募集株式の募集事項の決定・募集株式の割当て等（会法199②、200①、202③四、204②）
新株予約権の募集事項の決定・募集新株予約権の割当て等（会法238②、239①、241③四、243②）
累積投票により選任された取締役の解任又は監査役の解任（会法339①）
役員等の責任の一部免除（会法425①）
資本金の減少（会法447①）（一定の場合を除く）
金銭以外の財産による配当（会法454④）（一定の場合に限る）
定款の変更、事業の譲渡等、解散（会法第6章～第8章）
組織変更、合併、会社分割、株式交換及び株式移転（会法第5編）

特殊決議事項その1（会法309③）

決議事項
定款変更により非公開会社に移行する場合
消滅株式会社等による吸収合併契約等の承認（会法783①） 消滅株式会社等が公開会社で、当該株式会社の株主に対して交付する金銭等の全部又は一部が譲渡制限株式等である場合の株主総会に限る。
消滅株式会社等による新設合併契約等の承認（会法804①） 消滅株式会社等が公開会社で、当該株式会社の株主に対して交付する金銭等の全部又は一部が譲渡制限株式等である場合の株主総会に限る。

特殊決議事項その2（会法309④）

決議事項
配当や残余財産を受ける権利等について、株主ごとに異なる取扱いについての定款の定めの変更（会法109②）

特殊決議事項その３

決議事項
全株式について取得条項を付す場合の定款変更（会法110）
特定の株主から自己株式を取得する場合について、他の株主の売主追加請求権を排除する旨の定款の定めを置く場合（会法164②）※当該株式を有する株主全員の同意
種類株式について取得条項を付す定款変更（会法111）※当該種類株式を有する株主全員の同意

　一方、会社法では、各株式の権利の内容は同一であることを原則としつつ、その例外として、一定の範囲と条件のもとで、⑴すべての株式の内容として特別なものを定めること（１種類のみの株式のみを発行する株式会社の場合）（会法107）と、⑵権利内容の異なる複数の種類の株式を発行すること（２種類以上の株式を発行する会社の場合）（会法108）を認めています。

　会社法がすべての株式の内容として認めているのは、①譲渡制限（譲渡について、会社の承認を要すること）、②株主から会社への取得請求権（株主から会社に対してその取得を請求できること）、③会社による強制取得（会社が一定の事由が生じたことを条件として取得することができること）の３つです。

　一方、会社法は内容の異なる「種類」の株式として認めるのは、次の９つの事項に限定されています。①剰余金の配当、②残余財産の分配、③株主総会において、議決権を行使できる事項（議決権制限株式）、④譲渡制限、⑤株主から会社への取得請求権（取得請求権付株式）、⑥会社による強制取得（取得条項付株式）、⑦株主総会決議に基づく全部強制取得（全部取得条項付株式）、⑧定款に基づく種類株主総会の承認（拒否権付株式）⑨種類株主総会における取締役・監査役の選任（選任種類株式）です（会法108条）。

　なお、株式譲渡制限を付与する場合には特殊決議が、取得条項付株式の場合には全株主の同意が、それ以外の場合には特別決議が必要となります。

　したがって、自社の株主が分散して特別決議の可決が見込まれない場合には、株主関係の整理からスタートしなければなりません。

種類株式の内容

種　類	種類の内容
剰余金の配当	配当を優先させたり、劣後させることができる。
残余財産の分配	分配を優先させたり、劣後させたりすることができる。
議決権制限	ある種類の株式は、株主総会においてすべての議決権を有するが（普通議決権株式）、別な種類の株式は、一切の事項について議決権がないとしたり（無議決権株式）、一定の事項についてのみ、議決権を有するという内容とすることができる。
譲渡制限	譲渡による株式の取得について、会社の承認が必要となる株式である。
取得請求権付株式	株主側から会社にその株式の取得を請求する権利を有する株式である。
取得条項付株式	一定の事由が生じたことを条件として、会社がその株式を強制的に取得できる権利を有する株式である。
全部取得条項付株式	会社が株主総会の特別決議により、その種類の株式を全部取得することができる内容の株式である。
拒否権付株式	株主総会、取締役会において、決議すべき事項についてその決議のほか、その種類の株主総会の決議が必要となる株式である。
選任種類株式	すべての株式に譲渡制限が付与されている場合に、種類株主総会において、取締役、監査役を選任できる株式である。

2　経営能力の承継

　経営能力の承継は、大変難しい問題です。オーナー一族に跡継ぎ候補者がいることと、実際の経営能力が備わっていることの2つが必要です。

　オーナー一族に後継候補者がいる場合には、経営能力を養成することを長期的に考える必要があります。失敗をさせないため、後継候補者を管理部門（経理、財務、経営企画、秘書部門等）で育成させる場合もありますが、会社の事業の収益を支える営業、製造等を経験させることが飛躍的に経営能力を向上させることになります。また、この経験により事業を支えている現業人員の気持ちやその悩みが理解でき、将来支持を得られることになります。

　年代別の後継者育成モデルの例としては、次のようなものがあります。

年代別育成モデル

年　代	必要となる経験と知識
20代	●現業業務の経験 ●ビジネス基礎知識の習得 ●現業人員とのコミュニケーション ●顧客志向の行動原理の習得 ●経理、財務、経営企画、管理会計の基礎知識の習得
30代	●管理業務の習得 ●経理、財務、経営企画実務の経験 ●リーダーシップ力の養成 ●マネジメントの基礎知識の習得
40代	●マネジメントの経験 ●リーダーシップ力のパワーアップ ●後継者候補の選定
50代	●後継者育成 ●経営能力の完成

3　後継者がいない場合の承継

　経営者であるあなたに、後継者がおらず、会社の事業承継をどのようにするか悩んでいるとします。通常、経営者は、次のようなことを考えていると思います。

（悩み）
- 後継者になるような役員、従業員はいない。
- 外部から後継者を連れてくるとしても、わが社のような中小企業に優秀な人材は来ない。
- このまま後継者が決まらないと、廃業せざるを得ず、今いる従業員に迷惑をかけてしまう。
- M&Aという言葉は、よく新聞などでは出てくるが、我々のような小規模の会社には縁がない。
- 事業を売却したとすると、どのぐらいの金額で売れるのだろうか。
- 事業を売却すると、どれぐらい税金が発生するであろうか。

　候補者がいなければ、従業員等の中で候補者を選定する場合もあります。し

かし、銀行からの借入金がある場合には、代表者に債務保証を求められる場合が一般的であり、オーナー一族でない経営者が個人保証を求められるとなると、実際に代表者となることに尻込みをする人が多いのも事実です。

　もし、株式上場する実力があれば、上場により財務基盤と信用力を強化することにより、代表者の個人保証なしで経営者となることができるので、この問題は解消できます。また、上場することにより、有能な人材の募集が容易になり、事業の継続可能性は高まることになります。

　ただし、上場することは本質的に支配権を薄める資本政策であり、相続により代を重ねることによって、支配権は薄まることになります。

　また、後継者がおらず、しかも上場までの実力がない場合や上場を希望しない場合、株式の売却等によるM&Aによりオーナーをチェンジすることによって、事業の承継を図る方法もあります。

　経営権の移転のために実際に利用される方法としては、株式売却と事業譲渡の2つの手法が考えられ、中でも株式売却が最も多く利用されます。これは、会社財産の移転をともなうことなく支配権が移転できることと、対価が現金であること、売却益にともなう税率が低いという3つの特徴を有しているからです。

4　M&Aの手法の比較

(1)　株式売却

①　内容

　株式売却は、現在所有している株式を第三者に売却することをいいます。通常の株式であれば、株式に議決権があるため、株式を50％超保有すれば株主総会の普通決議を可決させることができますし、株式を3分の2以上保有すれば、株主総会での特別決議を可決させることができます。ただし、一般的には、非上場企業の場合、従来の経営者等が株主で残ることを買手側が嫌がりますので、全株の売却になります。

　株式売却の場合、株式譲渡契約書を締結し、株券を引き渡し、その対価とし

て現金をもらいます。通常の会社の場合、株券は発行していないので、新しく株券を作成し、買手に譲渡することになります。

② 株式の譲渡益課税

　所得税は、各種所得金額を合計し総所得金額を求め、これについて税額を計算して確定申告によりその税金を納める総合課税が原則です。しかし、一定の所得については、他の所得と合計せず、分離して税額を計算し確定申告によりその税金を納める申告分離課税となっています。株式等譲渡益課税制度は、他の所得と区分して税金を計算する「申告分離課税制度」となっています。非上場企業の株式の税率は、20％（所得税15％、住民税5％）となっています。

　株式譲渡所得は、次の計算式により計算します。

　　総収入金額（譲渡価額）－必要経費（取得費＋委託手数料等）
　　＝株式等に係る譲渡所得等の金額

(2) 事業譲渡

① 内容

　事業譲渡とは、会社の特定の事業に関する組織的一体となった財産を他の会社に譲渡することです。単なる資産（在庫、債権、土地、建物等）だけでなく、のれんや取引先などを含む、ある事業に必要な有形・無形な財産すべての譲渡を指します。従来は、営業譲渡と呼んでいましたが、会社法改正後、事業譲渡に変更されています。

　事業譲渡の場合には、事業譲渡契約書を売手と買手が締結し、買手が譲渡代金を売手に支払うことになります。

② 事業譲渡の課税

　事業譲渡の場合には、時価－簿価がプラスつまり、譲渡益が発生すれば、譲渡益に対する法人税が課税されます。譲渡対価は、法人に入金されるので、個人に資金を還元するには、減資、配当の方法があります。

配当を実施すれば、配当金は総合課税されるため、最高で50％の所得税・住民税がかかります。したがって、事業譲渡の場合、株式譲渡に比べ税率が高く、配当まで考えると2回も課税されることとなり、通常、課税上不利なため、一般的には株式譲渡が選択されます。

③ 事例

次のような貸借対照表の会社があったとします。

(単位：百万円)

科　目	簿　価	時　価	科　目	簿　価	時　価
現　金	100	100	借入金	300	300
土　地	300	600	資本金	100	400
合　計	400	700	合　計	400	700

株式譲渡と事業譲渡とを選択した場合の手取り額は、次のように計算されます。

① 株式譲渡益課税

　（400－100）×20％＝60

したがって、手取り額は、400－60＝340となります。

② 事業譲渡

　1）法人税課税

　（400－100）×40％＝120

したがって、法人の手取り額は、400－120＝280となります。

　2）配当課税

　280－280×50％＝140

したがって、個人の手取りまで考えると、株式売却で340に対して、事業譲渡では140となり、圧倒的に株式売却が有利となります。

Ⅱ 事業承継の財務的側面

　相続は、自然人である個人が財産を承継する行為です。その財産が現金、個人所有の不動産だけであれば問題ないのですが、事業用の不動産、自社株式があり、その評価額が高い場合、相続税の納税資金が不足する場合も想定され、事業関連資産の承継が困難となる場合があります。

　つまり、事業規模が大きく、その株式価値が高い場合に、個人の財力でこの株式の財産承継を完全に実施することが困難となることが多くなります。

　そこで、納税資金の確保のために、事業用の不動産や自社株式を相続の対象会社に売却して、納税資金を捻出する場合があります。

　特に株式の場合、対象会社に余剰資金があれば買取りも可能ですが、十分な資金がない場合には、銀行からの借入金により、自社株式を引き受ける場合もあります。自社株を買い受ける行為は、資本勘定を減少させる行為であり、例えば、評価額10億円の資本勘定の会社が相続の納税資金確保のために（税率を50％と仮定）、自社株式を5億円買い入れたとすれば、資本勘定は、10億円－5億円で5億円となり、大きく資本勘定が劣化することになります。さらに、評価額100億円の会社であれば、相続の納税資金確保のため、50億円で買い入れたとすれば、資本勘定は、50億円となります。

　例えば、次のような簡単なモデルを考えてみます。

（ケース1）経営能力の承継がうまく行った場合の資本勘定

	創業者	2代目経営		3代目経営	
		2代目承継時	相続直前	3代目承継時	相続直前
相続税あり（50%）	100	50	150	75	200
相続税なし	100	100	200	200	325

資本勘定の推移

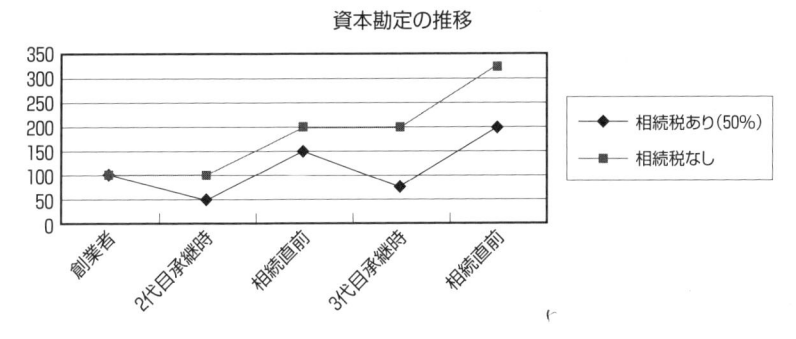

経営能力の承継がうまくいった場合でも、相続税相当額の株式を会社が取得した場合と相続税負担がゼロである場合とを比較してみると、資本勘定には大きな差があることになります。

（ケース２）　経営能力の承継がうまくいかなかった場合の資本勘定

	創業者	2代目経営		3代目経営	
		2代目承継時	相続直前	3代目承継時	相続直前
相続税あり (50%)	100	50	50	25	10
相続税なし	100	100	100	100	85

資本勘定の推移

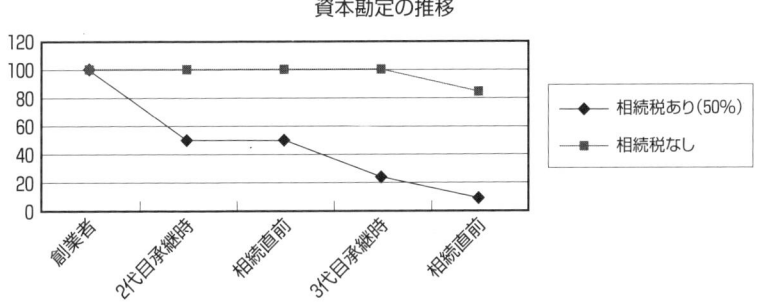

この場合は、２代目以降、十分な経営の能力がなかったため、相続発生のつど、資本勘定が減少することになります。

このように考えると、オーナー一族の相続のつど、納税資金を確保するため、資本勘定を悪化させる構造を保有していることになります。したがって、相続のつど、実質的に債務を負う状態となりますので、事業の存続のためには収益

力を一段と強化し、財務内容の回復のために、企業再生の手法を利用することが有効と考えています。

第2編 事業承継制度

第1章 事業承継のしくみ

> **ポイント**
> - 事業承継は、経営権と財産権の２つの異なる権利の承継である。
> - 経営権と財産権を切り離す１つの方法として、種類株式制度がある。
> - 事業承継には親族への承継、従業員への承継、事業売却等、方法は複数あるが、いずれも事業実態の把握と、将来の事業計画の立案がその前提となる。

Ⅰ 事業承継を構成する要素

　事業承継とは、経営者が今まで育ててきた事業を、次世代へ継承することですが、事業承継は「経営権の承継」と「財産権の承継」という、大きく２つの要素に分けることができます。

　この性質の全く相違する２つの要素を、現在の経営者が納得のいく形で後継者へ承継をすることができた場合、まさに事業承継が成功したといえるでしょう。

事業承継のポイント

経営権の承継	＋	財産権の承継
・後継者の選任と育成 ・相続人間のトラブル回避 ・従業員、取引銀行、取引先への後継者の認知、承認		・相続税の節税対策 ・自社株の移転方法の検討 ・自社株の移転時期の検討 ・納税資金の調達と納税方法の検討

　また、この２つの要素については多くの考慮すべき事項があり、これについて事前に計画を立て実行していく必要があります。

1　経営権の承継

　これまで事業を営んできた経営者の方々は、経営権を名実共に保有されていると思います。ただ、経営権の承継は形式的には可能でも、名実共に行うことは簡単ではありません。

　したがって、経営権を承継する方が、先代経営者と同様、自らの意思を持って経営ができる環境を直ちに作ることができればよいのですが、これがうまくいかず、新しい経営者が事業承継を表面的には果たしたものの、そもそも力を発揮できる環境ではなかったが故に、最終的に事業自体が傾いてしまう結果になったとすれば、先代経営者として本意ではないでしょう。そのため、経営権の承継については、事業承継計画をあらかじめ立案し、次の事項に留意した上で慎重に対応する必要性があります。

(1)　後継候補者の選任

　今まで、自らが維持・拡大してきた事業を次世代に引き継ぐのであれば、ふさわしい経営能力を持つ方に承継する必要がありますが、これは非常に難しい問題です。いわゆる相続税対策は、外部専門家のアドバイスを受けることにより一定の対策を立てることが可能ですが、後継候補者の選任は経営者自ら適性を判断し、最終的に決断するほかありません。

一般的に、東京証券取引所等へ上場しているような大企業の場合は、継続的に有能な人材を大量に採用しており、その中で最もふさわしい経営者を選ぶことも可能かもしれません。しかし、中小企業の場合は、上場企業の大会社と比較して、後継候補足る人材が豊富にいるという恵まれた状況ではありません。

　また、未上場の中小企業においては、借入金等の債務に対し、経営者自ら個人保証をしていることがほとんどで、事業リスクを経営者が一手に引き受けている状況です。

　したがって、もし優秀な従業員の中から次の経営者を選ぼうと考え、事業承継への打診をしても、相当の思い入れと事業の将来展望が明るいものでもない限り、「銀行に個人保証をしてまで、経営者になる気はありません」というのが多くの回答ではないでしょうか。このようなことも、多くの後継者候補を、現経営者の親族が担うことになる主な理由の１つかと考えられます。

　ただ、昨今の厳しい経済環境を踏まえれば、仮に安易な親族間での事業承継を行った結果、承継した後継者にとって最終的には事業が破綻する等、不幸な結果になりかねません。したがって、従前より今の事業が承継するに足るかどうかを見極めることの重要性が増しているといえます。

(2)　後継者の育成

　後継者候補を決定した後、どのように後継者を育成するかについて検討し、対応する必要があります。例えば、後継者候補を同業者や取引先等へ勤めさせて、外部での経験を得るような機会を与えたり、反対に直ちに入社させ、社内でのキャリアを積ませたり、といった方法が考えられます。

　その方法は様々ですが、どれが正解というものではありません。ただ、後継者候補としてふさわしいか否かについては、その過程の中で適時に見直す必要があります。

(3)　後継候補に係るトラブルの回避

　経営権の承継は、後継候補になり得る方々が複数いる場合、その間で争いになることがあります。これは、経営者が生前から事業承継における基本方針を、

配偶者や子息のような後継候補になり得る方々に明示していないことが大きな原因の1つです。したがって、事業を営む現経営者の相続基本方針として、以下のような対応があげられます。

相続基本方針

財産の種類	相続人
① 株式及び事業関連不動産	事業後継者
② ①以外の財産	事業後継者以外

(4) 従業員、取引銀行、取引先への後継者の認知、承認

　従業員、取引銀行、取引先へ後継者として、認知、承認をさせることは、形式的には簡単ですが、実質的には難しい問題です。形式的には、後継指名をすれば、よほどでない限り反対はされないかと思いますが、実質的に周囲から認められるには、経営手腕を発揮するしかありません。

　現経営者は事業を拡大する過程で、役員、従業員と苦楽を共にし、実質的にも周囲から大黒柱として認識されていますが、後継者は通常、現経営者と比較されると多くの面で、劣勢に立たされます。特に、若くして後継者となる場合、どうしても役員、従業員から認められるまでの過程が必要となります。そして、そのプレッシャーが時には、創業者とは違う新しい試みにつながることがあります。

後継者の施策

- 組織の大幅な変更
- 人事の若返り
- 新事業の立ち上げ
- 外部コンサルティングの導入

　ただ、事業承継後間もなく、経営者としてまだ未熟な段階でのこのような施策は、通常社内を混乱させてしまうだけで、役員、従業員との精神的な距離感が拡大し、失敗することが往々にしてあります。失敗の要因は、現状の経営状況を十分に分析しない中での環境変化のみの追求であり、本来、後継者は自ら

の権力基盤を確立するために変化を起こすのではなく、確立させてから行う必要があります。このような点も考慮に入れ後継者教育を行うとともに、後継者の実力を発揮できる人事を含めた組織作りもあらかじめ意識しておく必要があります。

2 財産権の承継

現時点で価値ある事業として安定した利益を出し運営されていれば、事業自体が財産的価値を持つものとして存在しているといえます。また、一般的な事業承継対策の対象となる部分であり、この株式部分等の財産権承継対策がその中心になります。

この株式という相続財産を考えるにあたり、次のような事例で考えてみます。

事 例	対 応 例
(ケース1) 現預金が10億円の場合	相続税の税率を50％とすると、5億円の相続税が発生します。相続した現預金10億円から、相続税の支払いが可能です。
(ケース2) 現預金が2億円、 不動産が8億円の場合	相続税の税率を50％とすると、5億円の相続税が発生します。相続した現預金2億円からだけでは、相続税の支払いができないため、不動産を売却して相続税を支払います。
(ケース3) 現預金が2億円、 自社株式が8億円の場合	相続税の税率を50％とすると、5億円の相続税が発生します。相続した現預金2億円からだけでは相続税の支払いができないため、株式を売却したいが、経営権も放棄することになるため、株式の処理に困ります。個人で株式を買い取る資金もないため、自らの会社に自己株式の買取りを要請し、資金を調達します。

つまり、相続税の納付は現金であるため、相続財産の現金、預金、あるいは現金に換価しやすい財産であればあるほど、相続税の支払いは容易になります。一方、相続財産に占める売却できない不動産、自社株式の割合が高いほど、このように、相続税の支払いに苦労します。

次の（ケース4）の場合を考えてみましょう。

(ケース4-1)

A社　　　　　　　　　　　　　　　　　　　　　　　　　　　　（単位：百万円）

科　目	簿　価	時　価	科　目	簿　価	時　価
現預金	200	200	支払手形	150	150
売上債権	230	230	買掛金	100	100
在庫	180	180	借入金	200	200
有価証券	50	30	負債合計	450	450
建物	300	300	資本金	100	
土地	200	1,000	資本剰余金	100	1,600
無形固定資産	10	10	利益剰余金	620	
その他	100	100	資本合計	820	
資産合計	1,270	2,050	負債・資本合計	1,270	2,050

　A社の株式の評価は、会社所有の不動産に含みがあるため、1,600百万とします。この株式を相続財産として承継するためには、1,600百万円×50％＝800百万円の相続税の支払いが必要になります。

　会社に所有株式の半分を800百万円で買い取らせると、現預金が200百万円しかないため、800－200＝600百万円の借入が必要になります。

　会社が自己の株式の買取りを実施すると、自己株式が資本のマイナスになり、時価も1,600百万円から800百万円まで、下落します。

(ケース4-2)

A社　　　　　　　　　　　　　　　　　　　　　　　　　　　　（単位：百万円）

科　目	簿　価	時　価	科　目	簿　価	時　価
現預金	0	0	支払手形	150	150
売上債権	230	230	買掛金	100	100
在庫	180	180	借入金	800	800
有価証券	50	30	負債合計	1050	1050
建物	300	300	資本金	200	
土地	200	1,000	利益剰余金	620	800
無形固定資産	10	10	自己株式	－800	
その他	100	100	資本合計	20	
資産合計	1,070	1,850	負債・資本合計	1,070	1,850

この場合は、手許資金200百万円と借入600百万円で、自己の株式を買い取りましたので、財務内容は大きく悪化しています。つまり、自社株式の相続は、基本的に会社の財務内容を大きく悪化させ、自社の価値を（相続税対応による資金流出により）下げることになります。

　特に、不動産の含みがあるため、借入を実施して、自社株式を買い取った場合には、財務内容が大きく悪化しただけで、収益力はこれまでと変化がありません。会社からすると、800百万円の不良債権が発生したことと実質は変わりません。

　この状態で、事業を承継・継続することは、自社にとってかなり大きなリスクを抱える可能性があることを示しており、この点について十分留意する必要があるとともに、企業再生と同様の手法を適用する余地があります。

(1) 相続税対策について

　相続税対策の基本的な考え方は、相続財産の評価額をどのように考えるかということです。ここで相続財産とその評価の関係は、次のようになります。

財産の種類と評価の考え方

財産の種類	評価方法の検討余地
① 現金、預金、上場有価証券	ほとんどなし
② 自社株式、不動産	考え方、方策により評価額が変わることも。

　一般的に、相続財産に占める株式、不動産の割合が高いことが多く、その対策次第では、結果的に相続財産の評価が引き下がることとなり相続税の納税額を減少させることができます。

　また、財産のうち、現金預金については価格上昇はありませんが、上場有価証券、株式、不動産については価格変動があります。上場有価証券の場合には、価格変動したとしても市場で換金できますので、納税資金の不足とは直接的に繋がりません。

　一方、不動産や自社株式は即時に換金できるようなものではなく、相続税納付時にはこのような売却困難な財産に係る対応のため、前述の事例のような自社株式買取りや別途資金調達が必要となります。

また例えば、株式及び不動産の相続財産評価を低く抑える方法の事例として以下のようなものがあげられます。

結果的に財産評価が引き下がる場合

区　分	方　　　　法
不動産	●貸家建付地の評価減の活用（貸アパート等の場合） ●小規模宅地等の評価減の活用（居住用、事業用の一定面積までは、評価減が適用される）
株　式	●できるだけ価格の低い評価方法の選択 ●含み損の実現 ●役員退職金の支給 ●高収益部門を後継者に分離

(2) **自社株式の移転方法及び移転時期**

　財産権でもある自社株式をどのタイミングでどのような時期に後継者へ移転させるかは、相続税対応の視点からも重要な問題です。

　一般的に、株式の価値は、利益が蓄積される限り株価は高くなります。したがって、できるだけ早く後継者に株式を移転させる方が、将来の相続税負担は減少します。ただし、後継者候補を例えば子供の頃から決め、株式移転してしまうことが、後継者候補選定の最も良い手段となるのかは疑問です。このため、移転の時期は、後継者としての位置づけが明確になった時期と考えることが、経営の本質として基本と考えられます。

　また、財産権の移転方法としては、売買と贈与が考えられます。売買の場合、買取り資金が必要であり、自己資金で買い取れるのであれば問題ありませんが、一般的には後継者の手許資金のみで買い取ることは難しいのではないでしょうか。では、借入をして株式を引き受けるべきかどうかですが、まず、資金調達の困難性、将来の返済負担のリスクを考慮すると現実的ではありません。

　したがって、株式の移転方法は、買取り資金の贈与を実施することによる売買か、単純な株式の贈与を中心に考えることになります。

　売買、贈与、相続の課税価格及び税率は、次のとおりです。この税率差をうまく利用することにより、最終的な納税額の減少可能性を検討します。

1 事業承継のしくみ 57

売買、贈与、相続の課税価格と税率

	税　率
売　買	（時価－取得価額）×20%

	贈　与		
	基礎控除・配偶者控除後の課税価格	税率	控除額
	200万円以下	10%	－
	300万円以下	15%	10万円
	400万円以下	20%	25万円
	600万円以下	30%	65万円
	1,000万円以下	40%	125万円
	1,000万円超	50%	225万円

	相　続		
	課税標準	税率	控除額
	1,000万円以下	10%	－
	3,000万円以下	15%	50万円
	5,000万円以下	20%	200万円
	1億円以下	30%	700万円
	3億円以下	40%	1,700万円
	3億円超	50%	4,700万円

(3) 納税資金の調達方法の検討

相続税の納税は、原則現金となっています。したがって、相続する財産の内容により、納税資金が容易に調達できる場合と、困難な場合に分かれます。

相続財産と納税資金との関係は、次のようになります。

財産の種類と換金性

財　産	換　金　性
現金、預金、市場性のある有価証券、遊休不動産	容　易
自社株式、事業用不動産	換金は、事実上困難。特に、自社株式を売却すれば、会社に対する経営権を失い、事業用不動産を売却すれば、事業継続に障害が発生する可能性がある。

自社株式のみを相続手続にて後継者に承継すれば、後継者が相続税を負担するための納税資金が不足することは十分想定できます。

したがって、株式を完全に承継させるためには、容易に換金可能な現金預金、

上場株式等も合わせて承継させることも、考慮に入れる必要があります。
　具体的な対策としては、相続財産に占める現金のポジションを上げる、保険により死亡時に現金を入手できるようにする。あるいは、会社が経営者の死亡保険に加入し、死亡時の退職金を会社からオーナーに支払うようにする。さらには、相続時に自己株式を会社に売却、当該資金により現金ポジションを上げる等の対策が考えられます。

(4) 納税方法の検討

　納税方法としては、相続税は相続開始から10か月以内に、現金で一括納付するのが原則です。しかし、現金一括納付が困難な場合には、延納により、最長20年間の金銭による分割払いが可能です。
　また、物納は、相続した不動産等そのもので支払うことになります。物納と延納についてまとめると次のとおりです。

延納と物納

	内　　　容
延　納	延納は、期限内の現金一括払いが不可能な場合に、相続税を分割して払う方法です。 　多くの人は、相続財産は現金よりも不動産のほうが多いのではないでしょうか。このような場合、相続税を支払いたくても、手元にそれに見合う現金がないという事態に陥りやすくなります。 　延納できる期間は原則として5年です。しかし、相続財産の中で不動産等（不動産や立木、その他一定の同族会社の株式等）の占める割合が大きい場合は、最高20年まで認められます。 　延納を認めてもらうには、担保の提供など一定の条件が必要な上に、利子税（延滞税よりは、当然安い）がかかります。
物　納	相続税を納めることが延納によっても困難な場合は、一定の条件のもとに相続財産を現物で国に納付します。ただし、物納財産は国が管理・保管するため、厳しく制限されていますので、慎重な対応が必要です。 【物納にあてることができる財産とその順位】 第1順位・・・国債及び地方債　不動産及び船舶 第2順位・・・社債・株式及び有価証券 第3順位・・・動産 ※特別な事情がある場合を除き第1順位より順に選択する

II 経営権と財産権の分離　～種類株式の活用

　一般的な会社の場合、発行されるのはいわゆる普通株式であり、当該株式には1株1議決権が付されています。

　したがって、株式という財産を承継し、経営権の承継を行うには株式という財産をできるだけ多く承継する必要があります。

　これは、経営権を承継するには、財産権の承継も必然的に必要であるという状況を示しており、事業承継は前述のとおり、経営権と財産権の承継という2つの構成要素を持つと説明しましたが、この状況ではあまり区別することの意味がありません。

　この点につき、現在の会社法では、株式の権利を弾力的に設計することが可能なことから、いわゆる普通株式以外の種類株式を発行することで、経営権と財産権の分離が可能となっています。

1　経営権の確保とは、株主総会を支配すること

　株主総会は会社の最高の意思決定機関であり、その株主総会で役員選出などの議案に対する議決に株主が参加できる権利のことを「議決権」といいます。株式の保有比率が増すほど行使できる権利も大きくなります。

　議案は原則的に過半数の賛成で議決されるため、保有比率が2分の1を超えれば役員を派遣して取締役会を支配し、経営権を握ることができます。3分の1超を保有した場合は、合併など企業にとって重要な事項を決める特別決議で拒否権を持つことができます。

　つまり、発行株式数に対する株式保有割合が多ければ多いほど、会社に対する支配権は強くなることになります。したがって、経営権の承継とは議決権をコントロールできる権限を承継することで、通常1株あるいは1単元には1議決権が付与されることから、発行済み株式総数に対し、多数の株式を承継することが必要となるわけです。

しかし、現行の会社法では、経営支配権の確保と株式数の承継との比例関係について、種類株式を利用することで切断することが可能となっています。このため、従来に比べて弾力的な事業承継対策が可能です。

2　議決権制限株式の活用

通常は、すべての株式に議決権が付与されていることが前提です。しかし、議決権を制限した株式の発行を検討すると、これまでの事業承継とは違う対策が可能となります。

議決権制限株式とは、議決権（会社の経営に参加できる権利）に制限のある株式のことをいいます。議決権制限株式には、無議決権株式（株主総会において議決権を行使できない株式）や、議決権一部制限株式（決議事項の一部に限り議決権を行使できる株式）が含まれます。

(事例) 無議決権株式を利用した事業承継対策

以下の2つのパターンで分析します。例1は、無議決権株式を発行しないケース、例2は1株のみを普通株式とし残りの株式を無議決権株式にした場合です。

この事例では、種類株式を発行することにより、会社法ではわずか100万円の財産の引継ぎで経営支配権の承継が可能となります。

	発行株式構成	株式数	1株当り株価	評価額	評　　価
例1	すべて普通株式	100	100万円	1億円	経営支配権を承継するため1億円の財産承継が必要
例2	普通株式	1	100万円	1億円	経営支配権を承継するため100万円の財産承継で可能
例2	無議決権株式	99			9,900万円は他の親族等へ相続させても経営権に関係なし。

3　拒否権付株式（黄金株式）の活用

拒否権付株式（黄金株式）は、株主総会における決議事項のうち、その株主総会の決議のほかに、別に発行する種類株式の株主を構成員とする種類株主総会の決議を必要とする旨の定めが設けられている種類株式、いい換えると拒否

権が認められた種類株式のことです。

　事業承継の観点では、この拒否権付株式（黄金株式）を後継者に保有させておけば、後継者の了解なく重要な事項の決定はすべてできないことになります。拒否権付株式による会社の完全支配を実現するには、代表取締役の選任、取締役の選任、解任等、重要事項すべてに拒否権を付与した定款に変更する必要があります。

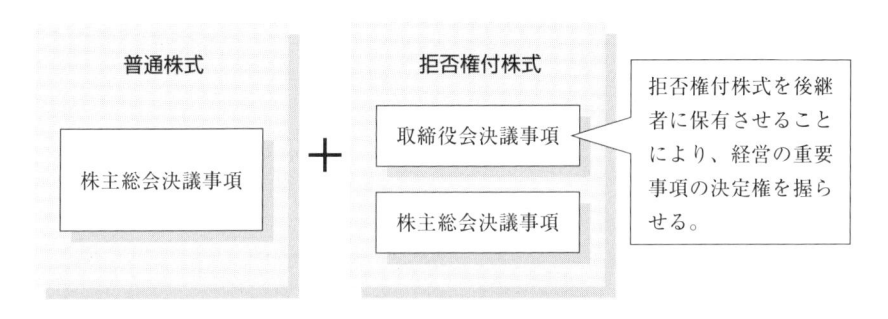

```
　　普通株式　　　　　　拒否権付株式
　┌──────────┐　　┌──────────────┐　　拒否権付株式を後継
　│          │　　│ 取締役会決議事項 │←　者に保有させること
　│株主総会  │＋　├──────────────┤　　により、経営の重要
　│決議事項  │　　│ 株主総会決議事項 │　　事項の決定権を握ら
　└──────────┘　　└──────────────┘　　せる。
```

（事例）拒否権付株式（黄金株式）の事業承継対策

　現在の発行株式総数600株の会社が、1株のみの黄金株（拒否権付株式）を発行し、事業承継者にその株式を割当てします。拒否権付株式（黄金株式）の内容は、定款に定める必要があります。

　この変更により、事業承継者は会社のすべての重要事項の決定に拒否権を持つため、わすか1株の黄金株の保有コストで、普通株式を100％保有するのと同様に会社を支配することができます。

4　相続人に対する売渡請求権の活用

　会社法では、相続、合併等その他の一般承継により当該株式会社の譲渡制限株を取得した者に対し、当該株式をその株式会社に売り渡すことを請求できる旨を、定款で定めることができるようになりました。

```
会社  ──売渡請求──>  相続人
```

　したがって、創業者である社長に後継者がいない場合には、会社の事業運営上好ましくないものを排除し、事業を継続させるために、この制度を利用することが可能となりました。

　留意すべき事項は、以下のとおりです。

---

① 売渡請求期限

　相続等があったことを知った日から１年以内に、株主総会の特別決議（総株主の議決権の過半数を有する株主が出席し、かつその議決権の２／３以上の賛成）を経て請求する必要があります。

② 売買価格

　株式の売買価格は当事者間の協議によりますが、協議が整わない場合、裁判所に売買価格決定の申立てができます。ただし、申立ては売渡請求の日から20日以内に行う必要があります。

③ 財源規制

　剰余金分配可能額を超える買取りはできません。

5　株主ごとに取扱いを変える手法の活用

　現在の会社法では、株式譲渡制限会社における株主の個性に着目し、株主ごとに「ａ　剰余金の配当を受ける権利」「ｂ　残余財産の分配を受ける権利」「ｃ　株主総会における議決権」を定款に定めることが可能です。

　すなわち、経営者において複数の相続人がいる場合、その承継する株式の性質により、「経営権を承継する相続人」と「優先配当権を持つ株式を承継する相続人」のように、その取扱いを変えることが可能なのです。

　また、株式の取扱いについて、このように定款に株主ごとに異なる定めをお

いた場合には、その株主の保有する株式は種類株式と似た性格を持つため、その株式は種類株式とみなして、種類株式に関する規定が適用されます。

(事例) 株主ごとに取扱いを変える事業承継対策

　事業承継を前提にし、創業者から相続人に株式が移動したとします。長男を後継者にするということであれば、長男保有の株式のみに議決権を付与し、それ以外の相続人には、議決権のない株式を付与すれば、支配権の承継が可能となります。

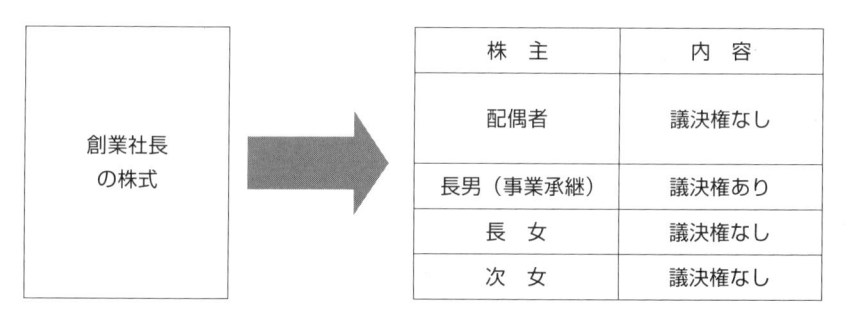

創業社長の株式	→	株　主	内　容
		配偶者	議決権なし
		長男（事業承継）	議決権あり
		長　女	議決権なし
		次　女	議決権なし

6　種類株式発行のための決議要件

　種類株式とはこれまで縁がなく、その手続について把握していない会社が一般的かと思われます。

　種類株式を発行するには、定款変更により種類株式を追加する場合と、現在の株式の権利内容を変更する場合の2つの方法があります。

(1) 種類株式を追加する場合

　種類株式を追加する場合は、株主総会の特別決議による定款変更により実施します（会法309条2項11号）。

(2) 株式の内容を変更する場合

　一方、株式の内容を変更するには、次のような決議要件が必要となります。

　種類株式を利用するには、a及びbのどちらの場合でも最低限株式総会での特別決議が必要となりますので、自社の株主が分散して特別決議の可決が見込まれない場合には、株主関係の整理からスタートする必要があります。

	すべての内容 （1種類のみの株式の会社）	種類株式 （2種類以上の株式の会社）
譲渡制限	（特殊決議309③Ⅰ）	（特殊決議111②、324③Ⅰ）
株主から会社への取得請求	（特別決議309②Ⅺ）	（普通決議309②、324①）
会社による強制取得	（株主全員の同意110）	（種類株主全員の同意111①Ⅰ）
剰余金の配当	－	（特別決議309②、324①）
残余財産の分配	－	（特別決議309②、324①）
議決権制限	－	（特別決議309②、324①）
全部強制取得	－	（特別決議309②、324①）
拒否権付き	－	（特別決議309②、324①）
取締役、監査役の選任	－	（特別決議309②、324①）

（309③Ⅰ＝会社法309条3項1号）

7 種類株式の評価方法

中小企業庁からの事前照会に対して、国税庁から平成19年3月16日、文書回答事例「相続等により取得した種類株式の評価について（照会）」が公表されています。

これにより、中小企業の事業承継対策で不明確なまま問題となっていた、種類株式の評価が明確化されました。

種類株式のうち、①配当優先の無議決権株式、②社債類似株式、③拒否権付株式の3類型の種類株式について、評価の取扱いが明確化されることとなりました。まとめると次のとおりです。

種　　類	評　価　方　法
① 配当優先の無議決権株式	普通株式と同様の評価が原則である。ただし、議決権がない点を考慮し、納税者の選択で5％評価減し、その評価減した分を議決権株式に加算する評価が可能である。
② 社債類似株式	原則として発行価額で評価する（既経過利息に相当する配当金の加算は行わない）。
③ 拒否権付株式	拒否権は考慮せず、普通株式と同様に評価する。

つまり、種類株式の特性を評価に理論的に反映させることが実務上困難であることを考慮し、課税上弊害のない評価方法が定められています。

8 種類株式活用における留意点

種類株式により、経営権と財産権を切り離して承継することが可能ではありますが、株式の相続税における評価額には影響ありません。つまり、経営権を承継する相続人に対しての、財産権移動による相続税負担の回避には有効ですが、他の相続人全体にその資金負担が分散したに過ぎず、納税資金の負担方法は別途検討が必要です。

III 事業承継の方法

1 事業承継の方法

事業承継は、経営権と財産権という、2つの異なる要素を移転させる手続であると考えることができると述べましたが、経営権の承継先という観点からは、以下の方法に区分することができます。

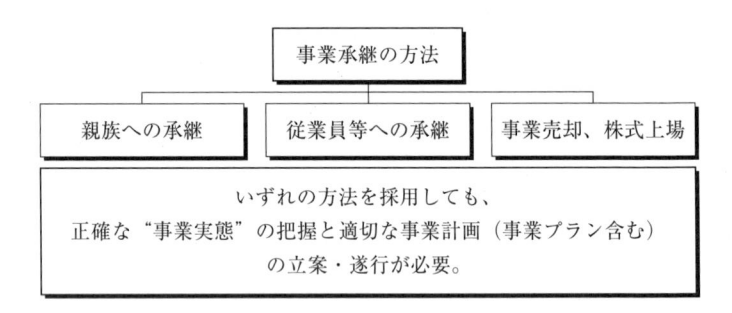

```
           事業承継の方法
    ┌──────────┼──────────┐
 親族への承継  従業員等への承継  事業売却、株式上場

       いずれの方法を採用しても、
  正確な"事業実態"の把握と適切な事業計画（事業プラン含む）
            の立案・遂行が必要。
```

(1) 親族への承継

これまでの一般的な事業承継の方法としては、息子を初めとする親族への承継が主であったといえます。これは前述したとおり、経営者は会社の持つ事業リスクを一手に引き受けている現状から、結果、承継者としては現実的には親族しかいないというケースが多かったのではないかと考えられます。

(2) 従業員等への承継

対象会社の取締役や従業員が、事業を承継するケースです。自社株式をオーナーから買い取るのが一般的なパターンであり、いわゆるMBO（マネージメント・バイ・アウト）やEBO（エンプロイー・バイ・アウト）といわれています。

ただし、発行済株式の大半を買い取る必要があることから、株式取得時にお

ける資金負担は企業規模が比較的大きい場合、相当な金額となることが想定されます。さらに、オーナーから買い取る譲渡価額設定における公正性の確保、オーナーからの個人保証等の株式譲渡にともなう移行など、事業売却にともなう資金調達や、事業リスクの移転という乗り越えるべきポイントが存在します。

(3) 事業売却（M&A）、株式上場

親族や自社内の取締役や従業員に事業承継の対象となる有力候補が存在しない場合、第三者への事業売却は事業承継の有力な方策として浮上します。オーナーが事業承継をあきらめ廃業する場合、従業員の雇用確保など社会的責任の側面や、自社清算時のコスト負担による財産価値の毀損リスクが生じるからです。

昨今の経済環境の悪化や不透明感、さらには後継者不足から、このようなケースは確実に増加しており、M&Aへの抵抗感も減りつつある中、今後も増加することが予想されます。

また、株式上場は財産権の承継における相続税負担も含めた有力な方策です。さらに、上場準備の過程における内部管理体制の整備や、資金調達、人材確保の面等、多くのプラスが期待でき、現実的に企業としての永続性を持ち得るためには最有力手段であるともいえます。

ただし、上場準備・維持コストが必要なこと、そもそも上場を視野に入れるには、一定の企業規模や成長性が要求されることもあり、すべての企業が検討できる手段ではありません。

2 事業承継の持つリスク

事業承継において承継先ごとに個々の特徴が存在しますが、事業承継者はいずれの場合においても相応の資金が必要となります。

(1) 親族の場合
　　（例）相続税による納税資金。
(2) 従業員等の場合
　　（例）オーナーから株式譲渡を受ける際の購入資金。

(3) M&A、株式上場

（例）M&Aの場合はオーナーから株式譲渡を受ける際の購入資金。株式上場の場合、株式の売却による納税資金の確保。

このように事業承継は、たとえ現在のオーナー（被相続人）が親族へ承継する場合でも、換金が難しい株式（非上場株式：流動性が低い）を引き受けるにもかかわらず、その相続税は基本的に現金（流動性が高い）で早々に支払うことが要請されています。これは納税資金を買収資金と考えれば、その金額の算定方法も含め、M&Aに類似していると考えられます。

したがって、事業承継はある意味、国が制度的に設定したM&Aなのかもしれません。

この視点に立てば、現在の親族への事業承継において、いくつかの懸念事項をあげることができます。

すなわち、一般的なM&Aにおいて買収先の企業価値を判断し、買収するか否かの意思決定を行う際には、相手先企業の財務調査（財務デューデリジェンス）、法務デューデリジェンス等の企業実態を把握する手続が企業規模や内容によりその深さには差異があるものの、必須の手続となっています。

また、将来の事業計画を基礎にした、将来キャッシュフローの見積もり等も行う必要があります。

しかし、親族への事業承継の際、一般的な非上場の中小企業においては以下のような問題があることから、上記の手続がほとんど行われていないことが一般的です。

- 税務申告目的のみの決算書
  基本的に税務申告目的での決算書作成のため、実際の会計基準に沿って実態を表すような決算書とはいえない。
- 事業計画、中期経営計画等が作成されていない、もしくはその完成度が不十分である。
  上場企業等と比べて、経営資源が不足していること。また、オーナーの意思一つで経営されていること等が多いことから、将来の事業計画、中期経営計画等がない、もしくは十分ではない。

これらの企業実態の正確な把握に繋がる作業は、今後の事業承継方法を改めて考慮する際に極めて重要であると考えられ、上記事項の克服が望まれます。

また、自社株式以外に主だった相続財産がない場合は、事業承継者の納税資金を負担するために、事業そのものの資金力等に頼らざるを得ない状況が発生することがあり、本来の事業資金とは違うところで資金流出を招き、財務体質を悪化させ、事業リスクを高めてしまいます。

3　まとめ　～事業計画の立案と、事業承継に向けた企業実態の把握

企業間においてグローバルなレベルでの厳しい競争が生じている昨今、かつての高度経済成長時のように、借金をしてまで事業承継を優先しても、その後の成長が十分に見込める時代ではありません。

特に親族への事業承継の場合は内輪での気やすさや、自然と事（事業承継）が進んで行くことが多いこともあり、事業承継に係るリスクの把握が不十分なケースが多いようです。

やはり、事業を承継した側は将来リスクを踏まえた上でのM＆Aに乗り出したのと変わりはないと考えれば、これを機会に改めて事業実態を正確に把握し、事業計画・中期経営計画等を立案することを通じて、自社の企業価値向上や事業継続が可能か否かを十分に見極める必要があると思われます。

第2章 事業実態の把握から事業成長、事業承継へ

> **ポイント**
> - 事業実態を正確に把握するには、日頃から適切な会計処理を行うことが必要。
> - 正確な事業実態を把握し、明らかになった課題に対する対策を立て、PDCA (Plan, Do, Check, Action) サイクルを構築することが事業の成長への鍵となる。
> - 事業自体の継続的な発展を重要視した承継方法を選択することで、事業は「家業」から「真の事業」となる。

Ⅰ 中小企業における事業承継

1 中小企業における事業承継対応の必要性

　日本の多くの中小企業においては、経営者の平均年齢は年々高まる傾向にあり、経営者の高齢化が進んでいます。そのため、事業承継への対応が大きな問題となっています。

(1) 経営者の平均年齢の推移

　企業規模が比較的大きな会社の経営者の平均年齢は、この10年間で大きな変動がなくおおむね63歳前後で推移しています。一方、企業規模の比較的小さな会社（中小企業）の経営者の平均年齢は、毎年上昇傾向にあり、この10年間で

約3歳上昇し60歳程度になっています。これは、企業規模の比較的大きな会社においては、経営者の交代が順調に進んでいるが、企業規模の比較的小さな会社では、経営者の交代が順調に進んでいないことを示しています。

(2) 簡易生命表

中小企業の経営者の年齢は毎年上昇傾向にありますが、日本人の生存率は、60歳を過ぎたあたりから、下降し始めることになります。

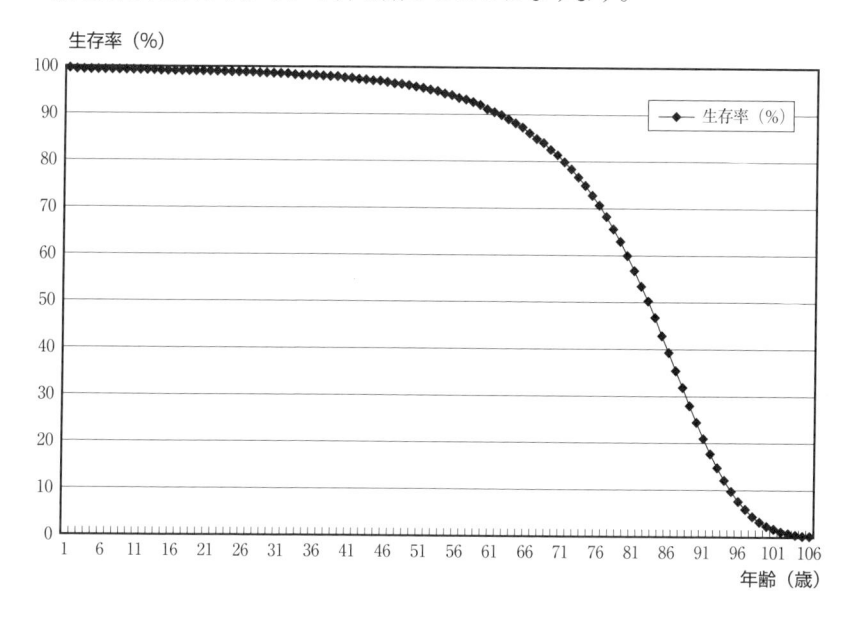

事業承継は短期間で行われるものではなく、一般的には10年～15年の長期的なスパンで行われるものです。完全に経営者が引退する前に株式の整理・相続税対策・後継者の育成・取引先との信頼関係維持・個人資産の取扱い等、実施しなければならないことが多くあります。また、事業承継に関する事前の取組みの有無によって、事業承継が成功する確率が高くなる傾向にあります。

そのため、中小企業においては、早期に事業承継への対応を実施する必要があります。

2 中小企業における事業承継時の問題点

　中小企業の経営者が、事業承継時の問題として考えている事項としては、例えば以下のようなものがあります。

- 事業の将来性
- 後継者の力量
- 取引先との信頼関係の維持
- 後継者の不在
- 借入金の個人保証
- 相続税等の税金対策
- 個人資産の取扱い
- 社員の不平・不満

　特に多くの経営者が共通して問題と考えているのが、「事業の将来性」・「後継者の力量」・「取引先との信頼関係の維持」です。これは、多くの経営者が、現在行っている事業の今後の展望について不安を持っており、それに関連して今後の事業環境の変化に後継者が対応していけるのか、さらには取引先と信頼関係を維持していけるのかについて不安を持っていることがわかります。

　一方、中小企業においては、子息・息女を含んだ親族への承継が、ここ10年間で減少傾向にあるものの、その過半を占めています。

　これは、取引先や社員にとっても心情的に受け入れられやすいことや、相続財産としての株式等を後継者に移転することができるため、所有と経営の分離を回避できる等のメリットがあることが背景にあると考えられます。

　一方、事業自体が継続、発展するための人材が親族にいるとは限らず、さらには、事業の将来性に不安を持っている現状のまま、現在の事業を子息等へ承継させるべきかどうかについては、特に慎重な見極めが必要となります。

Ⅱ 事業実態の把握と事業承継

1 事業実態を把握することの必要性

　事業承継の方法としては、「親族への承継」・「従業員等への承継」・「事業売却・株式上場」といった選択肢があります。

　学校を卒業して別の会社で働いている子息、娘婿等に強引に事業を承継したものの、承継後の事業がうまくいかず、社長及びその子息等の双方が不幸な目にあう事例も多数あります。そのため、事業承継の方法としてどの選択肢が良いのかの判断を下すには、承継すべき事業の実態把握を行い、その事業構造を見極めることが必要不可欠となります。

　自社の事業実態を正確に把握した結果、子息に事業を承継させることが子息の幸せにつながらないと判断せざるを得ないような状況もあります。また、事業が継続して発展していくためには、事業を売却し、他社の資源によって発展した方が良いと判断する状況もあります。

　事業実態を把握することで、自社の事業の課題が明らかになりますし、その課題を解消するための計画を策定し、実行し、結果を検証することで、魅力あ

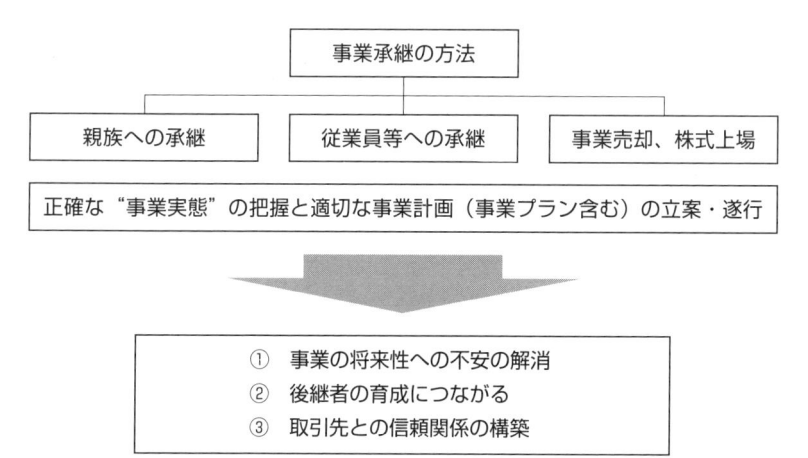

```
                    事業承継の方法
        ┌──────────────┼──────────────┐
   親族への承継      従業員等への承継      事業売却、株式上場

  正確な"事業実態"の把握と適切な事業計画（事業プラン含む）の立案・遂行
                          ↓
              ① 事業の将来性への不安の解消
              ② 後継者の育成につながる
              ③ 取引先との信頼関係の構築
```

る事業となっていくことができ、「事業の将来性」への不安も解消することになります。また、後継者にもこの計画の策定から結果の検証に至る過程について関与させることで力量もつき、「後継者の力量」への不安も解消することになります。さらには、後継者は「取引先との信頼関係」を構築していくことができます。

2 事業実態を把握する方法

　事業実態を把握するためには、デューデリジェンスが行われることが一般的です。財務デューデリジェンスでは、主に財務内容を把握することと収益力を把握することを目的とします。

　また、実態把握を正確に行うためには、グループ会社や取引関係を整理し、証憑等を整備することがその前提になります。

財務デューデリジェンスの対象	目　的
貸借対照表項目	財務内容の把握
損益計算書項目	収益力の把握
過去の税務調査	税務リスク・税務コストの把握
オフバランス項目の調査	簿外債務の把握
役員等との取引の調査	解消すべき取引の把握

　非上場の多くの企業は、税務申告目的で決算書を作成することが一般的であるため、いわゆる上場企業も含めて適用されている公正妥当な会計基準を元に事業価値の実態把握を行う場合、純資産や収益力が大幅に変動（一般的には低下）することが多いのが現状です。これは、決算において適切な会計処理を行っていないことが原因としてあります。つまり、正確な事業実態の把握は、適切な会計処理の適用により担保されます。

　なお、事業実態の把握時に判明する主な修正事項としては、以下のようなものがあります。

> - 回収不能な売上債権に対する貸倒引当金の計上不足
> - 価値が下落している棚卸資産の評価損
> - 固定資産の含み損（減損損失）
> - 固定資産の減価償却不足
> - 市場価格のある有価証券の評価損
> - 子会社株式の減損
> - 買掛金の違算
> - 未払金の計上不足
> - 賞与引当金の計上不足
> - 退職給付引当金の計上不足

　それでは中小企業において、正確に事業実態を把握するためには、常に財務デューデリジェンスを利用するしかないのかというと、そうでもありません。少なくとも財務面に関しては、中小企業が事業実態を正確に把握するための指針として、「中小企業の会計に関する指針」が定められています（83ページ参照）。

　これは、会計情報の利用者が限られる中小企業において、費用対効果を勘案した上で、経営者自らが企業の経営実態を正確に把握するための会計処理等を示したものです。また、この指針は、日本公認会計士協会や企業会計基準委員会のみでなく、日本税理士会連合会や日本商工会議所も作成に関与しており、毎年、見直しがなされているものです。

　「中小企業の会計に関する指針」を利用して会計処理を行っていれば、財務デューデリジェンスを利用しなくとも正確な実態を把握することができます。また、日頃から適切な会計処理で作成された財務諸表（決算書）の数値の感覚と、経営者の方々の実際のビジネス感覚とのすり合わせを常に行っていくことが重要となります。

3　事業承継時の事業実態の評価方法 —— 財政状態

　事業実態の把握は、デューデリジェンスや「中小企業の会計に関する指針」を利用することで可能となりますが、事業承継時には、それに加えて以下の方法で評価することが有効になります。それは、ご自身の会社を清算することを前提に評価を実施してみることです。つまり、事業を今現金にしたら、いくらになるかを考えてみることです。

清算金額の計算方法

科　目	評価の考え方
現金・預金	評価は、通常100％の評価となります。担保提供している預金があれば、優先的に銀行の借入金の返済に充当されます。
受取手形	優良債権であれば、90％から95％の評価となります。
売掛金	優良債権であっても、全額入金される保証はなく、70％程度の評価となります。
有価証券	上場等公開銘柄であればその日の時価で評価し、非公開銘柄であれば、換金価値で評価します。ただし、非公開銘柄は、直ちに換金できませんので、ゼロとみておくべきです。
棚卸資産	商品、製品等の評価は、考え方が分かれます。正常な状態であれば、売却可能な在庫も、事業を清算するとなると、いわゆる倒産セールと同様のことになります。50％から30％程度の評価となります。
償却資産	土地以外の償却資産は、ほとんど換金価値はなく、通常５％程度の評価となります。
土地	正常な状態であれば、不動産鑑定評価額程度での売却が見込まれますが、決められた期限に売却するため、時価の70％程度の評価となります。固定資産税の評価額が１つの目安となります。
リース資産	通常、リース資産は転用が利かないため、償却資産と同様、５％程度の評価を実施します。
敷金・保証金	ビル等の敷金、保証金については返金額で評価し、敷引によるものは控除します。
退職給付引当金	従業員が会社都合で退職した場合の全額を計上します。
リース債務	リースは、途中解約になりますので、リース料として今後支払いを要する残債務を債務として計上します。
その他の負債	負債は、そのままの簿価で評価します。

計算事例

科 目	簿 価	評価率	金 額
現金預金	200	100%	200
受取手形	100	95%	95
売掛金	150	70%	105
有価証券	50	時価60	60
棚卸資産	400	50%	200
償却資産	300	5%	15
土地	200	時価400の70%	280
リース資産	100	5%	5
敷金・保証金	30	返金予想額	20
資産合計	1,530		980

科 目	簿 価	評価率	金 額
支払手形	200	100%	200
買掛金	300	100%	300
短期借入金	150	100%	150
未払金	50	100%	50
未払費用	30	100%	30
預り金	10	100%	10
長期借入金	200	100%	200
退職給付引当金	100	会社都合	150
リース債務	100	100%	100
負債合計	1,140		1,190
差額	390		△210

　この場合ですと、評価後の資産合計から負債合計を控除したものが、△210となっており、負債を全額返済しても、まだ210だけ資金が不足することになります。現時点で清算価値を算出し、マイナスになるということは、清算時に債務が残ることになります。

　債務が残れば、個人で連帯保証をしていれば、個人財産を処分して債務の返済に充てることが必要ですし、それでも債務が残る場合は、自己破産を覚悟せざるを得ないことを意味します。

この清算価値がプラスマイナスゼロの状況を「廃業分岐点」と捉えることもできます。この状況を超えてしまうと、廃業さえもできないという深刻な事態に直面します。

　実は多くの企業で、廃業分岐点がマイナスにもかかわらず、子息等を後継者として入社させていることがあります。

　多くの企業で廃業分岐点がマイナスとなっている原因は、以下のようなものがあります。

(1) **法人に納税後の利益を蓄積する意識の欠如**

　多くの中小企業の経営者は、税金を納めることが損だという意識があり、その意識から利益を個人の報酬として吸い上げて、会社の納税額を減少させており、税引後の利益を蓄積するという意識が希薄です。法人税での課税を免れ、かわりに所得税の納税をし、余剰金を増資という形で会社に還流させれば、実質的に法人が税引後の金額を蓄積したことになります。

　しかし、多くの場合、自宅、車、旅行等個人の生活のためにお金が消えています。また、個人の自宅のローンの返済、あるいは個人の資産運用のために、会社から経営者が多額の報酬を受領し、法人の蓄財を遅らせている例もあります。

(2) **節税の錯覚**

　会社の法人税を支払うことを避けるために、高級外車を購入し、減価償却費で節税していると考えている経営者は実に多いです。これは、実はキャッシュフロー上は損な取引です。具体例で示すと次ページのとおりです。

事　例	キャッシュフロー	説　明
車を購入しない場合	ゼロ	購入していないので、キャッシュフローはゼロである。
国産車を自己資金400万円で購入した場合	△400万円＋400万円×40％（法人税の節約額）＝△240万円	国産車を400万円で購入すれば、一旦400万円のキャッシュが出るが、400万円の減価償却による節税効果によって、160万円のキャッシュアウトが抑えられ、純額で240万円の実質負担となる。
高級外車を自己資金1,500万円で購入	△1,500万円＋1,500万円×40％（法人税の節約額）＝△900万円	高級外車を1,500万円で購入すれば、一旦1,500万円のキャッシュが出るが、1,500万円の減価償却による節税効果によって、600万円のキャッシュアウトが抑えられ、純額で900万円の実質負担となる。

　上記の事例を比較してみると、車を購入しなければ追加の現金流出はゼロ、国産車であれば実質240万円の現金流出、高級外車であれば900万円の現金流出となっています。どの意思決定をするかによる有利、不利の差は、それぞれの差額となります。

　節税効果は、あくまで法人税等の税率40％部分のみであり、残り60％は現金流出していることになり、車を購入しないのが最も有利となります。

(3)　銀行からの借入金返済意識の欠如

　銀行から借入をするには、慎重でなければなりません。なぜなら、借りたお金は、必ず返済をしなければならないからです。運転資金の場合、借りて期日に返済し、そのまま再度借入をしている場合が多いため、実質的に返済をしていない場合も多いですが、銀行からの借入金はいつか返済しなくてはならないという意識を持つことが必要です。

(4)　納税意識の欠如

　中小企業の経営者には、税金を支払うことについて、ものすごく損をした気になる人が多いのが現実です。税金は、脱税しない限り、免れることはできま

せん。節税は、現在でなく将来に課税を繰り延べるという効果と、相対的に有利な税率を利用して、実際の納税額を減少させる効果があります。税金は、当然発生した所得に対して課税されます。100の法人所得に対し実行税率を40％とすると、100－40＝60の現金は、手元に残ります。永続し成長する企業の条件は、愚直に税金を払いながら、無駄なお金を使わず、利益を蓄積し無駄な借入を極力しないことです。

4 事業承継時の事業実態の評価方法 ── 収益力

　事業承継時の収益力の評価を行う上でのポイントは、売上総利益率及び営業利益率が高水準にあるかどうかです。適正な利益構造を持っていない企業は、永続は不可能です。また、安易な値引き販売は利益率を悪化させ、利益水準を落とします。

　どの業態であれ、安さだけを売り物にしたディスカウント販売は、一時的には事業拡大しますが、競合者の出現により最終的には事業の継続が困難となっています。なぜなら、値引き販売は誰でもできるため、値段による差別化が継続できないことがその要因です。

　過去5年間、できれば過去10年間の損益計算書を時系列に並べてみると、過去の動きがよく見えます。また、売上に対する率を各項目に入れることによって、利益率、経費率等の推移を分析することができます。

　さらに、KPI（Key Performance Indicator:重要な経営管理指標）に焦点を当てた分析を行うことも有効です。KPIには、従業員1人当たり売上高・店舗当たり売上高・売上高賃貸料比率・顧客満足度等さまざまなものがありますが、重要なのは、事業との関連性の高いKPIは何かを検討し、それを分析することです。

　なお、収益力を評価する際に基本となるのが、損益分岐点分析です。損益分岐点は、利益がプラスマイナスゼロとなる売上高のことをいいます。損益分岐点を算出するには、費用を固定費と変動費に分類します。次により算出します。

売上高				
売上原価	売上原価【製造業の場合】			
売上総利益	製造原価	材料費	⇒	変動費
販売費及び一般管理費		外注費	⇒	変動費
営業利益		労務費	⇒	変動費又は固定費
営業外収益		製造間接費	⇒	固定費
営業外費用				
経常利益	【非製造業の場合】			
特別利益		仕入原価	⇒	変動費
特別損失				
税引前当期純利益	販売費及び一般管理費			
法人税,住民税及び事業税		人件費	⇒	固定費(管理部門・販売部門
当期純利益				の人件費が多いため)
		販売関係費		
		販売手数料	⇒	変動費(売上に連動する場合)
		販売促進費	⇒	変動費(売上に連動する場合)
		運送料	⇒	変動費(売上に連動する場合)
		広告宣伝費	⇒	固定費(売上に連動しない場合)
		一般管理費		
		賃借料	⇒	固定費
		水道光熱費	⇒	固定費
		保険料	⇒	固定費
		租税公課	⇒	固定費
		減価償却費	⇒	固定費

次に以下の算式により、損益分岐点売上高を算出します。

損益分岐点売上高の算定

- 変動費率＝変動費／売上高

- 損益分岐点売上高
  ＝固定費／(1－変動費率)
  　　　　　　　＝限界利益率

- 安全余裕率
  $= \dfrac{売上高 - 損益分岐点売上高}{売上高}$

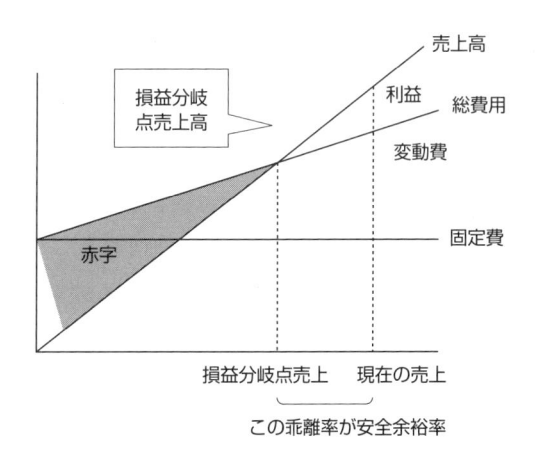

この乖離率が安全余裕率

損益分岐点を知ることは、自社の収益構造の把握にもなり、特に売上の下落がどの程度になれば赤字になるか、ということを把握することは、事業の継続においては非常に重要です。また、固定費と変動費に分類して事業計画を算定すると、売上高の変化にともなう利益構造が明確に把握できるので、大変有効です。

5　事業実態を把握する際の留意点 ── 債務償還年数

　財政状態と収益力の評価を行った後に、総合的に分析するための指標として重要なものが、「債務償還年数」です。債務償還年数とは、有利子負債（借入金等）を事業の収益力で割ることで算出するものです。

　つまり、将来に獲得する利益（資金）によって、今ある有利子負債が完済となるまで何年かかるかを示すものです。

　　債務償還年数＝有利子負債／収益力

　業種にもよりますが、一般的には、10年以内が望ましい水準と考えられます。これが長期になってくると、金融機関の融資姿勢も厳しいものとなっていきます。

　なお、債務償還年数が少ないということは、借入金も少なく、財務体質が良好であることが多いため、相続税も多くなる傾向もあります。そのため、中には、相続税の軽減のために借入金を増やして、本業と関係のない資産を購入する等の方法で、企業価値を下げる選択肢をとる会社もあります。しかし、そのためだけに事業の継続性にマイナスの効果を与えるのは望ましくありません。

　法人税であれ、相続税であれ、事業価値を下げるような節税対策をせずに、愚直に税金を支払った方が事業の継続性にプラスとなることも多いのが現状です。

　繰り返しますが、継続して成長していく企業の条件は、愚直に税金を払いながら、無駄なお金を使わず、税金を支払った後の利益を蓄積し、無駄な借入れをしない企業であるということです。

6 グループ会社がある場合の事業実態の把握

　グループ会社が複数存在し、取引関係が複雑となっている場合、事業の実態把握はより困難となります。中には、法人税の節税目的でグループ会社を多数設立し、取引価格や利益を調整している事例もあります。また、当初、節税目的で複数のグループ会社を設立したのはよいが、後々となってグループ会社が多くなりすぎ、もしくは取引が複雑になりすぎて、経営者自身も実態が全くわからなくなっているケースもあります。

　このようなことはまさに事業実態の把握について好ましくないことであり、少なくとも、グループ会社がある場合にはグループ全体としての、つまり連結ベースでの実態把握が必要不可欠となります。

グループ会社がある場合の留意点

- グループ会社間の取引の合理性はあるか？取引条件に問題はないか？
- 契約書等による取引条件の明文化は行われているか？恣意的に変更していないか？
- そもそもグループ会社の存在に合理性があるか？

(参考)「中小企業の会計に関する指針（平成21年版）」は、以下のホームページから入手することができます。

　　日本公認会計士協会　http://www.hp.jicpa.or.jp/specialized_field/main/21_4.html
　　日本税理士会連合会　http://www.nichizeiren.or.jp/taxaccount/indicator.html
　　日本商工会議所　　　http://www.jcci.or.jp/chushokaikei/090417kohyo/top.htm
　　企業会計基準委員会　http://www.asb.or.jp/html/press_release/domestic/sme8/index.php

Ⅲ 事業実態の把握から事業価値の向上へ

1 事業価値を向上させるために

　これまで事業の実態把握について説明してきましたが、正確に実態把握を行った場合、現実の事業価値は、当初想定していたものよりも下回ることがあります。

　しかし、事業実態を正確に把握できれば、自らの課題も抽出されます。そして、それに対処するためにどのような行動をとるかを計画、実行、さらに結果をチェック、そして次なる改善に結びつけるという、PDCAサイクル（マネジメントサイクル）をいかに循環させていくかが、その後の事業価値を上昇させる手段として重要です。

　PDCAサイクル（マネジメントサイクル）というと、当たり前であるとか、常識であるとの印象を持つ方も多いと想定されます。しかし、当たり前のことを確実に実施することこそが困難であり、それゆえ重要なのです。

　また、この際には、PLANの計画をあまり詳細にする必要はありません。計画は粗くても、CA（CHECK・ACTION）の段階にこだわり、PDCAサイクルを最後まで回すしくみが確立されていることが重要です。中には、計画は詳細に立案するが、その後の肝心なCA（CHECK・ACTION）ができていない会社もあります。

　CAにこだわってPDCAを回す組織的なしくみが確立されている会社が、業績も安定し、危機に陥った場合もそれを打開する対応が早い傾向があります。

　また、PDCAサイクルを組織的に構築していくには、予算制度を利用することが有効となります。

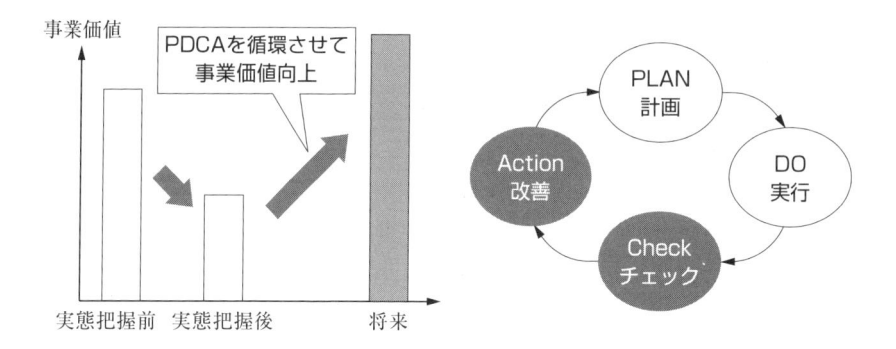

2　予算制度の整備

　会社の利益計画は一般的に、3年後までの中期利益計画と単年度の短期利益計画で構成されます。中期利益計画は会社の経営理念・ビジョンのもとに策定された経営戦略を実践するため、今後の販売活動や購買活動などを具体的な指針として示した事業計画書のことです。外部経営環境の分析と自社の企業力を評価した上で、明確な目標値を設定します。

　短期利益計画は中期利益計画の初年度として作成され、中期利益計画の達成に向けて、具体的な活動計画に落とし込まれた予算となります。

　中期利益計画は外部経営環境の変化に応じて、毎期見直すローリング方式が一般的に採用されています。

　予算制度を構築する際には、以下の点に留意する必要があります。

(1) 適切な利益管理区分

　予算制度の構築のためには、まず、過去の自社の財務諸表を分析し、利益構造を把握することから始まります。予算は将来の予測であるため、自社の特性を十分に把握した上で、過去の実績を基礎とし、将来予測が説明可能なものであることが必要となるからです。

　利益構造を把握するためには売上高と売上総利益の分析が重要であり、売上の内訳を製品・商品・サービス別、地域・事務所別、顧客別、販売経路別といったセグメントに分解して行います。どういったセグメントに区分して行うかは、

利益計画体系

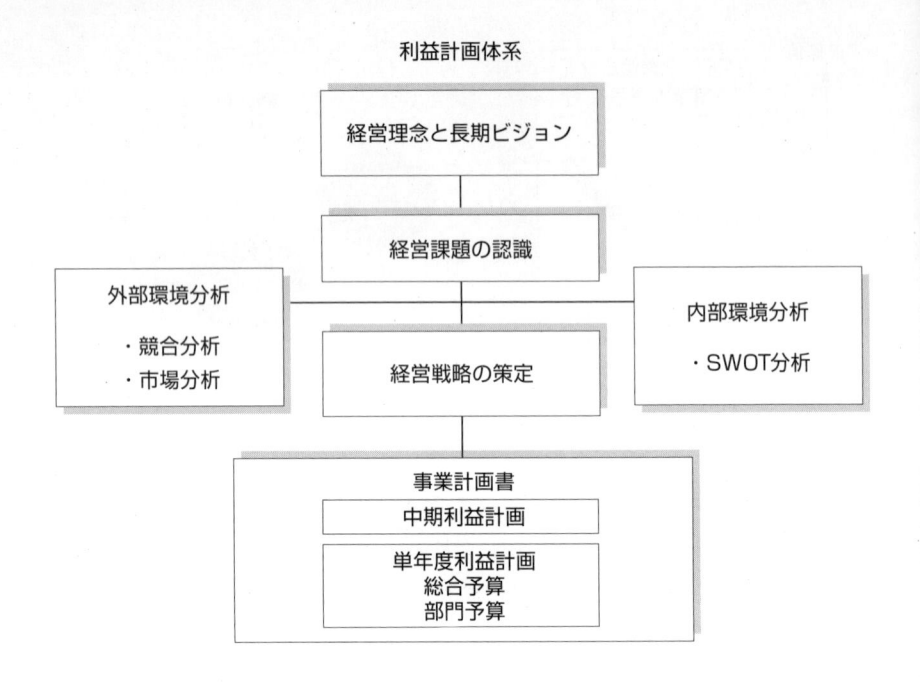

```
                  ┌─────────────────────┐
                  │  経営理念と長期ビジョン  │
                  └──────────┬──────────┘
                             │
                  ┌──────────┴──────────┐
                  │    経営課題の認識     │
                  └──────────┬──────────┘
                             │
┌──────────────┐            │            ┌──────────────┐
│  外部環境分析  │            │            │  内部環境分析  │
│              ├────┬───────┴───────┬───┤              │
│  ・競合分析   │    │               │    │  ・SWOT分析   │
│  ・市場分析   │    │   経営戦略の策定  │    │              │
└──────────────┘    └───────┬───────┘    └──────────────┘
                             │
                  ┌──────────┴──────────┐
                  │      事業計画書      │
                  │  ┌───────────────┐  │
                  │  │  中期利益計画   │  │
                  │  └───────────────┘  │
                  │  ┌───────────────┐  │
                  │  │ 単年度利益計画  │  │
                  │  │    総合予算    │  │
                  │  │    部門予算    │  │
                  │  └───────────────┘  │
                  └─────────────────────┘
```

会社の実情に応じて異なりますが、予算の精度はセグメントごとの積上げによって確保されるものですから、利益管理のためのセグメントをどのように区分するかは予算制度を構築する上で非常に重要な決定事項となります。

(2) **予算管理単位と会計上の組織との整合性**

　予算管理単位とは、予算の設定単位であり責任単位となります。部門別損益計算が業績評価として役立つには、責任単位である予算管理単位と会計上の組織が整合している必要があります。

　予算管理単位が会計上の組織と整合していない場合、責任の所在があいまいとなり、予算をコントロールすることが困難となります。予算統制を有効に機能させるには、会計上の組織を整備し、予算管理単位を見直す必要があります。

　予算単位は会社の規模にもよりますが、一般的には管理責任を持つ課長レベルを最小単位とすることが多く、組織上の課単位に設定されます。少なくとも、部単位で予算単位を設定しておく必要があります。

(3) 予算策定のプロセス

　予算を策定する方法として、経営者一人、あるいは経営者と少人数の経営陣だけで策定するような方法（トップダウン型）と各部門が自主的に予算を策定し、これを集計することによって会社全体の予算を策定する方法（ボトムアップ型）があります。

　トップダウン型で予算策定を行った場合には、予算に現場の意見が反映されておらず、予算がノルマと感じられてしまう傾向があり、予算達成への動機付けが困難になる側面があります。

　一方、ボトムアップ型で予算策定を行った場合には、あまり努力をしなくとも達成可能なレベルでの予算が現場で策定されてしまい、会社全体の目標利益とかけ離れてしまうといった側面があります。

　したがって、それぞれの特徴を補うよう、経営陣と現場とが予算原案をもとに議論を重ねる予算委員会などを設置し、組織全体として納得感のある予算作りを行うことが必要となります。

(4) 予算実績差異分析

　予算を統制するには、予算と実績の比較を行い、重要な差異に関する内容の分析が必要となります。この分析結果に基づき、年度の業績見込みが達成可能かどうか、あるいは必要な施策、見直すべき経営戦略がないかどうか検討することになります。

　計画どおりの業績となっている場合であっても、計画どおりにいっていることの分析が必要ですし、計画どおりにいっていない場合は、計画どおりにいっていない原因は何か、その原因を克服するために何をすべきかを検討することが必要です。

　社内目標として、また金融機関に説明するために予算の策定は多くの会社で行われていますが、この予算実績差異分析を行っていない会社が多いのが現状です。

　予算が未達成となった根本原因を分析せずに、次の目標予算を立ててもほとんどの場合達成されません。予算が未達成な状況が続くと、従業員に対する予

算達成への動機付けが困難となり、さらには金融機関からの信頼を失うことにもつながりかねません。そのため、予算実績差異分析は、予算制度における最も重要なポイントとなります。

　予算制度の構築には、経営理念や企業ビジョン、経営課題とそれに対処するための戦略立案といった作業が含まれます。後継者の力量をつけ、さらには取引先との信頼関係を構築するには、予算制度に後継者を主体的に関与させることが必要です。

Ⅳ 継続的な発展を重視した事業承継へ

　事業承継の方法を検討するに当たって留意すべき事項は、株式会社においては、所有（財産権）と経営（経営権）は分離しているということです。特に会社法においては、種類株式を発行することが可能となっており、所有（財産権）と経営（経営権）を分離した事業承継が可能となっています。

　また、会社はオーナー経営者だけのものではなく、そこには働く従業員があり、取引先があること、つまり、会社は大なり小なり社会的責任を有しているということです。また、事業とは、経営者の交代はあっても継続していく可能性を持っていますし、事業を継続させていくことが経営者の社会的責任を果たすことになります。

　したがって、事業承継においては、事業をいかに継続させるか、又は発展させていくかという観点をもつことが重要です。つまり、「その後、その事業が継続、発展していくためには、何が必要なのか」「そのために誰が経営者であることが望ましいか」というような観点で、つまり、"親族への承継"のみにとらわれることなく、場合によってはM＆A（事業売却）や、さらなる社会的価値の上昇を目指す株式上場といった選択肢も広く検討することが必要となります。

　そして、最適な選択肢を選択し、経営者の交代を乗り越えて事業が継続、発展していくことで、「家業」であった事業は、「真の事業」となるといえます。

第3章 経営承継円滑化法の活用と留意点

> **ポイント**
> - 経営承継円滑化法は、①遺留分の民法の特例、②事業承継時の金融支援措置、③事業承継税制による優遇制度の3つの特例から構成される。
> - 経営承継円滑化法は中小企業の事業承継を支援する法律であり、3つの特例の適用範囲も法によりあらかじめ定められている。
> - 3つの特例を活用するに当たっては、メリット、デメリット及びその適用可能性を検討した上で、計画に基づき適用を進める必要がある。

Ⅰ 経営承継円滑化法について

1 経営承継円滑化法

　近年の少子化や厳しい経済環境の中、事業継続の意思があっても後継者難等から廃業せざるを得ない企業が増加している状況等を背景にして、平成21年10月1日「中小企業における経営の承継の円滑化に関する法律」(以下、「経営承継円滑化法」) が施行されました (ただし、遺留分に関する民法の特例に係る規定については、平成21年3月1日より適用)。

　これは、特に中小企業の事業承継の円滑化に資するために大きく3つの制度的対応策があり、今後の有効活用が期待されています。

```
┌─────────────────────────────────┐
│          3つの特例              │
│ ① 遺留分に関する民法の特例      │
│ ② 事業承継時の金融支援措置      │
│ ③ 事業承継税制による優遇制度    │
└─────────────────────────────────┘
```

2 経営承継円滑化法の検討にあたって

　経営承継円滑化法は、中小企業の多くを占める親族経営の会社の事業承継支援に焦点を当てていることから、検討する事業や会社がこの法律の適用対象であるかどうかを事前に確認することが必要です。また、この法律に盛り込まれた個々の対応策によっても適用範囲には違いがあり、この点にも留意が必要です。

【経営承継円滑化法の対象会社】

　既に記載のとおり、中小企業に対する事業承継支援制度であるがゆえ、上場会社は適用対象外であり、また、たとえ非上場会社でも資本金や従業員数基準もあることから、当該法制の対象にならない場合もあります。

法の対象となる中小企業者の範囲

中小企業基本法上の中小企業者の定義

	資本金	従業員数（又は）
製造業その他	3億円以下	300人以下
卸売業	1億円以下	100人以下
小売業	5千万円以下	50人以下
サービス業		100人以下

政令により範囲を拡大した業種

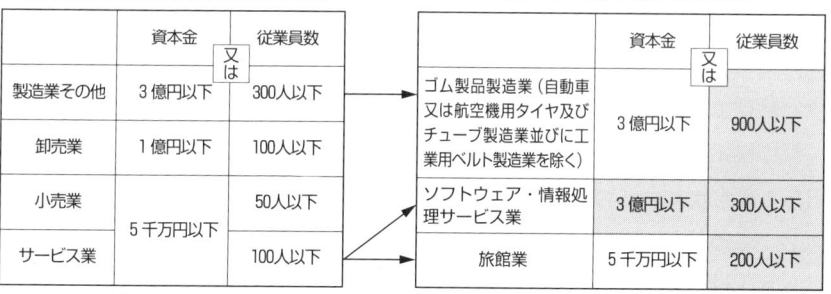

	資本金	従業員数（又は）
ゴム製品製造業（自動車又は航空機用タイヤ及びチューブ製造業並びに工業用ベルト製造業を除く）	3億円以下	900人以下
ソフトウェア・情報処理サービス業	3億円以下	300人以下
旅館業	5千万円以下	200人以下

（中小企業経営承継円滑化法　申請マニュアル（平成20年9月17日　中小企業庁財務課）より抜粋）

　また、この他に対象企業となるには、設立して間もない企業ではなく、継続して3年以上継続して事業を行っている必要があります。（経営承継円滑化法施行規則2条）

II 経営承継円滑化法の3つの特例について

経営承継円滑化法の3つの特例として、①遺留分に関する民法上の特例、②事業承継時の金融支援措置、③事業承継税制による優遇制度があげられており、実際に適用するか否かは別として、事業承継を考える会社は内容を確認し、自社に照らしてみることが必要です。

1 遺留分に関する民法上の特例

　民法では被相続人の意思のみで相続財産を分配するのではなく、相続する側の生活の安定や相続人同士の公平を維持・確保するために、兄弟姉妹以外の相続人に最低限の相続における権利を保障しており、この保障された部分は「遺留分」といわれています。この「遺留分」の割合は配偶者、直系卑属（被相続人の子供、孫等）が相続人の中にいれば、相続財産の2分の1が「遺留分」として確保され、被相続人が直系尊属（被相続人の父、母等）のみの場合、「遺留分」は相続財産の3分の1となります。

　ここで被相続人による財産の処分により相続が行われ、その結果、ある相続人がこの遺留分を下回る相続財産しか得られない場合、遺留分の額以上の財産を取得した相続人に対し、財産の返還を請求することが可能であり、これを「遺留分減殺請求権」といいます。

　仮に被相続人の財産が自社株式2億円、不動産1億円、預金1億円と計4億円ある場合において、相続人の中に配偶者及び子供が2人いれば、相続人全体にとっての遺留分は、4億円に対する50％つまり2億円が「遺留分」となり、これを法定相続分に基づき、配偶者は、2億円の2分の1（相続財産の4分の1）、子供は2人で2億円の4分の1（相続財産全体の8分の1）ずつを分配することになります。

遺留分の考え方

例：配偶者及び子供が 2 人、相続財産 4 億円の場合

相続財産 4 億円

遺留分50%　2億円	
配偶者　1億円 / 子　供 5,000万円 / 子　供 5,000万円	

　ここで、一般的に経営者の方々の多くは企業努力の結果、収益を得ても往々にして自社に再投資していることが多く、被相続人として相続する財産の中心は、自社の株式となることが通例です。

　このように、相続財産の多くが自社株式の価値で占められる場合、もし、後継者が明らかで経営権すべてを承継したいと考えても、子息が複数いる等（配偶者、直系卑属の存在）の場合「遺留分減殺請求権」が適用される状況があり、簡単にはいきません。なぜなら、後継者へ仮に被相続人が保有する株式すべてを承継すると、その他の被相続人は「遺留分」を下回る相続財産しか受け継げず、この部分に対し相続財産の分配を請求される可能性があるからです。

　この結果、先代経営者（被相続人）は、自社の株式を相続人間で分散させざるを得なくなったり、事業財産の資金力を活用した財産分配により解決しなければならない等、経営権の安定や、事業が持つ財務体質の維持とは逆の方策をあえてとる必要が生じ、事業継続へのリスクが高まる場合があります。

　さらに、相続財産の評価時点に係る課題があります。これは、自社株式を後継者に生前から贈与していた場合、後継者がその後自らの経営手腕を発揮して事業が発展しても、相続開始時には生前贈与された株式も相続財産に組み込まれ、しかも、相続開始時点での評価額が問われることになります。

　それ故に、贈与後に企業価値が向上し、その結果、増加した株式価値も相続開始時点で被相続人から引き継いだものとして相続財産の中に組み込まれ、結果的に、後継者の成果も相続人全体の遺留分を増やし、かえって相続財産の分配時の障害となるなど、後継者の動機付けにマイナスの影響を果たしていまし

た。

　これらの相続財産分配の解決策の1つとして、従前より「遺留分の相続放棄制度」が用意されていましたが、非後継者が相続放棄する際に、その本人にとって経済的メリットを失う状況にもかかわらず、相続放棄の申立人として、自分自身が主体的に手続を行う必要があり、実務上難しい部分がありました。

　つまり、民法上の遺留分に係る制度について法的意義は十分あるものの、例えば複数の兄弟が別れて住む中、家業の会社を共に経営してきた長男へ、父が自社株を中心とする相続財産をすべて承継させる意思があっても、相続時に長男以外の相続人が「遺留分減殺請求権」を行使した場合、これに対しなすすべがなく兄弟間での相続財産の調整が要請され、円滑な事業承継の障害となっている前提があり、これに対する改善が迫られていました。

　経営承継円滑化法は、このような不都合の解消のため、相続人全員の同意が必要ではあるものの、次の2つの特例を導入しています。

(1) 除外合意

　後継者が被相続人からの贈与等により取得した自社株式を、相続人財産の遺留分算定基礎財産から、遺留分権利者全員と合意することで除外できる制度です。

　通常、後継者が被相続人からの贈与等により取得した株式等は、その贈与が何時でも、民法上の規定により、「特別受益」として相続対象となる基礎財産に組み込まれ、遺留分算定の計算基礎となります。これを、除外合意の対象とすることにより基礎財産に組み込まれなくなります。

　したがって、例えば親族を含め周囲から後継者が明確となり、相続人間で合意可能であれば、被相続人の財産のほとんどが自社株式でも、これをスムーズに、その後継者へ引き継ぐことが可能となります。

設例：除外合意

前提：先代経営者は現金600百万円、不動産600百万円、自社株式2,800百万円の相続財産を経営承継円滑化法に基づく合意時点に保有していました。

先代経営者（被相続人）は、相続人としてA氏、B氏、C氏、D氏の4人の子息がおり、会社は既にA氏が2代目として社内で活躍中でした。したがって、経営権を承継するのはA氏であることは明確です。また、その他の子息（B氏、C氏、D氏）はいずれも当該会社に入社しておらず、別の仕事をしています。

先代経営者は自社株式についてはA氏に、それ以外は4人の子息間での均等分配と考えていました。そのため、自社株式をすべて除外合意する方向で4人の子息と協議し、A氏が相続する予定の自社株式はすべて除外合意の対象となりました。

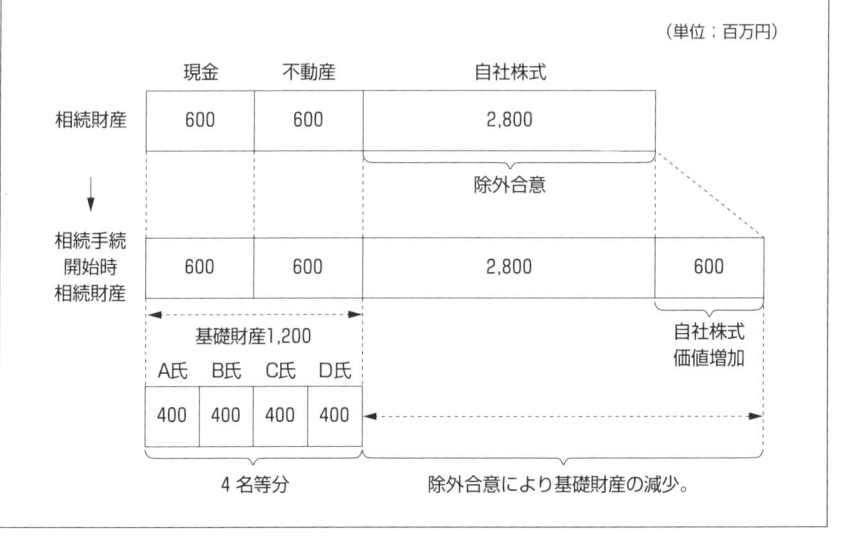

（単位：百万円）

	現金	不動産	自社株式	
相続財産	600	600	2,800	

除外合意

相続手続開始時相続財産	600	600	2,800	600

基礎財産1,200

A氏	B氏	C氏	D氏
400	400	400	400

4名等分　　除外合意により基礎財産の減少。

自社株式価値増加

(2) 固定合意

遺留分の算定に際して、後継者が被相続人からの贈与等により取得した自己株式の価額を、あらかじめ合意した評価額で固定できる制度です。

除外合意は、被相続人より引き継いだ株式等について、遺留分算定基礎財産に含める必要がないというものでしたが、除外合意を適用した場合、事業の後継者以外の相続人（非後継者）の相続可能資産がほとんどなくなってしまうこ

ともあり、現実的には除外合意を目指した協議を行っても法定相続人間全員の同意が難しく、結果的に除外合意が不可能となることも想定されます。

そこで、被相続人から生前、自社株式の贈与を受ける際、遺留分算定の基礎財産に算入する価額をあらかじめ決めておく（固定する）旨を、法定相続人全員の合意を得ることによって可能とする制度が設けられています。

つまり、除外合意のように遺留分算定基礎財産にすべて含まないのではなく、固定合意の時点の価額については遺留分算定基礎財産に含めるものの、以降の企業価値向上に係る部分は遺留分算定基礎財産に含めないとする制度です。

また、固定合意が成立し、遺留分算定基礎財産に含める金額を決定する際、株式価額等について合意の上、その合意内容を織り込む必要がありますが、この価額については弁護士等の専門家が、「その時における相当な価額として証明をしたもの」である必要があります。

この株式価額等の評価方法のあり方については、中小企業庁において設置された「非上場株式の評価の在り方に関する委員会」により、平成21年2月に「経営承継法における非上場株式等評価ガイドライン」（以下、「非上場株式評価ガイドライン」）が公表されています。

この非上場株式評価ガイドライン自体が、法的拘束力が明確なものとして機能するわけではありません。ただ、中小企業の企業価値評価について網羅的に示されており、今後、実務におけるガイドラインとして機能することが期待されています。

【固定合意における企業評価について】

固定合意を行う際の自社株式評価額（企業評価額）ですが、これについては相続税の計算において認められている評価方法を使う必要が必ずしもあるわけではありません。なぜなら、固定合意による自社株式評価額（企業評価額）はあくまでも遺留分算定基礎財産の計算に影響を与えるのみであり、つまり相続財産額全体には影響せず、どのような価額で固定合意を行っても相続税額は別途定められるからです。

しかし、固定合意を行う際の自社株式評価額の算定にあたっては、後継者と

非後継者間で協議が行われ、合意を得る過程における自社株式評価額については、弁護士等の専門家から、「その時における相当な価額として証明をしたものに限る」とされています。

また、固定合意を目指すに当たり、自社株式評価額（企業評価額）算定に際し、以下のような注意すべき点があります。

① 情報の非対称性の解消

固定合意を行う際、後継者は既に先代経営者（被相続人）とともに経営に関与している可能性が高く、その場合、非後継者に比して自社の業況及び内情への理解も深いことが多いのではないでしょうか。したがって、非後継者は、後継者に比して自社株式評価の全体となる情報がどうしても少なく、さらに追加的な情報も、評価額について利害対立関係にある後継者からの説明に頼らざるを得ないことも多いと考えられます。

これは、後継者が恣意的な情報提供を行うことにより、株価評価に係る想定や見積もりに影響を及ぼすことができることを意味しています。また、それは情報提供を受けた上で株式評価を行う弁護士等の専門家においても同様の状況であり、十分な情報提供が行われない中で固定合意が行われても、後に発覚することによりその評価の前提が揺らぎ、大きなトラブルの原因となる可能性があります。

また、固定合意の交渉時点で後継者から非後継者へ適切な情報提供が行われず、そもそも双方の信頼関係が成立しない場合、いくら専門家が合理的な価額を示しても固定合意に至らないことも考えられます。

したがって、固定合意に係る自社株式の評価（企業評価）にあたり、後継者は非後継者及び自社株式を評価する専門家等へ、十分な情報及び資料の提供を行い、情報の非対称性の解消に努める必要があります。

② 株式の評価方法に対する理解

株式の評価方法は様々なものがあり、どの評価方法を採用するかによって評価額は変動することから、どの評価方法を採用するかは重要な問題です。

イ　収益方式

評価対象会社に期待される収益を基礎として、現在の企業価値を算定する考え方です。ただし、将来期待される利益というのは見積もりの部分も多いことから、過去の利益ベースを基礎に、これが将来へも継続するとの前提のもと企業価値を計算することもあります。

（例）収益還元方式・DCF方式（ディスカウント・キャッシュ・フロー）

ロ　純資産方式

評価対象会社に評価時点の純資産価額を基礎に、企業価値を評価する考え方です。純資産額は税務申告時に作成された決算資料から算定することは比較的容易ですが、当該決算資料は税務申告用のみの目的で算定されていることが多く、実際の企業価値を算定する際の純資産額とは乖離していることが一般的です。

したがって、企業評価にあたり、いま一度、資産・負債の内容を精査することにより、一般に公正妥当と認められる会計基準に則っているか確認した上で、純資産方式により企業評価を進めて行くことが前提になります。

（例）簿価純資産方式、時価純資産方式

ハ　批准方式

評価対象会社と類似する上場会社の株式の市場価額や、評価対象会社の過去の取引事例を参考にする方法です。

（例）類似会社批准方式、類似業種批准方式、取引事例方式

ニ　国税庁方式

国税庁が、相続税法、所得税法、法人税法に基づき企業価値を評価する方法です。特に固定合意は事業承継に係るもので相続税との関係が密接ですので、相続税法上の財産評価基本通達に基づくことは一定の客観性を持つものとして取り扱われると思われます。

これらのポイントに注意した上で、評価方法等について専門家との相談・協議を通じ理解を深め、自社株式はいずれの評価をとれば、どのような評価額になるのか、また、どのような自社株式評価額（企業価値）を採用することが妥当かについて検討した上で、自社株式評価額（企業評価）に係る協議を進め、

合意を目指すことが後継者及び非後継者双方にとって重要です。

設例：固定合意

前提：先代経営者は現金600百万円、不動産600百万円、自社株式2,800百万円の相続財産を保有していました。

　先代経営者（被相続人）は、相続人としてA氏、B氏、C氏、D氏の4人の子息があり、会社は既にA氏が2代目として社内で活躍中、したがって、経営権を承継するのはA氏であることは明確でした。また、その他の子息（B氏、C氏、D氏）はいずれも当該会社に入社しておらず、別の仕事をしています。

　先代経営者は自社株式をA氏に、それ以外は4人の子息間での均等分配と考えており、自社株式をすべて除外合意する方向で4人の子息と協議しましたが、協議が難航し、最終的に自社株式は除外合意ではなく固定合意の対象とし、その他3人は「遺留分」のみの相続で決着しました。

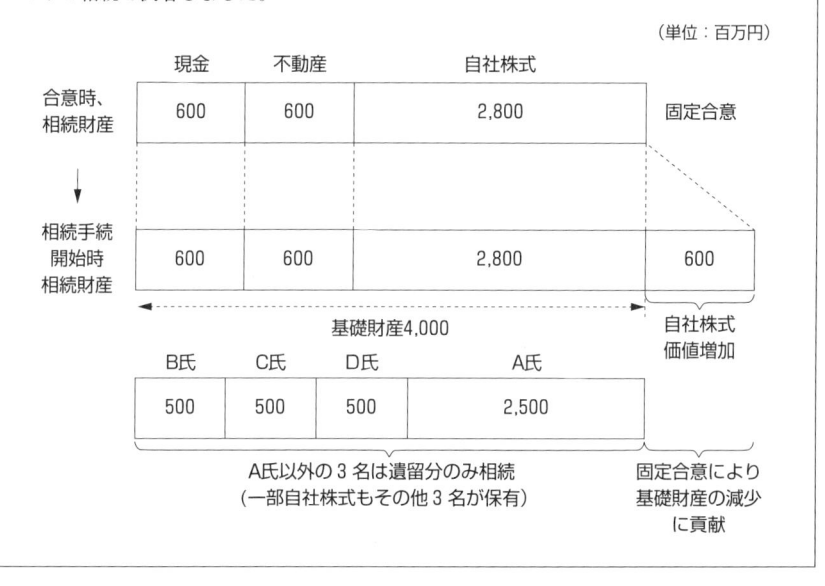

（単位：百万円）

	現金	不動産	自社株式	
合意時、相続財産	600	600	2,800	固定合意

↓

	現金	不動産	自社株式	
相続手続開始時相続財産	600	600	2,800	600

基礎財産4,000 ／ 自社株式価値増加

B氏	C氏	D氏	A氏
500	500	500	2,500

A氏以外の3名は遺留分のみ相続
（一部自社株式もその他3名が保有）

固定合意により基礎財産の減少に貢献

---

③　その他

　除外合意、固定合意の使用について、どちらか1つの方法というものではなく、組み合わせることも可能です。したがって、被相続人から生前に贈与された一部株式について除外合意を行い、それ以外については固定合意を行うとい

う方策も採用できます。

　さらに、除外合意、固定合意の双方もしくはいずれかを行った場合、これに併せて付随合意を行うことができます。

　付随合意とは、これまでの合意事項以外に、「a　株式等以外の財産への遺留分を含めるか否かの取扱い」「b　相続人間の公平を図るために、除外合意等で結果的に相続財産が著しく少額となった非後継者への一定額の金銭の支払い」等の取り決めが可能です。

　この他に、除外合意や固定合意は、承継される事業を安定的に継続することを支援することがその本旨であるため、当初の合意内容とは相違し、承継した株式を売却したり、当該会社の代表者を辞任したりする時に備え、当該事象が生じた場合の相続人間での取り決めについて定めておく必要があります。

　ただ、その具体的内容は明確に定められてはいません。しかし、後継者が承継した事業を売却した場合、他の相続人へ金銭補償を行う義務を設ける等の対応も可能と考えられます。

④　適用上の留意点

(適用対象について)

　当該制度を活用することのできる対象は、前述のとおり中小企業として条件に当てはまる会社であるということ（経営承継円滑化法上の特例中小企業者）と、事業を承継する相続人は先代経営者（被相続人）の民法上の推定相続人の中から、被相続人の兄弟姉妹及びこれらの者の子が除かれる、すなわち「遺留分」の対象者であるということ、そして、これらの合意の対象となるのは株式等であることです（ただし、完全無議決権株式は除かれます）。

　さらに、除外合意や固定合意の対象とする株式等について後継者が所有していなくても、既に後継者が議決権の過半数を確保することができる状況では、除外合意も固定合意もできませんので注意が必要です。

　例えば、父と息子が互いに出資して設立した会社の場合、元来、息子が過半数を超える株式を保有しているのであれば、事業承継とは関係なく既に経営権は確保されているので、父が保有する株式の相続時に当該合意を行うことはで

きません。やはり、経営承継円滑化法は中小事業の事業承継についての支援法制であることから、当該制度を使用せずに事業承継可能であれば適用外となるのは致し方ないことかもしれません。

合意可能な場合

親（被相続人）と子（相続人、後継者）が共に設立した会社で、設立時に70％を被相続人、30％を後継者が保有している場合。

議決権100％

| 後継者が元来保有している株式30％ | 先代経営者が保有していた株式で後継者に贈与される株式70％ |

除外合意、固定合意の対象となる。

この場合、被相続人が保有し、後継者に贈与される株式は議決権の過半数を超えていることから、除外合意、固定合意の対象になります。

合意不能な場合

親（被相続人）と子（相続人、後継者）が共に設立した会社で設立時に30％を被相続人、70％を後継者が保有している場合。

議決権100％

| 後継者が元来保有している株式 70％ | 先代経営者が保有していた株式で後継者に贈与される株式30％ |

除外合意、固定合意の対象とならない。

この場合、被相続人が保有し、後継者に贈与される株式は議決権の過半数を超えておらず、既に後継者が過半数を確保していることから、除外合意、固定合意の対象にはなりません。

2　事業承継時の金融支援措置

先代経営者が亡くなり、後継者が事業を承継することになると、既に周囲からの理解や認知が進んでいた経営者から、新しい経営者へと変わることになる

ため、金融機関や関係取引先等の対応も厳しくなることが往々にして生じます。

そのため、新規資金調達でも以前と比して難しい状況になったり、取引先より決済条件の変更を迫られたりすることもあるかと思います。

また、事業を承継すれば新しい経営者自身の相続税の支払いや、その他の推定相続人間への財産分配等の必要性が生じ、後継者もしくは会社自体から資金の流出を余儀なくされることが起こります。しかし、自社株式を中心に承継した場合、当該株式を売却、換金することは簡単ではなく、結果、必要な資金需要と手持資金との間に大きな差異が生じ、資金繰りに窮することも想定されます。

このような、事業承継時の手続の過程で相続税の支払いをはじめとした事業継続のための運転資金等の需要に対応するため、経済産業省の認定を受けることにより、事業承継時における金融支援措置制度を受けることができるようになっています。

(1) 中小企業信用保険法の特例（事業会社に対して）

中小企業信用保険法の特例により、次の①経営承継円滑化法普通保険（限度額2億円）、②無担保保険（限度額8,000万円）、③特別小口保険（限度額1,250万円）について、経営承継円滑化法に基づく別枠化が行われます。

したがって、信用保証協会の債務保証枠も別枠化、つまり、当該金額の借入について追加の保証枠が得られる取扱いを受けることができます。

ちなみに、当該保証枠での借入金の資金使途は、①相続時に非後継者へ分配された株式や事業用資産等を買い取るための資金、②事業承継したことにより対外的に信用状態が低下した場合の運転資金等が想定されています。

(2) 株式会社日本政策金融公庫等の特例による融資（後継者に対して）

経済産業省の認定を受けることにより中小企業者（会社）の代表者個人が事業承継時に必要となった資金を、株式会社日本政策金融公庫等の特例により融資を受けることができ、金利についても優遇されます。ただし、中小企業への貸付とほぼ同様の資金使途について厳格に定められています。

また、民法上の特例や事業承継税制に関する部分は対象となる承継者（相続人）が、先代経営者（被相続人）の親族であることが前提になっていましたが、金融支援措置についてはそのような定めはなく、会社の取締役や従業員が事業を承継する場合でも適用されます。したがって、いわゆるMBO（マネージメント・バイ・アウト：経営陣によるオーナーからの買収）やEBO（エンプロイー・バイ・アウト：従業員によるオーナーからの買収）にも対応する制度になっています。

3　事業承継税制による優遇制度〜自社株式納税猶予制度

自社株式納税猶予制度活用の条件と取消要件

　今回の経営承継円滑化法では、相続税の支払いにおいても大きな特徴点となる制度として「納税猶予制度」が新たに設けられています。

　これは、経済産業省からの認定を受けることで、相続した自社株式の発行済議決権株式総数の3分の2に達するまでの部分を対象にして、相続にともなう納税額の80％を猶予することが可能です。

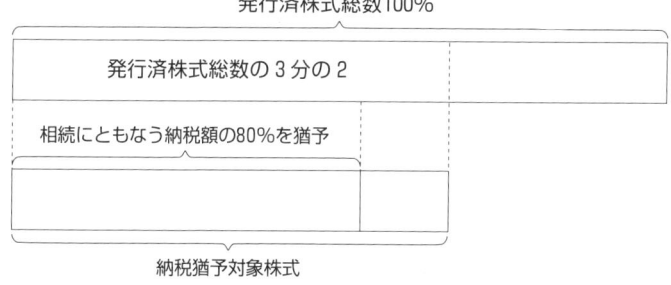

発行済株式総数100％
発行済株式総数の3分の2
相続にともなう納税額の80％を猶予
納税猶予対象株式

　この認定に係る基本的な手続は、以下のようになっています。

> ✓ 計画的な承継に係る取組みについての確認
> ✓ 所定の書類に記載内容に基づく認定（被相続人の死亡時）
> ✓ 事業継続報告（被相続人の死亡時）

認定対象となり得る会社は、所定の手続に従い認定を受けますが、以下のような条件が存在します。

> （認定会社要件）
> ✓ 中小企業であること。
> ✓ 非上場会社であること。
> ✓ 資産管理会社ではないこと。

　ここでいう中小企業とは、経営承継円滑化法の３つの特例について共通の中小企業法の中小企業であることを指しています。
　また、ここでいう資産管理会社とは、「有価証券、不動産、現預金等の合計額が総資産額の70％を占める会社」及び「これらの運用収入の合計額が総収入金額の75％以上を占める会社」（ただし、事業実態のある会社を除く）と定められており、主に資産の管理・運用を行う会社については、その対象から外れることになります。これらの要件は、この法の趣旨が日本を支える事業実態のある中小企業の事業承継支援であることに拠ります。
　また、認定対象会社は、自社株納税猶予制度活用の可能性がありますが、以下の事業継続要件をクリアする必要があります。

> （事業継続要件）
> ✓ ５年間は承継した会社の代表者であること。
> ✓ 承継した会社の80％以上の雇用を維持すること。
> ✓ 相続した対象の株式を継続保有すること。

　「５年間は承継した会社の代表者であること」というのは、５年間が認定期間であるためですが、５年間を経て随時延長することも再度認定を経れば可能です。
　また、「80％以上の雇用維持」とは、経営承継円滑化法の趣旨として事業承継の円滑化と事業継続による雇用の確保も意図していますので、当該条件が付されています（また、ここでの従業員とは、中小企業基本法における従業員の

範囲として、「解雇の予告を必要とする者」と定義していますので、パート社員でも継続的に働いている場合は含まれると解されます）。

さらに、これらの条件をクリアし認定された後、有効期間である5年間にわたり、毎年1回、報告基準日の翌日から1か月以内に経済産業大臣（地方経済産業局長）に報告する必要があります（事業継続報告）。つまり、5年間の認定を継続・延長する限り毎年報告する必要があるということを意味します。

報告事項の主なものは、代表者の氏名や従業員の数等から始まり、認定条件の遵守をフォローアップする内容となっています。

そして、これらの報告の結果、以下のように遵守すべき条件が守られていない場合は、認定が取り消されることになります。

(1) 経営承継相続人の代表者が退任した

会社更生法等の適用を受け、管財人が就任するなど、認定時の代表者が実質的な経営者といえない状況になった場合、当該制度を活用してきた後継者は納税猶予の認定が取り消されます。したがって、当該制度を活用した場合、事業が傾いた中、さらに納税猶予資金の支払いが必要となることを念頭に入れる必要があります。

(2) 従業員が工場整理等により減少した

報告時の常時雇用従業員の数が、認定時の常時使用する従業員の数の80％を下回った場合。ただし、報告基準日の従業員数が80％を下回ることが認定取消しの理由となりますが、報告基準日以外では該当しません。

(3) 後継者（相続人）が自社株式を売却して筆頭株主でなくなった

経営承継相続人の代表者が筆頭株主でなくなった場合、当該会社の経営権を確実に確保しているかどうか判断できませんので、納税猶予制度は活用できません。

(4) 種類株式等の発行により後継者の議決権に対し拒否権を有する者が現れた

(5) 事業実態がなくなった

基本的に、経営承継円滑化法の趣旨である事業承継の円滑化による事業の継続、雇用の維持という項目が遵守されない場合、自社株納税猶予制度の取消し理由となります。

また、上記に該当し、取り消されることとなった場合、納税猶予分に加えて利子税を加えた上での納税を求められることになります。このため、長期間にわたり納税猶予制度を活用した後に納税する際には多額の利子税がかかることになり、場合によっては利子税の方が多額になる可能性もあるかもしれません。

　加えて、事業継続報告を長期にわたり継続し、認定条件を維持することにより、結果、死亡の時まで対象株式を保有し続けた場合など「一定の場合に」猶予された税額が免除されることになっています。

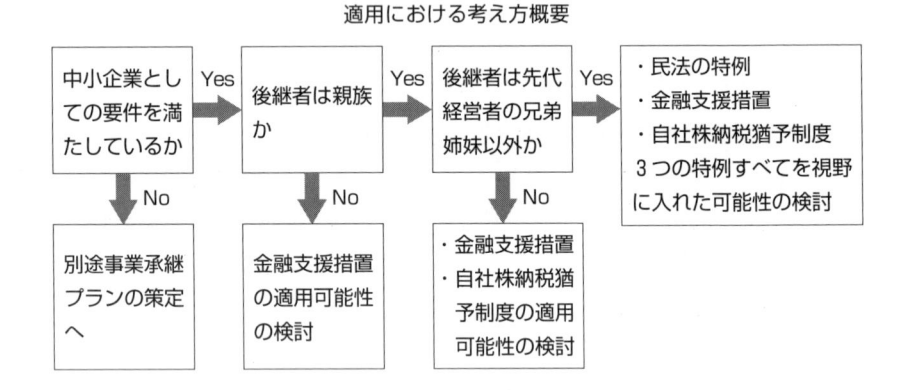

適用における考え方概要

```
┌─────────┐  Yes  ┌─────────┐  Yes  ┌─────────┐  Yes  ・民法の特例
│中小企業とし│ ────→ │後継者は親族│ ────→ │後継者は先代│ ────→ ・金融支援措置
│ての要件を満│       │か          │       │経営者の兄弟│        ・自社株納税猶予制度
│たしているか│       │            │       │姉妹以外か  │        ３つの特例すべてを視野
└─────────┘       └─────────┘       └─────────┘        に入れた可能性の検討
      │ No                │ No                │ No
      ↓                   ↓                   ↓
┌─────────┐       ┌─────────┐       ┌─────────┐
│別途事業承継│       │金融支援措置│       │・金融支援措置│
│プランの策定│       │の適用可能性│       │・自社株納税猶│
│へ          │       │の検討      │       │　予制度の適用│
└─────────┘       └─────────┘       │　可能性の検討│
                                          └─────────┘
```

Ⅲ 経営承継円滑化法活用のポイント

　経営承継円滑化法が持つ3つの特例をうまく活用するには、いくつかのポイントがあります。ただ、いずれの特例を活用するにしても、やはり旧経営者（被相続人）及び後継者がしっかりとした事業計画や将来への展望を持つことが大前提になります。

1　活用のポイント

(1) **被相続人（現経営者）が、民法上の特例に係る手続を事業承継計画に織りこみ生前に実行すること（民法の特例）**

　これまでの事業承継や相続は、当たり前のことですが、財産を形成した本人（被相続人）が亡くなった後に相続手続が行われます。したがって、本人が事前に対策を立てても、亡くなった後に相続人間でトラブルになることが散見されていました。
　これは、相続人自ら積み上げていない財産を、生み出した本人（被相続人）のいないところでその分配を決めるところに難しさがあったといえます。
　このため、被相続人が亡くなる生前、つまり、これまでの財産を形成した張本人としての存在感がある段階から、相続人間での調整に乗り出し、合意等の取り決めを行うことにより、これを本人の死後も法的拘束力を持たせることが可能となっています。
　したがって、先代経営者（被相続人）となる方々は、事業計画と同時に事業承継に関する計画やスケジュールを立案、考慮に入れ、できるだけ事前に合意を成し得る状況とするべく準備が必要です。

(2) **先代経営者（被相続人）の影響力が及ぶうちに、民法の特例を活用し相続人間の合意を得ること（民法の特例）**

　民法の特例（除外合意・固定合意）を活用することで、これまでの経営者（被

相続人）や事業承継者の目線から考えると、自社株式等をまとまった形で承継することが可能になり、今後の経営権の安定化の有効な手段となります。

しかし、事業承継を行わない他の相続人にとっては、従来の民法でいわば保証されていた遺留分について、事前の調整と手続によりその権利を奪われる可能性を持つものであり、必ずしも歓迎すべき制度ではありません。

つまり、当該制度が活用できる環境になったということと、相続人間で実際に利害調整ができるかどうかは全く別の問題です。

このため、例えば相続人間で、事業後継者にはもっぱら株式を引き継がせ、そのかわり、他の相続人である非後継者に対しては相続財産の減少を補填する趣旨で、一定期間金銭補償を行う方法や、除外合意と固定合意、さらには付随合意を組み合わせることにより合意を図ることも可能となっています。

この制度を幅広く活用しつつ、先代経営者（被相続人）の影響力があるうちに相続人間の合意を早期に行うことが必要です。

むしろ、先代経営者（被相続人）が亡くなるまでに、このような事業承継問題に何ら対応しない場合、相続人間だけで合意を進めることが極めて難しい場合があることを想定する必要があります。

(3)　「上場はしないこと」に係る意思決定と自社の株主構成を確認すること（民法の特例、自社株納税猶予制度）

中小企業が対象で、上場企業は経営承継円滑化法の適用外ですので、上場は行わないことを前提にしておく必要があります。

また、前述したとおり、先代経営者（被相続人）と後継者（相続人）で合わせて過半数の株式を所有しており、後継者のみで過半数を超えないというのが、議決権比率を基礎とした民法の特例を適用する条件です。したがって、先代経営者と後継者で合わせた株主比率が過半数に達しないのであれば、民法の特例が使用できる範囲に持ち株比率を調整する必要があります。

また、その際に自社株納税猶予制度の活用を考慮するのであれば、先代経営者が株式を保有することが望まれます。

設例：除外合意、固定合意、付随合意を組み合わせた場合
前提：先代経営者は現金600百万円、不動産600百万円、自社株式2,800百万円、計4,000百万円（40億円）の相続財産を経営承継円滑化法に基づく合意時点に保有していました。

先代経営者（被相続人）は、相続人としてA氏、B氏、C氏、D氏の4人の子息があり、会社は既にA氏が2代目として社内で活躍中、したがって、経営権を承継するのはA氏であることは明確でした。また、その他の子息（B氏、C氏、D氏）はいずれも当該会社に入社しておらず、別の仕事をしています。

先代経営者当初、自社株式についてはA氏に、それ以外は4人の子息間での均等分配と考えていました。そのため、自社株式をすべて除外合意する方向で4人の子息と協議しましたが、A氏とその他の子息との分配額に相違があり、当初相続人間で合意ができませんでした。

その後、継続的な協議の結果、自社株式は2,000百万円を固定合意に、800百万円を除外合意とし、相続分配についてA氏以外の3名は「遺留分」と等しい額を現金、現金もしくは不動産、不動産とそれぞれ4億円ずつの相続をすることとしました。また、付随合意においてA氏は、年間100万円ずつをその他3名に対する現金として支払うことになりました。

(単位：百万円)

	現金	不動産	自社株式	自社株式	
合意時、相続財産	600	相続手続開始時	2,000	800	
			固定合意	除外合意	
相続手続開始時相続財産	600	600	2,000	800	600

基礎財産3,200

B氏	D氏	E氏
400	400	400

「遺留分」相当額を相続分配

自社株式価値増加

固定合意、除外合意により基礎財産の減少に貢献

(4) 事業承継時に必要な資金計画を立案すること（金融支援措置）

　経営承継円滑化法の特例の１つとして金融支援措置がありますが、資金が贈与される、もしくは補助金が得られるというわけではなく、あくまでも当座の資金支援です。したがって、後継者は事業承継時に発生する相続税額の負担や、相続人間での必要な資金分配等につき事前に計画を立案し、金融支援措置を一時的に活用したとしても十分な返済余力を持つようにすることが重要です。

(5) 自社株納税猶予制度を活用する際は慎重な検討を行うこと（自社株納税猶予制度）

　自社株納税猶予制度は、後継者が継続的に事業を続ける覚悟があれば、長期にわたり相続税の納税を猶予でき、また、最終的に免除される可能性さえある便利な制度です。しかし、途中で事業の売却や合併を行った場合、自社株納税猶予制度の適用から外れる場合があり、その際、一時に利子税込みで相続税の支払いが必要となります。

　経済環境が激しく動く近年、納税猶予制度の活用は負債の先送り的性質を持つものであり、将来的に事業売却等の資本構成の変動をともなう場合、後継者は納税猶予されている金額の支払いについて十分に考慮する必要性が生じます。

　したがって、自社株納税猶予制度の適用を検討する際は、自社の資本政策や将来計画に係る意思決定に対し大きな影響を持つリスクを検討した上で、活用を決断する必要があります。

2　まとめ

　これまで説明してきたとおり、経営承継円滑化法により定められた３つの制度は、円滑な事業承継に資する可能性を十分に持つものです。

　しかし、これを有効に活用するためには、株式の持株比率をどうするのか？事業承継後の資金繰りに対する見通しはどうなっているのか？等、多くの要検討事項があり、やはり、専門家等を交えた上での論点整理を経た上で事業計画や事業承継計画を立案し、はじめて有効活用が可能になると考えられます。

したがって、経営承継円滑化法のいかなる特例があろうとも、やはり大前提として、個々の会社の事業計画に基づくPDCAサイクルを確実に機能させることが事業承継の成功の重要な鍵になると思います。

第3編

企 業 再 生

第1章 企業再生における事業再編手法の活用例

Ⅰ 事業再編手法の概要

1 近年における事業再編手法の成立の経緯

　バブル経済の崩壊は不動産や株式を中心とした価値の下落をもたらし、金融機関に多額の不良債権を発生せしめ、1990年代における日本経済低迷の引金となりました。そのような状況の中、不動産や株式等の含み経営を是として規模の経済を追求するそれまでの経営スタイルが、効率性という視点を欠いた企業経営であったと認識され、多くの企業はROA・ROE、EVA等の収益性を示す財務指標やキャッシュフローを重視する経営を選択するようになりました。

　また、「企業は誰のものか」という視点ではコーポレートガバナンスの必要性が唱えられており、多様な利害関係者であるステークホルダーを中心とした利害関係者資本主義から、株主であるシェアホルダーを中心とした株主資本主義へと経営のパラダイムが大きくシフトしました。

　このようなパラダイムシフトは企業に「透明性の確保」、「アカウンタビリティ（説明責任）」を強いる結果となり、より資本効率を追求した企業経営を迫ることとなりました。すなわち、企業価値（＝株主価値）を極大化することが企業経営者にとって最優先すべきテーマとなったといえます。

　このパラダイムシフトにより「選択と集中」をキーワードにした事業の再編

が加速化し、①独占禁止法の改正（1997年12月施行）をはじめとして、②株式交換制度・株式移転制度（1999年10月施行）、③会社分割法（2001年4月施行）、④企業組織再編税制（2001年4月施行）、⑤連結納税制度（2002年施行）が創設されました。一連の制度の改正及び新設の結果、法務、税務、労働、資金、会計等の解決すべき論点を無数に包含したプロジェクトを短時間に遂行するための道具立てとして、それ以前とは比較にならないほど充実整備されました。

現在、事業再編においては、合併、営業譲渡、株式取得、株式交換、会社分割等の手法が選択肢として存在し、事業会社の経営者は各手法の長短を勘案し、自社の個別の事情に照らし合わせながら、最良の手法を選択することが可能です。

(各手法のメリット及びデメリットの比較)

	再編効果	メリット	デメリット
合併	事業統合	・被合併会社の権利義務等が移転する ・買収資金が不要である	・手続が煩雑で時間を要する ・不必要な事業や簿外債務を引継ぐ恐れがある ・被合併会社の望ましくない株主を引継いでしまう
営業譲渡（譲受）	事業吸収	・必要な事業のみを取得することができる ・簿外債務を引継ぐ恐れがない ・被買収会社の株主を引継がない	・個々の資産等の移転手続を要するため手続が煩雑である ・資金負担を要する
株式取得	子会社(関連会社)化	・被買収会社の権利義務等が包括的に移転する ・段階的買収、敵対的買収が可能である ・手続が簡単である	・不必要な事業や簿外債務を引継ぐ恐れがある ・資金負担を要する
株式交換	完全子会社化	・完全子会社の権利義務等が移転する ・資金負担が不要である ・反対株主がいても100％子会社になる	・手続が煩雑で時間を要する ・不必要な事業や簿外債務を引継ぐ恐れがある ・被合併会社の望ましくない株主を引継いでしまう
会社分割	新設分割 →JV等吸収分割 →事業吸収	・分割会社の権利義務等が包括的に移転する ・必要な事業のみを取得することができる	・手続が煩雑で時間を要する ・分割会社の望ましくない株主を引継いでしまう可能性がある

さらに、2006年5月に施行された会社法により、組織再編に関する大幅な改正が行われました。改正の主な内容は、対価柔軟化、簡易組織再編行為、略式組織再編行為ですが、これらの改正により、それまでの組織再編の使い勝手がより向上しているといわれています。

2 合　併

(1) 合併の意義

合併とは、2つ以上の会社が法定の手続によって合体し、1つの会社となることをいいます。また、合併の形態には「吸収合併」と「新設合併」があります。「吸収合併」とは、合併当事会社の1つが存続し（存続会社）、他の当事会社が解散して（解散会社）、存続会社が解散会社の財産を吸収するものです。

また、「新設合併」とは、合併当事会社の全てが解散し、解散会社の財産が新たに設立された会社に移転するものですが、手続の煩雑さからこの新設合併の実例は極めて少なく、実際の合併のほとんどは吸収合併です。

(2) 合併の手続

① **取締役会による合併契約の承認及び締結**

合併契約書には、新株の発行数や割当方法、合併承認のための株主総会の期日、合併期日等が記載されます。

② **事前情報の開示**

株主総会の2週間前の日より合併効力発生日後6か月間

③ **合併承認の株主総会**

合併承認の決議は原則として特別決議によりますが、それによらない場合も存在します（後述）。

④ **株主総会での説明**

⑤ **反対株主の救済手段**

効力発生日の20日前から前日まで

⑥ **債権者の保護手続**

合併当事会社は、官報に公告し、かつ、知れたる債権者に催告しなければ

なりませんが、定款の定めに従い、時事に関する事項を掲載する日刊新聞紙に掲載するか、電子申告を採用する場合には個別催告を省略できます。
⑦ 株券提供手続
⑧ 合併登記
⑨ 事後情報の開示
効力発生日後6か月間

3 株式交換及び移転

(1) 株式交換・移転の意義

　株式交換とは、株式会社間で完全親子会社関係を創設するため、完全子会社になろうとする会社の株主の有する全株式を、完全親会社になろうとする既存の会社に移転すると同時に、完全子会社になろうとする会社の株主に対し、完全親会社になろうとする会社の発行する新株を割り当てる制度です。

　これに対し、株式移転とは、完全子会社となろうとする会社の株式を、完全親会社になろうとする新設の会社に移転すると同時に、完全子会社になろうとする会社の株主に対し、完全親会社になろうとする会社の発行する新株を割り当てる制度です。

(2) 株式交換・移転の手続

　旧商法に規定された株式交換・移転の手続においては、合併におけるような債権者保護手続は存在しませんでした。しかしながら、会社法においては株式交換・移転においても、株式以外の財産を対価とする場合、債権者保護手続が要求されています。この場合、株式交換・移転の手続は合併の手続とほぼ同一となります。

① 取締役会による株式交換契約の承認及び締結
② 事前情報の開示
株主総会の2週間前の日より合併効力発生日後6か月間
③ 株式交換承認の株主総会
株式交換承認の決議は、原則として特別決議によりますが、それによらな

④　株主総会での説明
⑤　反対株主の救済手段
　　効力発生日の20日前から前日まで
⑥　債権者の保護手続
⑦　株券提供手続
⑧　株式交換登記
⑨　事後情報の開示
　　効力発生日後6か月間

4　会社分割

(1)　会社分割の意義

　会社分割とは、会社の「営業」の全部又は一部を他の会社に包括的に承継させることにより会社を分割する制度です。ここでいう「営業」とは、「一定の営業目的のために組織化され、有機的一体として機能する財産（得意先関係等の経済的価値のある事実関係を含む）」であり、単なる物理的財産だけでなく、社員や取引関係も含むと考えられています。

　会社分割には、分割された営業を新設された会社（以下、「新設会社」）が承継する「新設分割」と、既存会社（以下、「承継会社」）が承継する「吸収分割」があります。また、この分類とは別に、株式の割当方法から、分割をする会社（以下、「分割会社」）の株主に株式を交付する分割型の会社分割（人的分割）と分割会社自身に交付する分社型の会社分割（物的分割）という分類法も存在します。

(2)　分割の手続

　分割の法的手続も合併とほぼ同一です。
①　取締役会による分割契約（又は計画）の承認及び締結
②　事前情報の開示
　　株主総会の2週間前の日より合併効力発生日後6か月間

③　分割承認の株主総会

　　分割承認の決議は、原則として特別決議によりますが、それによらない場合も存在します（後述）。
④　株主総会での説明
⑤　反対株主の救済手段

　　効力発生日の20日前から前日まで
⑥　債権者の保護手続
⑦　分割登記
⑧　事後情報の開示

　　効力発生日後6ヶ月間

5　対価の柔軟化

　会社法では、吸収合併、吸収分割又は株式交換の場合において、消滅会社の株主、分割会社もしくはその株主、又は完全子会社となる会社の株主に対して、存続会社、承継会社又は完全親会社となる会社の株式を交付せず、金銭その他の財産を交付することができることとなりました。その結果、いわゆる「三角合併」や「キャッシュ・アウト・マージャー」の実施が可能となりました。

　三角合併とは、子会社が他の会社を吸収合併する場合に、親会社の株式を対価として交付する合併です。この三角合併により、外国企業の在日子会社による日本法人との合併が行いやすくなります。また、キャッシュ・アウト・マージャーとは、消滅会社の株主に金銭のみを交付する合併です。これにより、合併を行っても、存続会社の株主は存続会社に対する出資比率を維持することが可能となります。

6　簡易組織再編行為と略式組織再編行為

(1)　簡易組織再編行為

　吸収合併、会社分割、株式交換における合併会社、完全親会社、分割会社の株主総会の特別決議の承認を必要としない場合（簡易組織再編行為）の要件が、総資産、あるいは純資産額等の5％以下から、20％以下に緩和されました。ま

た、事業譲渡に関して、事業譲渡する会社に対しても簡易手続が新設されました。

なお、株式譲渡制限会社の場合には、簡易組織再編行為の要件を満たしている場合であっても株主総会の決議が必要です。また、反対株主が有する議決権を行使できる株式数が議決権総数の6分の1を超える場合にも同様に株主総会の決議が必要です。

(2) 略式組織再編行為

総株主の議決権の90％以上を保有している支配関係のある株式会社間における組織再編行為の場合は、被支配会社における株主総会の決議を行う必要がありません。

この使用例としては、上場会社の現金合併との併用による100％買収が考えられます。上場会社の株式をTOBでまず90％以上取得し、応じない株主を締め出すために略式組織再編＋現金合併を実施することで、完全買収が可能となります。

なお、株式譲渡制限会社については、当該株式譲渡制限会社の株式の発行又は移転をともなう組織再編行為を行う場合は、略式組織再編行為の要件を満たしていても、一部の場合を除き株主総会の決議を行わなければなりません。また、株主総会の決議を要しない被支配会社の株主は、略式組織再編行為が法令又は定款に違反し、又は著しく不当な条件で行われることによる不利益を受けるおそれがある場合には、略式組織再編行為の差止めを請求することができます。

II カネボウの事業再生[※1]

　再生ステージにある企業を再生するために広く使われている手法は、事業の「選択と集中」により収益を生む事業とそうでない事業を峻別（いわゆる「グッド、バッド」に区分）し、収益を生む事業（グッド事業）を営業譲渡や会社分割により外出しすることで事業価値を顕在化させ、事業を売却した資金を財源に財務リストラクチャリングを断行する手法です。この再生業務を会社が主導して実施することもありますし、スポンサー企業等の第三者の支援を得て実施することもあります。スポンサー企業がつく場合には、スポンサーがイグジット（出口策）を見据え、再生計画を主導することとなります。

　ここでは、2004年（平成16年）に㈱産業再生機構（以下、「産業再生機構」）の支援を受け事業再生したカネボウ㈱（以下、「カネボウ」）を事例に、多角化経営のもとで事業相互のシナジーを得ることなく拡大した事業を再生するにあたって、どのような事業再編手法が活用されたかを検証します。また、2000年（平成12年）に民事再生法が施行されてから、事業再生にあたって使用された事業再編手法の概要を数例紹介します。

1　カネボウの経営状況

　2004（平成16）年2月にカネボウが産業再生機構に支援申請した時点では、化粧品事業、ホームプロダクツ事業、繊維事業、食品事業及び薬品事業の5事業を経営の主体として運営していました。しかし、その収益構造は化粧品事業が他の事業、特に繊維事業の赤字を支える構図となっていました。また各事業部は、各々の事業部に属するグループ会社と一体となって運営されており、支援申請した直後の決算時におけるグループ会社数は連結子会社63社、持分法適用非連結会社6社、持分法適用関連会社2社となっていました（各事業に属す

[※1]　参考：産業再生機構のホームページ掲載資料、カネボウの適時開示資料及び有価証券報告書、花王の適時開示資料、トリニティ・インベストメントのホームページ掲載資料

る主要な会社群は次ページ参照)。

　産業再生機構が支援決定する際に公表した資料では、事業面で収益力も事業特性も全く異なる事業群が1つの企業体に混在することで全体として競争力を失い、また財務面では事業部門間相互のもたれあいが続く中で、過剰投資型負債と赤字補填型負債による過剰債務状態にあった、とシナジーなき多角化経営の弊害が支援申請に至った経緯と認識しています。

　公表されていた決算では、2003（平成15）年3月期まではかろうじて純資産をプラスで推移していましたが、支援申請する直前の中間決算時には629億円の債務超過となっていました（支援申請後、グループ会社を利用した粉飾決算が判明し、実態としては債務超過に陥っていました）。

事業部門別売上高と収益の推移

（単位：億円）

		'99(H11)/3	'00(H12)/3	'01(H13)/3	'02(H14)/3	'03(H15)/3	'03(H15)/9(中間)		'04(H16)/3
化粧品事業	売上高	1,957.7	2,044.2	2,119.6	2,129.5	2,116.1	980.2		1,952.4
	営業利益	172.7	227.6	251.2	256.5	321.7	60.6		3.4
ホームプロダクツ事業	売上高	542.9	577.9	597.3	597.9	524.9	213.2		402.1
	営業利益	65.8	76.5	75.7	70.0	53.6	△22.7		△39.7
繊維事業	売上高	1,584.9	1,717.0	1,680.5	1,613.9	1,622.4	642.8		1,167.6
	営業利益	△88.4	△14.9	19.5	△86.2	△109.7	△77.7	支援決定	△204.5
食品事業	売上高	463.6	477.7	500.0	498.2	492.5	231.4		480.0
	営業利益	16.8	24.8	30.9	22.7	35.7	△23.3		△89.6
薬品事業	売上高	340.4	243.0	239.0	199.7	213.0	87.4		188.1
	営業利益	28.0	10.3	4.7	△11.1	12.3	△1.4		0.0
その他の事業	売上高	528.9	675.9	493.1	300.1	298.4	125.2		256.9
	営業利益	20.5	△2.3	△1.4	△10.0	△5.4	△9.0		△13.6
消去・全社部門	売上高	△45.4	△52.0	△74.6	△51.1	△84.9	△33.0		△70.0
	営業利益	△7.6	△8.6	△18.1	△3.8	△12.1	0.4		7.2
全社合計	売上高	5,373.1	5,683.7	5,554.9	5,288.2	5,182.4	2,247.2		4,377.1
	営業利益	207.8	313.5	362.5	238.2	296.2	△73.0		△336.7
	純資産	△213.7	△116.4	8.1	9.3	5.0	△629.8		△3,553.4

（出典）有価証券報告書

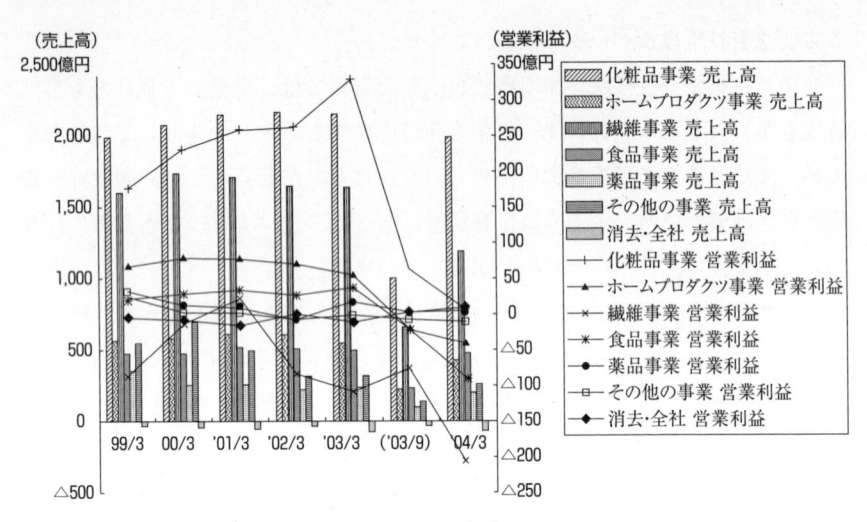

各事業に属する主要な会社群

化粧品事業	カネボウ化粧品北海道販売㈱他10社、カネボウセモア㈱、カネボウコスメティックヨーロッパLTD.他
ホームプロダクツ事業	カネボウホームプロダクツ販売㈱、東京レーヌ㈱他
繊維事業	カネボウ繊維㈱、カネボウストッキング㈱他
食品事業	カネボウフーズ㈱、カネボウフーズ販売㈱他6社、カネボウレインボーハット㈱、㈱エルビー（名古屋）、㈱エルビー（埼玉）他
薬品事業	カネボウ薬品㈱
その他事業〔ファション/新素材/その他〕	カネボウブティック㈱、㈱カネボウファション研究所、㈱ショップエンドショップス、カネボウ化成、カネボウベルタッチ㈱、カネボウ興産㈱、カネボウ物流㈱、ベルファイナンス㈱、カネボウ不動産㈱、カネボウホリディ㈱他

平成16年3月31日時点での連結子会社63社、持分法適用非連結会社6社、持分法適用関連会社2社

2 カネボウ事業再生のアウトライン

　産業再生機構による再生計画の骨子は、化粧品事業の事業価値を顕在化することによって、化粧品事業とホームプロダクツ事業他で継続可能な事業の再生を図るものです。事業の選択と集中により、カネボウが手掛けてきた多岐にわたる事業を整理・統合し、化粧品事業、ホームプロダクツ事業、製薬事業並びに食品事業として再生されることとなりました。

1　企業再生における事業再編手法の活用例　125

　産業再生機構は、毀損したカネボウの事業を株式会社産業再生機構法に基づき再生し、再生したカネボウの事業群を、化粧品事業会社は花王㈱（以下、「花王」）に、ホームプロダクツ事業、製薬事業並びに食品事業の再生を図る事業会社はトリニティ・インベストメント㈱（アドバンテージパートナーズ有限責任事業組合、㈱MKSパートナーズ及びユニオン・キャピタル㈱の3投資会社が出資する会社。以下、「トリニティ・インベストメント」）に売却することでイグジットしました。

　また、カネボウの主要事業を売却した後に残余事業のみを保有することとなった会社（いわゆる「抜け殻会社」）は海岸ベルマネジメント㈱（以下、「海岸ベルマネジメント」）となり、2008（平成20）年11月、トリニティ・インベストメントに合併され、創業から120年続いた企業が消滅しました。以下では、産業再生機構が実施した再生手法、化粧品事業及び化粧品事業以外のカネボウの事業の再生で用いられた手法について検討します。

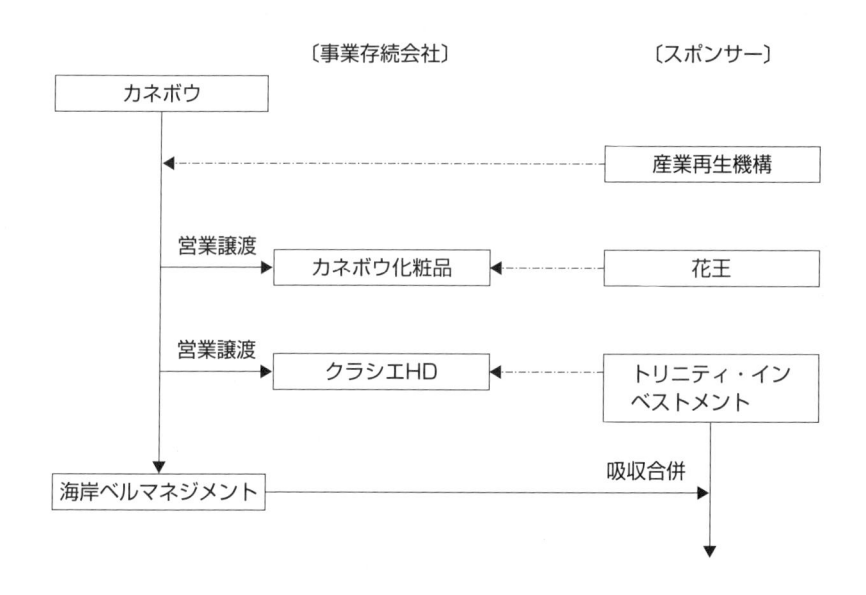

〔事業存続会社〕　〔スポンサー〕

```
カネボウ
  │
  │············← 産業再生機構
  │
  │営業譲渡
  ├──────→ カネボウ化粧品 ←········ 花王
  │
  │営業譲渡
  ├──────→ クラシエHD ←········ トリニティ・イン
  │                              ベストメント
  │                                    ↑
  ↓              吸収合併              │
海岸ベルマネジメント ──────────────→
                                      ↓
```

支援申請の直前から再生を果たすまでの再生期間中に公表された主な発表

発表日	発表主体	タイトル
2003年（平成15年）		
10/23	カネボウ、花王	「化粧品事業の統合に向けた基本合意」について
11/20	カネボウ	「カネボウグループ中期構造改革プラン」について
12/22	カネボウ、花王	「化粧品事業の統合に向けた確定契約調印の日程」について
2004年（平成16年）		
1/7	カネボウ	債権の取立不能のおそれに関するお知らせ（興洋染織㈱に対する貸付金522億円）
2/16	産業再生機構	カネボウ及び㈱三井住友銀行（以下、「三井住友銀行」）による産業再生機構活用の意向表明について
2/16	カネボウ	化粧品事業に関する再編新スキームについて
3/10	産業再生機構	カネボウ等に対する支援決定について
3/10	カネボウ	産業再生機構による支援決定について
3/30	産業再生機構	カネボウブティック㈱（以下、「カネボウブティック」）に対する買取り決定について
3/30	カネボウ	化粧品事業再生計画の進捗状況
4/19	カネボウ	「経営浄化調査委員会」設置について
4/23	カネボウ	産業活力再生特別措置法に基づく経営資源再活用計画の認定について
5/31	産業再生機構	カネボウ等に対する支援決定について
5/31	カネボウ	事業再生計画の策定並びに産業再生機構の支援決定について
7/30	産業再生機構	カネボウ及び同グループ34社に対する買取り決定について
7/30	カネボウ	産業再生機構の債権買取り決定について
7/30	カネボウ	臨時報告書（カネボウブティックへの営業譲渡価額の譲渡価額の確定）
8/25	カネボウ	債務免除等の金融支援に関するお知らせ
8/31	カネボウ	臨時報告書（第三者割当増資（A、B種類株式）の三井住友銀行への割当て）
10/1	カネボウ	臨時報告書（第三者割当増資（C種類株式）の産業再生機構への割当て）
12/10	カネボウ	「事業再生計画」の進捗状況（当社グループ会社の財務体質強化策）のお知らせ
12/16	産業再生機構	㈱カネボウ化粧品（以下、「カネボウ化粧品」）に対する債権の株式化について

2005年(平成17年)

2/2	カネボウ	訴訟の提起に関するお知らせ(土壌汚染に対して損害賠償を請求されたもの)
2/22	カネボウ	臨時株主総会開催について(経営浄化調査委員会からの指摘事項)
4/13	産業再生機構	カネボウによる過年度決算の訂正発表について
4/13	カネボウ	過年度決算短信の訂正について
5/12	産業再生機構	カネボウ株券の上場廃止にあたって
6/6	カネボウ	第三者割当増資(C種類株式)、カネボウの主要株主等の異動、業務提携及びカネボウの役員人事に関するお知らせ
7/27	カネボウ	第三者割当増資(C種類株式)の細部決定に関するお知らせ(カネボウ化粧品への割当て)
12/16	産業再生機構	カネボウ化粧品及びカネボウにかかわる株式及び債券の譲渡等について
12/16	花王	カネボウ化粧品の株式取得(子会社化)に関するお知らせ
12/21	カネボウ	臨時報告書(産業再生機構からトリニティ・インベストへの当社の議決権付き株式の譲渡)

2006年(平成18年)

1/31	花王	カネボウ化粧品の株式取得(子会社化)に関するお知らせ(続報)
2/21	花王	カネボウ化粧品の株式取得(子会社化)に関するお知らせ(続報の2)
2/21	カネボウ	臨時報告書(カネボウ化粧品からトリニティ・インベストへの当社の議決権付き株式の譲渡)
4/17	カネボウ	臨時報告書(ホームプロダクツ事業及び薬品事業の営業譲渡、特定子会社の異動)

2007年(平成19年)

4/26	カネボウ	取締役会において解散(6月30日)を定時株主総会に上程することを決議
6/28	カネボウ	定時株主総会にて6月30日をもって解散することを決議
7/2	海岸ベルマネジメント	臨時報告書(清算人の就任)

2008年(平成20年)

11/11	トリニティ・インベストメント	海岸ベルマネジメントを吸収合併

(参考:産業再生機構及びトリニティ・インベストメントのホームページ掲載資料、カネボウ及び花王の適時開示資料)

3　産業再生機構による支援

　2004（平成16）年２月16日、カネボウが産業再生機構に支援要請した内容は、化粧品事業を会社分割し、その分割承継会社に産業再生機構の支援を受けるものでした。その後の検討により、３月10日に産業再生機構が発表した支援内容は、化粧品事業を営業譲渡する手法で、事業価値を顕在化することで事業価値の毀損リスクを回避し、適切な事業再生計画を策定するものでした。また、化粧品以外の事業部門については、化粧品事業の営業譲渡益を原資に不採算部門の整理縮小や人員削減によって再生に取組む内容となっていました。

(1)　３月10日発表の支援決定の概要（発表資料を参考）
①　支援対象会社
・カネボウ及びカネボウグループ34社
・カネボウブティック（化粧品事業の受皿会社）
②　事業計画の概要
・化粧品事業部門の強化；本体からスピンオフすることで、独立した機動的な事業運営が可能な体制を構築する。
・不採算部門の見直し；化粧品以外の事業については、迅速かつ徹底的な「選択と集中」を実施する。
・収益力強化に向けた組織体制の整備；グループ全体の再生を実施する新組織体制を構築する。

　カネボウは化粧品事業を営業譲渡することで同事業の企業価値を顕在化し、売却益をもってカネボウの財務体質の改善を図るとともに、新会社の株式14％を保有することで、新会社の事業価値の一部を保有する計画となっていました。

(2)　５月31日発表の新事業再生計画の概要（発表資料を参考）
　前回３月の化粧品部門の営業譲渡を骨子とした事業再生計画に続き、新たに化粧品事業以外の再生計画（新事業再生計画）が提示されました。

① 支援対象会社
・カネボウ及びカネボウグループ34社

② 事業計画の概要

　カネボウグループに残った事業を「コア」か「ノンコア」か、また「確固たる事業性を兼ね備えている」かの視点から事業を4分類し、各々に属する事業とその方向性を明確にすることを公表しました。

〔第1分類〕……事業性があり、今後コアビジネスになる可能性が高い事業
〔第2分類〕……事業性があるが、今後コア事業としての可否の見極めが必要な事業
〔第3分類〕……早急に事業性の有無を精査し、売却あるいは清算の判断をする事業
〔第4分類〕……支援決定後早期に売却先を探し、売却先が見つからない場合は清算する事業

(3) **財務リストラクチャリング**（5月31日発表資料を参考）

　産業再生機構の支援をもとに、カネボウに対して実施が計画された主な財務リストラクチャリング施策は次のとおりです。

・カネボウグループに対する債権放棄995億円を実施する。
・カネボウの資本を312億円減資（約99.7％の減資）し、また10株を1株に株式併合を実施する。
・三井住友銀行及び産業再生機構は最大で500億円の増資（三井住友銀行が300億円、産業再生機構は200億円）を引き受ける。

(4) **産業再生機構のイグジット**

　産業再生機構は支援決定から約3年で、カネボウ化粧品を花王に、カネボウで事業再生した事業をトリニティ・インベストメントに譲渡することで、投下した資金の回収を図りました。

　当初は化粧品事業とそれ以外で再生した事業を一体として再生する可能性を探っていたようですが、2005（平成17）年に粉飾決算が判明したことでカネボウの上場維持が不能となったこともあり、各スポンサー企業に売却する方法が採用されたものと推察されます。

4 化粧品事業

化粧品事業の視点から、産業再生機構による支援開始から化粧品事業会社の売却までに実施された再生手法の概略を公表資料から検討してみます。

(1) 化粧品事業の切り出し

カネボウは2004（平成16）年5月7日に化粧品事業とその関連会社を新会社（営業譲受会社；カネボウブティック）に営業譲渡しました。事業を譲受される新会社に対して、産業再生機構が貸付2,800億円及び出資860億円（出資比率86％）を、カネボウが出資140億円（出資比率14％）を実施しました。カネボウは新会社に化粧品事業を3,800億円で営業譲渡することで化粧品事業の事業価値を顕在化しました。（カネボウ 2004（平成16）年3月10日発表資料を参考）

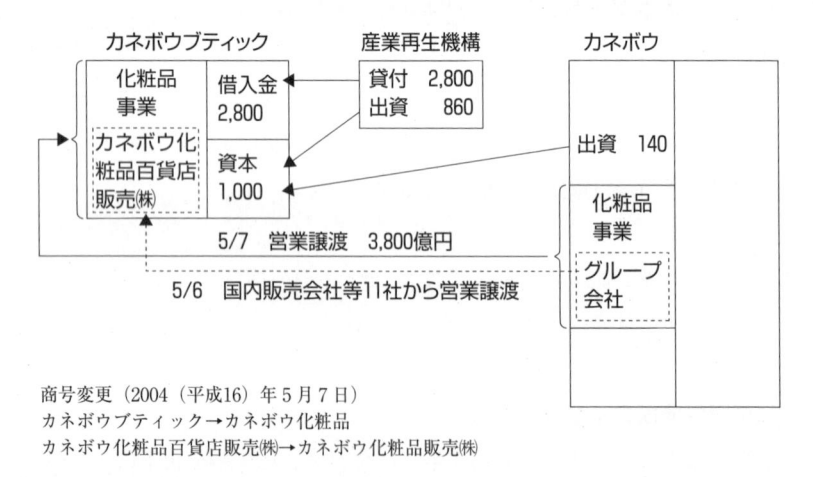

```
        カネボウブティック        産業再生機構         カネボウ
        ┌化粧品     借入金  ←  貸付  2,800
        │事業       2,800       出資   860
        │カネボウ化                               出資  140
        │粧品百貨店  資本
        │販売㈱    1,000                          化粧品
                                                 事業
                5/7 営業譲渡 3,800億円            グループ
                                                 会社
                5/6 国内販売会社等11社から営業譲渡
```

商号変更（2004（平成16）年5月7日）
カネボウブティック→カネボウ化粧品
カネボウ化粧品百貨店販売㈱→カネボウ化粧品販売㈱

(2) 産業再生機構によるDES（債務の株式化）

2004（平成16）年12月産業再生機構はカネボウ化粧品の第三者割当増資を引き受け、既保有債権2,800億円の内1,500億円をカネボウ化粧品に対して現物出資し、種類株式を取得しました。この債権の株式化により取得した株式は、種類株式1,500億円、議決権なしの種類株式100％でした。（産業再生機構 2004（平成16）年12月16日発表資料を参考）

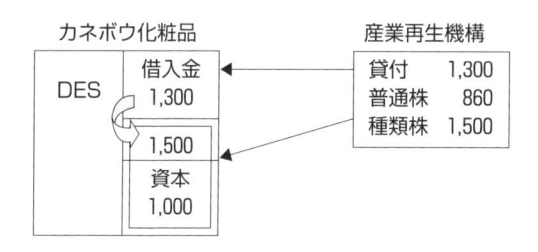

```
カネボウ化粧品              産業再生機構
         借入金          貸付   1,300
   DES   1,300          普通株   860
         ─────          種類株 1,500
         1,500
         資本
         1,000
```

(3) カネボウ化粧品によるカネボウ第三者割当増資の引受け

　カネボウは産業再生機構の支援の下で再生に取り組んでいますが、カネボウとカネボウ化粧品は「カネボウ」ブランドを共有していました。そこで、カネボウとカネボウ化粧品が資本提携することで両社が化粧品を中心に「カネボウ」ブランドの価値を高め、円滑かつ迅速に事業再生を図るために、2005（平成17）年6月、カネボウ化粧品がカネボウの第三者割当増資200億円を引き受けました。（カネボウ化粧品及びカネボウ 2005（平成17）年6月6日発表資料を参考）

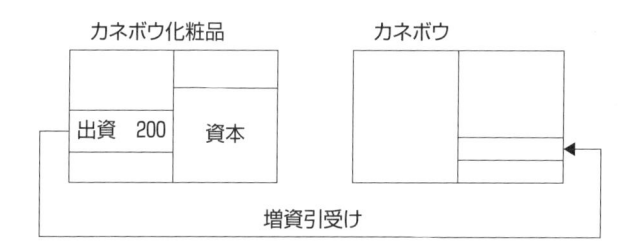

```
カネボウ化粧品              カネボウ
 ┌──────┬───┐        ┌───────┐
 │出資 200│資本│        │       │←─┐
 └──┬───┴───┘        └───────┘  │
    │                                    │
    └──────────増資引受け────────────┘
```

(4) 花王によるカネボウ化粧品株式の取得

　2005（平成17）年12月、花王は産業再生機構及びトリニティ・インベストメントと、カネボウ化粧品の株式を100％取得することに合意しました（この時点でのカネボウ化粧品の株主は産業再生機構及びカネボウ）。

　その合意内容は、産業再生機構及びカネボウからカネボウ化粧品株式すべてを購入することと、カネボウ化粧品から「カネボウ」ブランドすべての特許権、商標権、実用新案権、意匠権を取得することでした。

　株式譲渡は、産業再生機構から普通株式8,600万株（発行済議決権株式の

86％）及びA種類株式1,500万株（発行済無議決権株式の100％）を2,634億円で、カネボウから普通株式1,400万株（発行済議決権株式の14％）を156億円で取得しました。また、カネボウ化粧品の特許権、商標権、実用新案権、意匠権を1,480億円で取得しました。これにともないカネボウは「カネボウ」ブランドを当分の間使用許諾されることとなりましたが、2006（平成18）年5月にカネボウから化粧品以外の事業を営業譲渡されたカネボウ・トリニティ・ホールディングスは2007（平成19）年7月、クラシエホールディングス㈱に商号変更しています。（花王 2005（平成17）年12月26日発表資料を参考）

　その一方で、カネボウ化粧品が2005（平成17）年6月にカネボウの第三者割当増資で引き受けた株式（C種類株式62,500万株）をトリニティ・インベストメントに譲渡することで合意し、2006年2月21日に譲渡を実行しました。これによりカネボウとカネボウ化粧品の相互持合は解消されました。

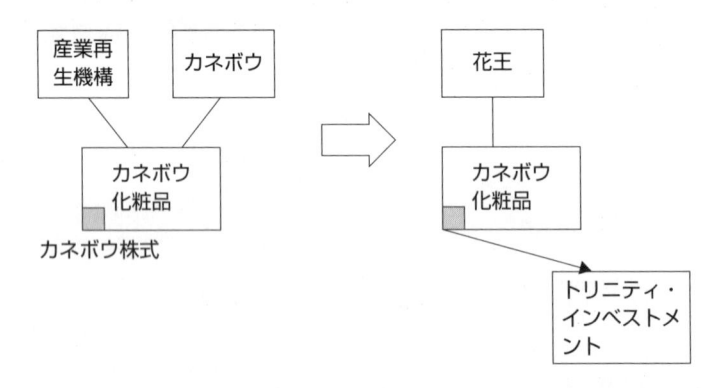

5　化粧品事業以外の事業（ホームプロダクツ事業、薬品事業等）

　次に、カネボウの化粧品事業以外の事業がどのように整理・統合されたのか、その概略を公表資料から検討してみます。

(1)　継続する事業の峻別

　2004（平成16）年5月31日の支援決定時に、化粧品事業以外の事業は、「コアかノンコア」か、また「確固たる事業性を兼ね備えている」かの視点から事業を4分類され、各々に属する事業とその方向性が示されました（新事業再生

計画)。その再生計画をベースに、カネボウグループの事業整理が始まりました。

再新事業再生計画における各事業の分類は次のとおりです。

	第1分類	第2分類	第3分類	第4分類
ホームプロダクツ	○	—	—	—
薬品	○	—	—	—
食品	フリスク・菓子・粉末部門	エルビー名古屋／埼玉(紙パック飲料)	冷菓部門・レインボーハット(冷菓小売)部門	麺・飲料部門
ファッション	フィラ・ランバン等	—	インナー部門・小売部門	—
繊維	—	北陸合繊工場に集約後の合繊事業(ナイロン4品目・ポリエステル・高分子部門)、ストッキング事業	—	合繊事業の中の防府合繊工場関連部門及び海外部門、天然繊維事業(海外部門を含む)
新素材事業他	—	ビジョンシステム部門、カネボウアグリテック(椎茸)、鐘紡記念病院	カネボウ物流	ビジョンシステム部門以外の新素材事業、その他のノンコア事業

(2) **事業の整理・統合**

カネボウグループの再生にあたっては、食品事業や繊維事業を中心に「第4分類」に区分された事業や再生できない事業は営業譲渡により売却され、使命を終えた会社や営業譲渡を完了した会社は順次清算されました。

公表されている資料からわかる事業統合、整理の経緯は次表のとおりです。産業再生機構の支援開始からおおむね1年半に及ぶ事業の選択と集中により、カネボウに残る事業は、ホームプロダクツ事業、薬品事業、食品事業となり、2006(平成18)年5月にカネボウ・トリニティ・ホールディングスに営業譲渡されました。

事業再編にともなう主な公表

2004年（平成16年）

1/26	食品事業販売会社の統合・再編	食品事業の販社7社をカネボウフーズ東京販売㈱に統合・再編
1/29	天然繊維事業の構造改革について	①綿紡績事業の国内生産からの完全撤退、②綿・羊毛加工事業の縮小、③シルクの綿紡糸事業からの撤退
2/16	（産業再生機構に支援申請）	
3/10	（産業再生機構による支援決定）	
3/25	連結子会社の解散	カネボウ久慈㈱、カネボウマレーシアスピニングミルズSdn. Bhd.
9/13	第4分類事業の営業譲渡	新素材事業本部の電池事業、電子関連事業
9/13	第4分類事業の解散	カネボウフーズ㈱の飲料事業、カネボウ防府食品㈱
9/28	第4分類事業の営業譲渡	カネボウフーズ㈱のカップ麺事業
10/1	第4分類事業の営業譲渡	カネボウハイエストヒル㈱の繊維製品の委託加工事業
10/20	第4分類事業の営業譲渡	新素材事業本部の医療材料事業、カネボウ化成㈱の建材事業及び化成事業、室町化学㈱の化成品事業及びスリングベルト事業
10/27	第4分類事業の営業譲渡	カネボウ合繊㈱のラクトロン事業
11/4	第4分類事業の営業譲渡	カネボウベルタッチ㈱の事業
11/11	第4分類事業の営業譲渡	カネボウ繊維㈱の国内羊毛事業
11/24	合繊グループ会社の統合	合繊関係の子会社ベルテキスタイル㈱とベルテック㈱の事業を合繊グループ会社に営業譲渡し、解散
12/1	第4分類事業の営業譲渡	新素材事業本部のベルエース事業、カネボウ合繊㈱の新規市場開発事業
12/10	連結子会社解散	ベルファイナンス㈱、カネボウ化成㈱
12/10	「事業再生計画」の進捗状況のお知らせ	
12/14	第4分類事業の営業譲渡	P.T.カネボウ　トーメン　サンダンシンセティックミルズの株式と債権
12/16	連結子会社の解散	カネボウ・モード クリエイティブ㈱
12/22	第4分類事業の営業譲渡	新素材事業本部のテキストグラス事業

2005年（平成17年）

1/26	第3分類事業に関する基本方針 ・継続事業；カネボウフーズ㈱の冷菓事業、カネボウ物流㈱の事業、婦人インナー部門のオリジナルブランド事業 ・譲渡する事業；カネボウレインボーハット㈱の事業、婦人インナー部門のライセンス事業、㈱ショップエンドショップスの事業 ・事業統合；婦人インナー部門のオリジナルブランド事業とカネボウ繊維㈱のファミリーインナー・ギフト事業をカネボウストッキング㈱に営業譲渡
2/23	ビジョンシステム事業の事業統合	ビジョンシステム事業をカネボウエンジニアリング㈱に営業譲渡
6/1	事業の営業譲渡に関する基本合意	「第4分類」カネボウ繊維の綿事業、「第2分類」カネボウ合繊の合繊事業
11/30	連結子会社解散	カネボウ合繊㈱
12/21	スポンサー企業（トリニティ・インベストメント㈱）への産業再生機構が保有する株式を売却決定（売却日：1月31日）

2006年（平成18年）

2/21	㈱カネボウ化粧品が保有する株式をトリニティ・インベストメント㈱へ売却（売却日：2月21日）
4/17	カネボウホームプロダクツ㈱及びカネボウ製薬㈱へ営業譲渡を決定（営業譲渡；5月1日）

(3) 各事業の損益状況

　各事業は新事業再生計画に沿って事業の選択と集中による整理・統合を実施した結果、繊維事業の赤字が縮小し、事業損益は改善しました。

事業別損益の推移　　〔修正前〕　〔修正後〕　　　　　　　　　　（単位；億円）

事業	項目	'04(H16)/3 [修正前]	'04(H16)/3	'05(H17)/3	'06(H18)/3	'07(H19)/3
化粧品事業	売上高	1,952.4	2,043.5	136.8		
	営業利益	3.4	123.1	9.6		
ホームプロダクツ事業	売上高	402.1	425.4	380.6	371.1	26.5
	営業利益	△39.7	△1.7	27.5	27.8	2.0
繊維事業	売上高	1,167.6	1,157.3	819.1	255.5	－
	営業利益	△204.5	△152.3	△41.1	△4.1	△2.5
ファッション事業	売上高			246.5	176.2	1.2
	営業利益			△17.9	△24.0	△2.8
食品事業	売上高	480.0	515.8	561.6	294.5	24.3
	営業利益	△89.6	△72.6	10.7	△3.4	△7.6
薬品事業	売上高	188.1	200.4	198.6	180.7	14.2
	営業利益	0.0	7.2	14.0	1.6	0.2
その他の事業	売上高	256.9	287.9	363.3	121.3	2.5
	営業利益	△13.6	1.1	15.5	1.7	△3.9
消去・全社部門	売上高	△70.7	△73.7	△21.5	△5.0	△0.4
	営業利益	7.2	1.6	△2.1	△0.1	0.0
全社合計	売上高	4,377.1	4,556.6	2,685.0	1,394.2	68.2
	営業利益	△336.7	△93.6	16.2	△0.6	△14.6
	純資産	△3,553.4	△3,575.9	44.5	378.0	531.7

（注）粉飾決算による決算修正は結果のみを記載するに留める
（出典）有価証券報告書

　産業再生機構のもとで事業再生に当たった期間の損益内訳を検討すると、各事業損益の改善もさることながら、リストラクチャリングに関わる損益である特別損益、特に債務免除益や営業譲渡損益等が全体損益の大幅な改善に大きく寄与したことが見て取れます。

損益計算書の推移〔修正後〕

(単位；億円)

	'04(H16)/3	'05(H17)/3	'06(H18)/3	'07(H19)/3
売上高	4,556.6	2,685.0	1,394.2	68.2
売上原価	2,310.3	1,733.6	831.7	35.3
販売費及び一般管理費	2,339.9	935.2	563.1	47.5
営業利益（△；損失）	△ 93.6	16.2	△ 0.6	△ 14.6
営業外損益	△ 194.1	△ 111.8	△ 40.2	△ 1.1
経常利益（△；損失）	△ 287.7	△ 95.6	△ 40.8	△ 15.7
特別損益	△ 1,842.3	4,082.0	△ 96.8	258.3
税引前当期純利益（△；損失）	△ 2,130.0	3,986.5	△ 137.6	242.5
当期純利益（△；損失）	△ 1,420.9	3,149.7	△ 22.4	157.0

(出典) 有価証券報告書

特別損益の主な内訳

(単位；億円)

	'04(H16)/3	'05(H17)/3	'06(H18)/3	'07(H19)/3
債務免除益	-	980.0	-	-
コーポレート商標譲渡益	-	-	125.0	-
営業譲渡損益	-	3,542.1	△ 27.8	240.2
構造改善費用	△ 1,719.5	△ 267.7	△ 4.3	△ 9.6
減損損失	-	△ 152.6	△ 190.7	-
投資有価証券評価損	△ 73.7	△ 0.8	△ 3.7	△ 5.4
資産売却損益他	△ 49.1	△ 19.1	4.7	33.1
計	△ 1,842.3	4,082.0	△ 96.8	258.3

(出典) 有価証券報告書

Ⅲ 企業再生における事業再編手法の活用事例

1 三角合併による経営統合(シティグループ／日興コーディアルグループ)[※2]

　三角合併制度は、2005（平成17）年の会社法制定で「合併対価の柔軟化」が図られ、被合併会社の株主への対価を存続会社の株式のみならず、存続会社の親会社の株式についても認められるように導入された制度です。

　会社法は2006（平成18）年5月1日から適用開始となりましたが、三角合併制度は会社法の施行から1年後の2007（平成19）年5月1日から施行されることとなりました。

(1) 三角合併を用いた支援先企業との経営統合

　2007（平成19）年5月、シティグループ（以下、「シティ」）は不正会計処理等により毀損していた日興コーディアルグループ（以下、「日興コーディアル」）を支援するために、公開買付を実施し、シティの傘下におさめました。さらに、シティは日本でのシティと日興コーディアルの事業を再編するにあたり、2008（平成20）年1月に日興コーディアルを三角合併により完全子会社化しました。

　ついで5月1日、シティグループ・ジャパン・ホールディングス㈱と㈱日興コーディアルグループを合併することで日興シティホールディングス㈱を発足し、シティの日本における証券業務、銀行業務、その他関連事業をグループ一体的に経営することとなりました。

※2　参考：シティグループのホームページ掲載資料

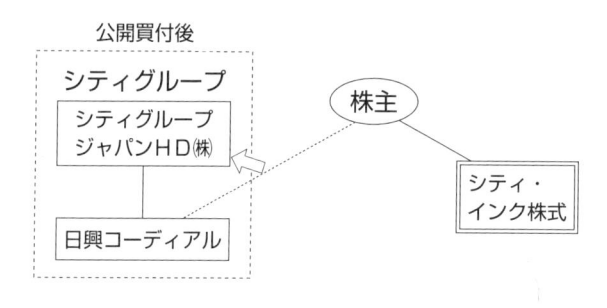

1　企業再生における事業再編手法の活用例　139

```
       公開買付後
  ┌─────────────────┐
  │ シティグループ              │
  │  ┌──────────┐        │        株主
  │  │ シティグループ    │        │      ┌─────┐
  │  │ ジャパンHD㈱   │◁─ ─ ─ ─ ─ │シティ・ │
  │  └──────────┘        │      │インク株式│
  │       │            │      └─────┘
  │  ┌──────────┐        │
  │  │ 日興コーディアル   │        │
  │  └──────────┘        │
  └─────────────────┘
```

(2) 日　程

2007年（平成19年）

3/6	シティ及び日興コーディアルが包括的戦略提携に合意
3/15	シティによる、日興コーディアルに対する公開買付を開始（買付前における株券等所有割合は4.938％）
5/9	シティによる、公開買付による日興コーディアル株式の取得（買付後における株券等所有割合は61.08％）
8/6	シティが保有する日興コーディアル株式を、シティグループ・ジャパン・ホールディング有限会社（後に株式会社）に移管
10/2	シティが保有していない日興コーディアルグループ株式を、シティグループ・インク株式との株式交換により取得することで日興コーディアルと合意
10/29	シティグループ・インクが東京証券取引所第一部への上場承認を受ける
10/31	シティグループ・ジャパン・ホールディング株式会社は日興コーディアルと株式交換契約を締結
11/5	シティグループ・インクが東京証券取引所に上場
11/14	シティグループ・ジャパン・ホールディング株式会社は日興コーディアルと株式交換契約の内容を修正し、新契約を締結
12/19	日興コーディアルの臨時株主総会において株式交換契約を承認

2008年（平成20年）

1/18	シティ、日興コーディアルとの株式交換比率を確定
1/29	シティ、日興コーディアルとの株式交換完了
3/11	日本における新グループ体制を決定
5/1	シティグループ・ジャパン・ホールディング㈱と日興コーディアルが合併し、日興シティホールディング㈱を発足

(3) **コメント**

　外資系企業が親会社株式（シティグループ・インク株式）を用いて、本企業を100％子会社化した事例です。

　後日談となりますが、2008（平成20）年秋のリーマンショック以降、米国シティは業績が悪化し、2009（平成21）年1月には公的資金の注入を受けることになりました。シティは事業を再生すべく、日本における日興コーディアル証券と日興シティグループ証券の一部事業を非中核事業に分類し、入札による事業売却を実施しました。2009年4月、三井住友フィナンシャルグループが優先交渉権を獲得し、買収に関わる大筋合意に達しました。

2　株式交換・移転によるM＆A取引の事例（京セラ／東芝ケミカル）[※3]

　2002（平成14）年8月、京セラが株式交換により東芝ケミカル（東証2部上場）を完全子会社化し、商号を「京セラケミカル」に変更した事例です。この株式交換取引にともない、東芝ケミカルの57％の株式を所有する筆頭株主であった東芝は、東芝ケミカルの経営権を京セラに譲渡し、対価として京セラ株式を交付されました。

　株式交換を用いることで、事業買収式を調達せず、自社株式を対価として買収対象会社を100％子会社化した事例です。

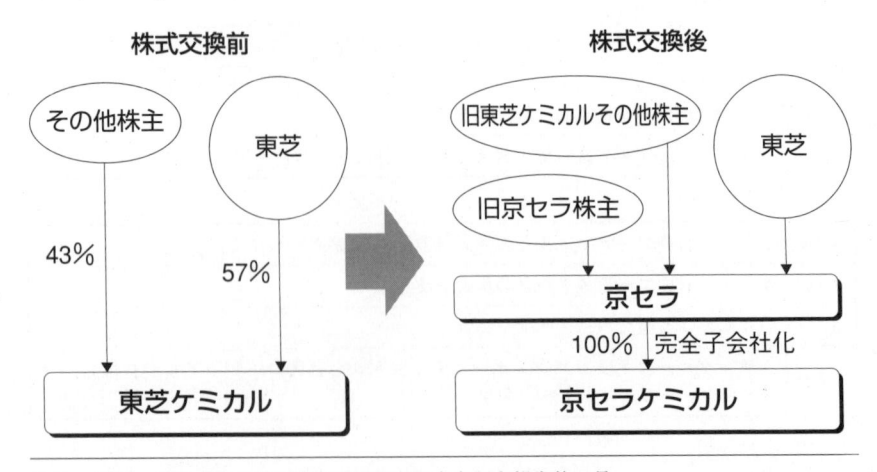

※3　参考：日本公認会計士協会経営研究調査会研究報告第16号

3　会社分割による事業分離の事例（東急建設）[※4]

　東急建設は2003（平成15）年10月に会社分割により建設事業を分社化しました。この会社分割により、収益力のある建設事業は収益構造改革を推進し企業価値の最大化を図り、上場継続会社となりました。不採算事業である不動産事業会社は、事業再構築施策が行われます。

　この会社分割による建設事業の受け皿会社であるTCホールディングズは、企業再生ファンドであるフェニックス・キャピタルから出資を受け入れ、東急電鉄の持分法適用の関連会社となりました。建設事業を承継した会社の商号を「（新生）東急建設」として10月1日上場し、従来の東急建設（不動産事業を引き継いだ会社）は「TCプロパティーズ」と商号変更し、9月に上場廃止となりました。

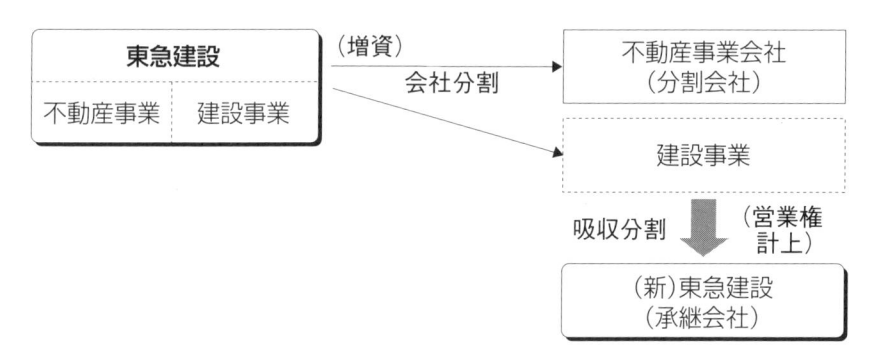

4　営業譲渡を用いた事業再生の事例（第2会社方式、福助）

(1)　第2会社に営業譲渡して事業を再生した事例

　A社は、相当期間にわたって債務超過並びに過剰債務の状況が継続しており、さらに借入金が外資系の金融機関に譲渡されたことも重なって、現状のままでは事業キャッシュフローの減少が止まらず、経営を継続していくことは困難と判断されていました。

※4　参考：東急建設の適時開示資料、東京急行電鉄第135期半期報告書

A社の株主及び役員とは一切関連のない個人の出資を仰いでB社（第2会社）が設立され、B社は金融機関から融資を受けて、A社が保有していた事業用不動産を購入し、A社の不動産所有管理事業はB社に営業譲渡され、当該不動産はA社に賃貸されることとなりました。事業用不動産をB社に時価で譲渡した代金でA社は借入金の一部を金融機関に返済し、残額については債務免除を受けて、事業を継続することに成功しました。

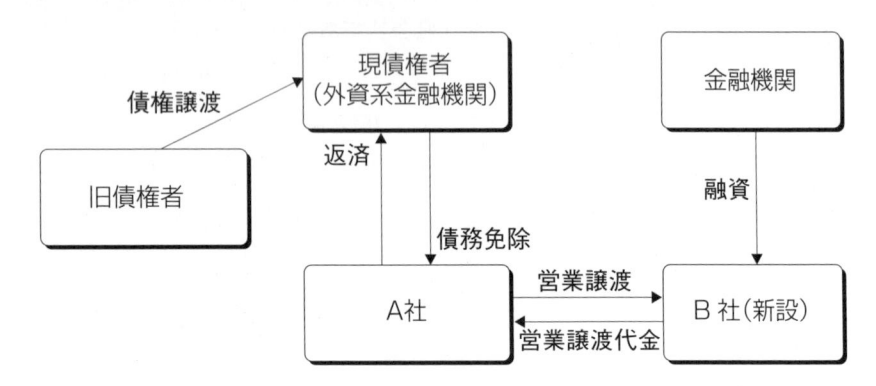

```
                    ┌─────────────┐
                    │   現債権者   │
                    │（外資系金融機関）│
       債権譲渡      └─────────────┘              ┌─────────┐
  ┌─────────┐   →        ↑  │                    │ 金融機関 │
  │ 旧債権者 │          返済  │                    └─────────┘
  └─────────┘                │                        │
                             │ 債務免除                │ 融資
                             ↓                        ↓
                    ┌─────────┐    営業譲渡    ┌─────────┐
                    │   A社   │  ──────────→  │B社(新設) │
                    │         │  ←──────────  │         │
                    └─────────┘   営業譲渡代金  └─────────┘
```

(2) 第2会社に営業譲渡して事業を再生した事例[※5]

　福助は、取締役会において民事再生手続の申立てを行うことを決議して、2003（平成15）年6月に大阪地方裁判所に民事再生手続の申立てを行い、同手続開始決定を受けました。また、上記の取締役会で投資ファンドであるMKSパートナーとの間で営業譲渡契約を締結することを決議して、2003（平成15）年10月にMKSパートナーの出資する新会社に対してすべての営業を譲渡する基本合意書を締結しました。

　福助は2003（平成15）年の年初から証券会社をアドバイザーとしてスポンサー候補を探しており、複数の再生計画からMKSパートナーの再生計画案を選択して、事業再生の筋書きをあらかじめ決めてから法的整理に持ち込むプリパッケージ型の手法が採用されました。民事再生法の手続に即して営業譲渡が行われ、譲渡代金等で債務の弁済が行われた後、同社は清算されます。

※5　参考：福助の適時開示資料

5 合併を用いた事業再生の事例（明成商会／イーケー）[※6]

2003（平成15）年9月に産業再生機構の再生支援が決定した明成商会とその子会社イーケーは、グループ企業内の経営資源の効率化による事業再構築と金融支援によって再生を図ります。

この事業再生計画では、明成商会とイーケーの2社を合併し、事業の「選択と集中」及び販売費の削減等による経営効率化によって収益改善を図るとともに、債権放棄による金融支援を要請するものです。なお、株主責任の観点から85％相当の減資を実施した後、産業再生機構による増資を受入れました。

また、2003（平成15）年12月に産業活力再生法による事業再構築計画が認定され、資本等の減少の特例、増資及び合併にかかわる登録免許税の軽減等の支援措置を受けることが決まりました。

2005（平成17）年3月、産業再生機構は再生に成功した明成商会株式をTCSホールディングス㈱に売却し、イグジットしました。

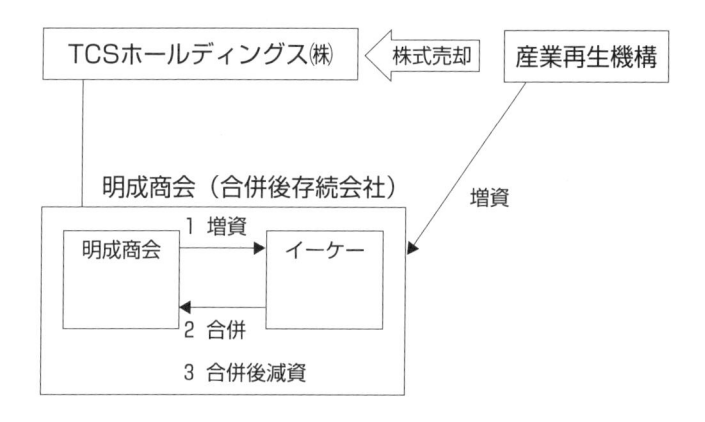

```
┌─────────────────┐  株式売却  ┌──────────┐
│ TCSホールディングス㈱ │<═══════│ 産業再生機構 │
└─────────────────┘          └──────────┘
                                      │
  明成商会（合併後存続会社）           │ 増資
  ┌──────┐  1 増資  ┌──────┐       │
  │明成商会│─────────>│イーケー│<──────┘
  │      │<─────────│      │
  └──────┘  2 合併  └──────┘
        3 合併後減資
```

※6 参考：産業再生機構のホームページ掲載資料、TCSホールディングス㈱のホームページ掲載資料

第2章　経営再建計画の立案とモニタリング

Ⅰ　現状分析

1　現状分析の目的

　経営再建計画を立案するに当たり、まず現状分析が必要となります。現状分析の目的は、会社の実態を把握し、再建計画の基礎とすることです。

　この場合、最も重要なのはビジネスの実態を把握することです。ビジネスの実態は最終的にはキャッシュフローの獲得能力という形に集約して把握します。ビジネスの実態を把握するということを端的にいえば、会社のビジネスは収益・キャッシュフローをもたらすものであるかを把握するということです。

　また、財政状態の実態把握も必要です。財政状態は最終的には貸借対照表、債務返済計画表という形に集約して把握します。ビジネスがいくら儲かっていても、その水準に不相応なほどの借入金等の債務を抱えている場合、これの適正化ができなければその企業はどこかで破綻せざるを得ません。財政状態の実態を把握するということの本質は、この相対関係を把握するということです。

　上記の他、経営再建にあたり、障害となる事項を把握することも重要です。実務上は、経営再建計画の骨子案を固める段階で、その実行に当たり、障害となる事項を把握することになります。

　具体的な手順としては次のようになります。

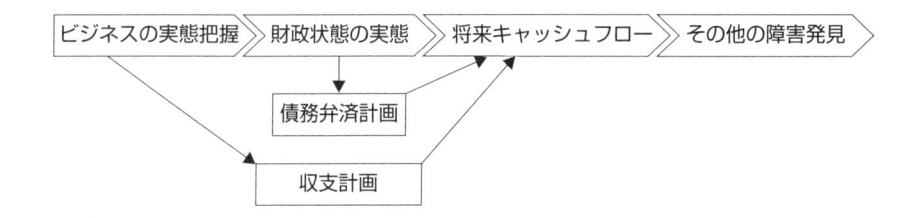

```
ビジネスの実態把握 → 財政状態の実態 → 将来キャッシュフロー → その他の障害発見
                          ↓              ↑
                       債務弁済計画
                          ↓              ↑
                        収支計画
```

上記の各フェーズの具体的な分析手法は後述することとして、以下に、それぞれの目的と留意点を記述することとします。

(1) ビジネスの実態把握

ビジネスの実態把握は再建見込みの有無を見極めること、再建見込みがある場合、将来どれほどの営業キャッシュフローが見込めるのかを把握することが目的です。再建見込みの有無を見極めるためには、経営悪化原因をできる限り詳細に把握分析することが重要です。経営悪化原因を把握して、それが治癒可能であれば、再建の見込みがあると考えてよいでしょう。

ただ、将来の営業キャッシュフローを予想することは非常に困難です。そもそも、将来のことを正確に予想することは不可能であるという点を踏まえた上で、できる限り客観的なデータに基づいた、合理的な予想をすべきものであるということに留意が必要です。

(2) 財政状態の実態把握

財政状態の実態は将来にわたり、債務弁済がどれほど必要なのか、また、これにあてることができる資産はどれほどあるのかを把握することが大きな目的です。これは、金融機関や機関投資家に対する説明資料として貸借対照表という形でとりまとめる必要があります。

この貸借対照表は清算貸借対照表、公正な会計慣行に基づく貸借対照表、時価ベースによる貸借対照表の3種類が必要とされます。

清算貸借対照表は特に、金融機関等をはじめとする債権者に対して、再建計画が清算価値保証原則に準拠しているということを説明するために必要です。

清算するよりも再建に合意したほうが得であるということの理解を得る必要があるということです。

公正な会計慣行に基づく貸借対照表は、債務超過解消時期を計画という形で示すために、金融機関向けの再建計画に特に必要とされます。

時価ベースによる貸借対照表は、各事業の投下資本効率を評価し、事業外資産の売却による回収可能額や、金融機関の保全状況を把握する等のために必要となります。ここで用いられる時価は回収見込み額や再調達価額となります。

(3) 将来のキャッシュフローの見積り

将来のキャッシュフローは、ビジネスの実態や財政状態の実態を把握した結果を統合して営業活動からのキャッシュフローや物件売却によるキャッシュフローを原資として債務の弁済がどれぐらい進むのかを示した数値計画という形でとりまとめられます。

将来の予想から不確実性を排除することは不可能ですが、できる限り客観的なデータによって裏付けられたものとすべきです。場合によっては数通りのシナリオを設け、計画に幅を持たせることも必要となります。

(4) その他経営再建上、障害となる事項の発見

経営再建計画では不採算事業からの撤退や大幅なリストラの断行など、会社が経験したことのない大きな再建策が盛り込まれることがあります。このような再建策を実施するにあたり、障害となる事項を事前に発見し、対応策を検討しておくことが必要となります。

実務では、ビジネスや法務面から問題が発見されることが多いことに留意が必要です。

2　具体的な分析手法

(1) ビジネスの実態把握（ビジネスデューデリジェンス）

ビジネスデューデリジェンスの手法は、今後も絶えず進歩していくものと思われますが、現在の実務では以下の手法が採られることが多いと思われます。

① 市場分析

まず、会社のビジネスに関する市場分析を実施します。市場分析に用いるデータは、市場調査会社が発行している書籍や官公庁・業界団体の公表資料等から入手する方法があります。会社のビジネスに係る市場の動向を把握し、将来予測において考慮する必要があります。

② 時系列分析

時系列分析は会社のビジネスに関連する様々なデータを時系列に分析し、過去から現在に至る傾向を把握する手法です。時系列分析からは将来の予想に重要な情報が得られます。

将来は過去から現在に至る傾向の延長であり、連続性を持っているものであるからです。特に過去からの傾向とは異なる流れで将来を予想する場合、客観的なデータに基づいた合理的な根拠が必要となります。

③ 部門別（事業所別・製品別）分析

部門別（事業所別・製品別）分析は主として損益にかかわる財務データをより細分化するという形で実施されることが多いと思われます。ただし、財務データを細分化できない場合には、営業管理データを用いることもあります（財務データとの整合性に特段の問題がない場合に限る）。

この分析の結果、細分化した各ビジネス単位（事業単位、製品単位等）の収益力が把握できるため、ビジネスポートフォリオの再構築のための有用な情報が得られます。

④ ベンチマーク比較分析

ベンチマーク比較分析は主として対象会社の財務データ、財務指標を同業他社の財務データ等と比較することによって行われます。この分析の結果、対象会社の強み・弱みを把握することができます。

ただ、実務上、実施しているビジネスモデルが多少異なる等の理由により、同条件で比較できる同業他社のデータが得られず、分析結果は参考程度にしか利用できないという場合も多くあります。

⑤ SWOT分析

ビジネスの実態について様々な手法で分析した結果をSWOT分析の形でと

りまとめます。SWOT分析とは企業の強み（Strength）、弱み（Weakness）、機会（Opportunity）、脅威（Threat）を把握することです。企業をとりまく外部環境・競合企業を分析して機会と脅威を把握し、企業の自社環境・競合企業を分析して強みと弱みを把握してとりまとめます。

　この形でとりまとめた後、強みを伸ばし、弱みを克服し、機会をつかみ、脅威を回避するといった観点から対策を検討することにより、再建計画の骨格である経営改善施策を検討します。

⑥　KPI分析

　会社のKPI分析（重要業績評価指標Key Performance Indicator）は、会社にとっての重要な業績評価指標を把握することです。KPIの例としては、マーケットシェア、1人当たり売上高、売上総利益率及び営業利益率、顧客満足度等様々なものがあります。KPIはマネジメントが重要と考えている経営指標であり、その把握はマネジメントインタビューや事業モデルの分析によって行います。

　KPIを把握することにより、KPIをベースに将来計画を作成することができます。例えば、不動産賃貸業であれば、KPIを入居率及び平均賃料として把握し、過去の入居率及び平均賃料の状況から、将来の入居率及び平均賃料を予想し、将来計画の売上高とすることができます。

　また、同業他社のKPIとの比較分析をすることにより、会社の強み・弱みを把握することもKPI分析の有効な活用方法です。

(2)　**財政状態の実態把握（財務デューデリジェンス）**

①　**資産・負債の状況**

　資産、負債のデューデリジェンスは関係者への質問、帳簿間突合、証憑突合、勘定内容分析等により、貸借対照表科目を対象として実施されます。資産については実在性と価額の妥当性、負債については網羅性と価額の妥当性の観点を中心に調査を実施し、最終的には修正貸借対照表という形にまとめて把握します。

(3) その他再建上、重要な障害となる事項の発見（法務デューデリジェンス・税務デューデリジェンス）

① 法務デューデリジェンス

法務デューデリジェンスでは、ビジネスの根幹となる重要な取引契約書や権利の法的保全状況を中心に、法務上の問題事項の有無を関係者への質問や関係書類の閲覧により把握します。

② 税務デューデリジェンス

税務デューデリジェンスは、過去の税務申告不備による重要な税務否認の発生可能性や、計画上で予定されている重要な取引にともなう税務リスクの所在を中心に、関係者への質問や関連税務決算資料を通査することにより把握します。

II 経営再建計画策定のフレームワーク

1 キャッシュフローの重要性

　企業の再建計画の立案においては、その企業が将来的にどのくらいのキャッシュフローを生み出すことができるか、という点が1番のポイントとなります。逆のいい方をすると、キャッシュフローを生み出すことのできない企業は再生することはできません。私的な方法にせよ、法的な方法にせよ、整理（清算）することになります。

　将来生み出されるキャッシュフローには、資産売却等によるものも含まれますが、1番大きな源泉となるのは企業が毎年生み出す営業キャッシュフローです。したがって、この営業キャッシュフローを合理的に見積もれる方法で、いかに最大化することができるか、という点が再建計画策定の大きなポイントです。

　非常に大雑把ないい方をすると、再建計画とは合理的な方法で最大化された将来キャッシュフローの額に合わせて、企業の財務状態をリバランスすることです。決して、債権放棄やDES（債務の株式化）が先にあるわけではありません。まず、債務者である企業が自助努力によってキャッシュフローを最大化することが求められます。

　さらに、経営者がその経営責任について一定の責任をとった上で、はじめてステークホルダーである株主や債権者に負担を求めることができます。この順番を間違うと、株主・債権者の理解・協力が得られず、有効な再建計画を策定することが難しくなります。

経営計画策定の流れ

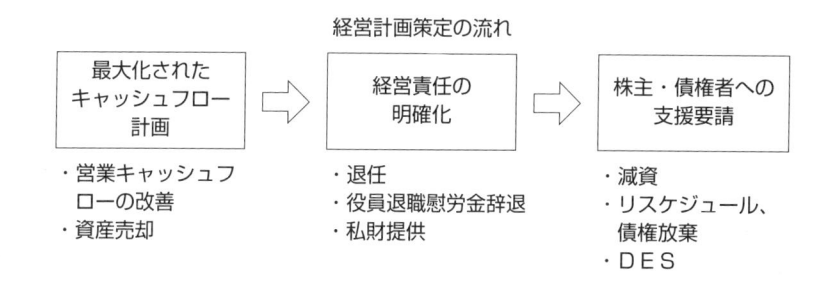

```
┌──────────────┐     ┌──────────────┐     ┌──────────────┐
│ 最大化された  │  ⇒  │  経営責任の   │  ⇒  │株主・債権者への│
│ キャッシュフロー│     │   明確化     │     │  支援要請    │
│    計画      │     │              │     │              │
└──────────────┘     └──────────────┘     └──────────────┘
・営業キャッシュフ     ・退任                ・減資
 ローの改善          ・役員退職慰労金辞退    ・リスケジュール、
・資産売却           ・私財提供               債権放棄
                                           ・DES
```

2 再建計画の検討手順

再建計画の具体的な検討手順はおおむね下記のとおりです。

まず、現状分析(デューデリジェンス)による結果を基に、自助努力による自主再建計画を検討します。自助努力だけではキャッシュフローが不足する場合には、金融機関に金利減免やリスケジュールを要請することを前提に再検討してみます。

これで、残存有利子負債を返済できるだけのキャッシュフローが生み出せればよいのですが、難しい場合にはバランスシートをリバランスするために、債権放棄やDESを含めた検討に入ります。

また、再建計画の確実性を担保するためと信用補完をするために、スポンサー導入の要否も検討します。

これらの検討結果を踏まえて、財務面からのスキームを固めた上で、経営責任や株主責任、新体制での運営体制といった再建計画遂行面での検討を行います。

最後に、具体的なスキームの選択、スケジュール化の作業を行います。強調しておきたいのは、私的整理か、法的整理化という話が最初にあるのではなく、企業再建に必要な要件を検討した上で、それらを実行するのに最も適した手法を選択するという点です。

再建計画の検討手順

	検討手順	内容
1	現状分析	企業の実態把握、短期的な資金繰りの確認
2	自助努力による再建計画	コストダウン、資産売却、不採算事業の撤退等
3	金融機関の支援策の検討	金利減免・リスケジュールで十分か、債権放棄が必要か
4	スポンサーの要否の検討	経営者の経営能力、市場における信用力に関する検討
5	金融支援内容の検討	支援金額の検討 会社側の必要額と金融機関の許容額との調整 税務対策（特に私的整理の場合）
6	資本政策の必要性の検討	DESや第三者割当増資に関する検討
7	経営責任・株主責任、運営体制	経営陣の経営責任、株主責任、新体制での運営体制に関する検討
8	具体的なスキーム、スケジュールの検討	経営状況、ステークホルダーとの調整状況、決算期とのタイミング等を勘案しながら検討

3 再建計画の具体的施策

企業の再建計画に織り込まれる具体的な施策を整理すると、

① 損益計算書（収益力向上）を通じて貸借対照表（財政状態）及びキャッシュフローを改善する。
② 貸借対照表を直接改善する。
③ キャッシュフローを直接改善する。

という3つに分類できます。

再建計画の具体的施策

	分類	具体的な施策例
①	損益計算書を通じて貸借対照表及びキャッシュフローを改善	・賃金カット、経費節減 ・取引先の絞込みによる取引条件変更 ・不採算事業の撤退による損益改善 ・金利減免
②	貸借対照表を直接改善	・債権放棄 ・DES ・増資、減資 ・資産売却
③	キャッシュフローを直接改善	・リスケジュール

損益計算書を通じて行う改善施策は、金利減免を除き債務者である企業が主体的に実行しなければならないものです。まず、検討すべきはコスト削減と不採算事業の撤退です。新たな視点からリストラ策を考えるために外部コンサルタントを導入するのも1つの方法です。また、売上増による収益改善については合理的にその効果が見積もれるものであれば再建計画に織り込んで構わないのですが、売上高は企業だけの努力で達成されるものではないため、一般的には保守的に考えるケースが多いと思われます。

　貸借対照表を直接改善する施策は、資産売却を除き株主・債権者によって実行されるものです。ここでポイントとなるのは債権者の経済合理性の問題です。債権者が支援を行う前提として、何らかの形で企業を再生した方が、企業が破産状態に陥るよりは債権の回収が多く見込めるということがあります。

　したがって、債権者の支援額が担保による保全額（＝換金価値）を上回る場合には、債権者は担保処分による回収を行った方が、経済合理性があるため支援には同意しません。企業にとっては、2次破綻を防ぐ意味からも債権者からの支援額は大きい方が望ましいのですが、彼らにも支援に同意するだけの経済合理性が必要ですので、一方的に企業側の論理だけでは再建策を策定することはできません。

　最後のキャッシュフローを直接改善する施策としては、リスケジュールにより返済期間を延期して毎月の返済金額を低減させる、といったことが考えられます。

4　再生手法

　企業の再生手法については、次章以下で詳しく説明することにしますが、企業の置かれている状態により下記のように分類することができます。

　まず、一般的には企業は私的整理による再建を模索するはずです。私的整理であれば、いわゆる「倒産」というレッテルを貼られずにすみ、信用力、ひいては営業基盤を維持することが容易だからです。

　しかしながら、私的整理には、法的な強制力がないため再生手法に係るルールが少なく、メインバンクが指導力を発揮しないと債権者間の調整が難航する

傾向にあるという問題があります。

　再建計画の手法には、下記の手法等がありますが、どの手法をベースとして考えていくかを検討するためにも、対象企業のデューデリジェンスは不可欠です。その結果を踏まえて、対象企業の再建に必要な要件を検討した上で、具体的な手法を選択していくことになります。

再建計画手法の分類

	分　類	内　容
①	自主再建型	企業自らのリストラ努力により再建し、債務の弁済条件は変更しない。
②	金融支援型1	金融機関の金利減免・リスケジュールを受ける。
③	金融支援型2	金融機関の債権放棄・DESを受ける。 金融支援型1に債権放棄、DES等の直接的なバランスシート改善策を組合わせた支援。
④	スポンサー導入自主再建型	スポンサーの支援・指導により自主再建する。
⑤	スポンサー導入金融支援型1	スポンサーの支援・指導を受けると同時に、金融機関の金利減免・リスケジュールを受ける。
⑥	スポンサー導入金融支援型2	スポンサーの支援・指導を受けると同時に、金融機関の債権放棄・DESを受ける。
⑦	法的整理型	民事再生法、会社更生法による法的手続に従い再建を目指す。スポンサー導入がある場合もない場合もある。

Ⅲ 自主再建計画策定手順

1 現状分析

　再建計画の立案に当たり、まず検討すべきは営業キャッシュフローの改善、すなわち事業そのものの収益力の改善です。

　この検討を行う際には、部門、製品、地域といった管理単位にブレークダウンして検討を行うことが重要です。会社全体の損益計算書からではわからなかった、対象企業のビジネスの実態が把握できるからです。

　管理単位別損益にブレークダウンした後に、時系列分析とベンチマーク比較により問題点を抽出する作業を行います。ベンチマークとしては、同業他社の中で比較的優良な経営成績を残している企業を採用することもありますし、官公庁や業界団体が公表している経営指標等を用いることもあります。

　例えば、小売業の場合、ベンチマークとして採用すべき経営指標としては下記のものが考えられます。

　ベンチマークの中には、会社トータルでしか算定できないものもありますが、可能な限り管理単位別に算定することが望まれます。特に、生産性に関するベンチマークと、経常利益率（営業利益率で代用も可）、粗利益率、販管費率、人件費率、限界利益率くらいは、管理単位別に把握しておかないと問題点を抽出する際に支障をきたすことも考えられます。

　次ページのような定量的な分析に加えて、SWOT分析等により対象企業の定性的な情報もつかんでおく必要があります。時系列分析やベンチマーク比較等の定量的な分析では、過去から現在までの経営状態を把握することはできますが、将来のキャッシュフローを見積もるためには情報が不足している可能性があるからです。

　具体的には、マーケットの将来性や、対象企業（事業）のノウハウの蓄積、同業他社に対する競争優位性（強み、弱み）といった情報です。これらは、経

ベンチマークの例

		ベンチマーク	計算式（例）
生産性	1	単位面積当り生産高	生産高/売場面積
	2	1人当たり生産性	生産高/従業員数
	3	歩留まり率	歩留額/生産高
収益性	4	総資本経常利益率	経常利益率×総資本回転率
	5	経常利益率	経常利益/売上高
	6	総資本回転率	売上高/総資本
	7	粗利益率	粗利益/売上高
	8	販管費率	販管費/売上高
	9	人件費率	人件費/売上高
	10	限界利益率	（粗利益－変動費）/売上高
安全性	11	自己資本比率	自己資本/総資本
	12	流動比率	流動資産/流動負債
成長性	13	売上高伸長率	今期売上高/前期売上高
その他	14	EBITDA	営業利益＋減価償却費で代用
	15	有利子負債/EBITDA倍率	有利子負債/EBITDA

営幹部や従業員に対するヒアリングを基に、業界情報等を加味して総合的に判断するしかありません。

2　問題点の抽出と対応策の検討

上記の現状分析を基に問題点を抽出していきますが、右記のような部門別の調査シートを作成しておくと、問題点が整理できてその後の検討に有用かと思われます。

2 経営再建計画の立案とモニタリング

部門別調査シート（例）

【A部門】

定性的分析資料

	内部環境	外部環境
プラス	S 強み	O 機会
マイナス	W 弱み	T 脅威

■問題点
■・・・・・・
■・・・・・・

定量的分析資料

- 時系列損益表
- ベンチマーク比較表
- その他定量的データ（要員数、商圏データ、競合店データ等）

部門別分析シート　　F/S（財務諸表）

事業評価マトリクス

市場の魅力度（縦軸）／現在の収益性（横軸）

B 将来期待事業	A コア事業
D 撤退検討事業	C 投下資本回収事業

経営効率マトリクス

総資本回転率（縦軸）／経常利益率（横軸）

B 低収益事業	A 高効率事業
D 低効率事業	C 資本過大事業

以上のような問題認識を持ったうえで、各部門（事業）における具体的な実行策の検討を行います。再建策を検討する際は、いきなり各部門（事業）の詳細な話に踏み込んでしまうと、「木を見て森を見ず」のような形になり、細かい話を色々した割には有効な結論が導き出せないということがよくあるので注意が必要です。

　具体的な対応策の実施の順番についても似たようなことがいえます。企業再建策は、通常の年次計画を策定するのとは基本的に異なる視点が必要になります。まず、事業構造や経営資源の再配分等のビジネスモデルを変更することを考えなければなりません。いい換えると、自分達が再建計画を達成した後のビジネスの姿のしっかりとしたイメージを持つ、ということになります。その目標のために、人員削減やベンチマーク等を参考にした個別経費の削減を実施するという順番になります。

　この順番を逆にすると、少ない経営資源がさらに分散し、また、従業員のモラル低下を引き起こし、そのことがさらなる業績低下を招くという最悪の負の連鎖を生むことになります。

対応策の検討手順

```
┌─────────────────────────┐
│ 再建後のビジネスモデルを想定 │
└─────────────────────────┘
             ↓
┌─────────────────────────┐
│ ビジネスモデルに不要な事業・資産を処分 │
└─────────────────────────┘
             ↓
┌─────────────────────────┐
│ 時系列分析やベンチマーク比較に基づき │
│ 各部門・事業の経営効率の改善      │
└─────────────────────────┘
```

《具体的な対応策の例》
・事業撤退、M＆A
・資産売却（不動産、有価証券等）
・営業収支　自社もしくは他社の成功事例の導入
　　　　　　市場・顧客調査の実施
　　　　　　取引先の絞込みによる仕入条件改善
・人件費　ベンチマークまで要員削減
・諸経費　ベンチマークまで削減

3 再建計画の策定

前節で検討した対応策を織り込んで自主再建計画を策定していくことになります。再建計画は金融機関を中心とする債権者に、合理的な計画であると認識してもらい、継続的な協力を取り付けることができなければ意味がありません。再建計画は、一般的には以下の点を満たす必要があると考えられています。

(1) 有利子負債の返済年限

業種にもよりますが、一般的には10年程度以内で返済する必要があります。

フリーキャッシュフロー（FCF）＝営業CF－設備投資額－税金

（有利子負債－運転資金）÷FCF＜10

(2) 実質債務超過の解消年限

一般的には数年内に解消する必要があると考えられます。また、中小企業の場合、実質債務超過解消年数がより長期でも容認されることもあります（金融検査マニュアル別冊【中小企業融資編】平成20年11月事例23参照）。

(3) 単年度経常利益

早急な黒字化（遅くとも翌年度）が必要であると考えられます。

自ら実行可能な対応策を織り込んだ再建計画が上記の条件を満たしていれば問題ありませんが、どうしても難しい場合には、金融機関支援を織り込んだ再建策の検討へ移行しなければなりません。

具体的な再建計画案の策定方法ですが、おそらく何回となくシミュレーションを繰り返すことになりますので、エクセルのような表計算ソフトを使用して作成するのが一般的だと思います。その際には、損益計算書、貸借対照表、キャッシュフロー表の他に、タックスプランニング表は別途作成しておいた方がいいでしょう。

特に、私的整理の場合にはタックスプランニングは再建計画の中で大変重要な位置を占めることになります。青色欠損金をうまく活用し、資産売却のタイ

ミングをうまく調整することで節税を図り、有利子負債返済への充当金額を増加させることで、返済期間を短縮することが可能だからです。

また、少々細かい話になりますが、下記のように損益計算書、貸借対照表、キャッシュフロー表、タックスプランニング表は非常に複雑な相関関係になっています。したがって、エクセルで作表すると「循環参照」になってしまい計算できなくなります。その際には、エクセルの〔【ツール】―【オプション】―【計算方法】〕で反復計算を実施して数値が動かなくなるまで再計算させます。おそらく、相関関係を厳密にトレースして各計算書に反映させるのは手計算では不可能だと思われます。

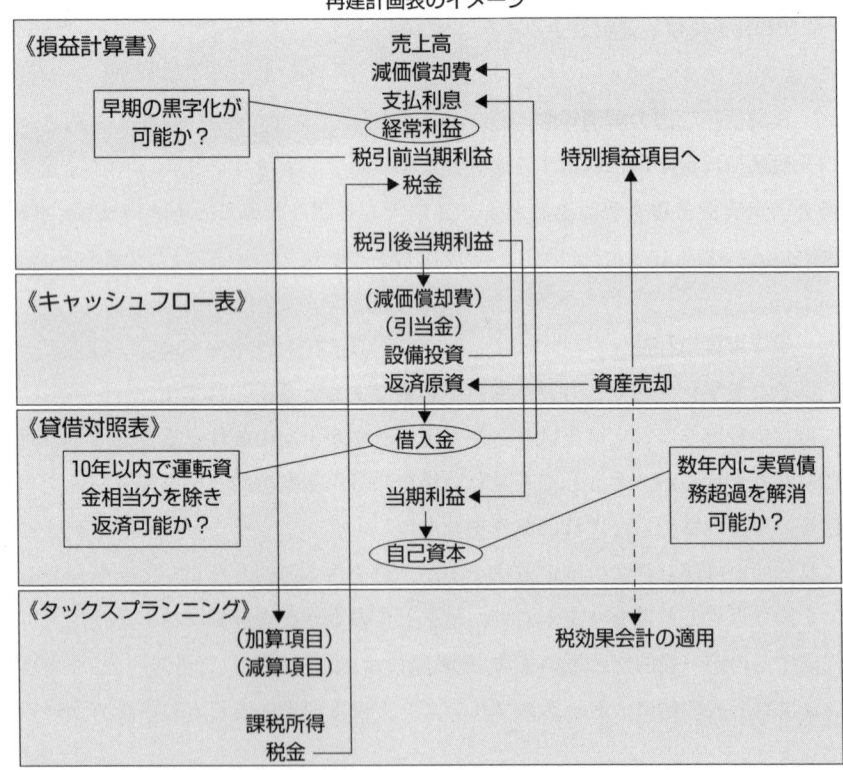

再建計画表のイメージ

《損益計算書》
売上高
減価償却費
支払利息
経常利益
税引前当期利益
税金
税引後当期利益
特別損益項目へ

早期の黒字化が可能か？

《キャッシュフロー表》
(減価償却費)
(引当金)
設備投資
返済原資
資産売却

《貸借対照表》
借入金
当期利益
自己資本

10年以内で運転資金相当分を除き返済可能か？

数年内に実質債務超過を解消可能か？

《タックスプランニング》
(加算項目)
(減算項目)
課税所得
税金

税効果会計の適用

IV 金融機関支援を前提とした再建計画策定の手順

1 策定手順

　金融機関から何らかの支援を受けるといっても、企業の自助努力は当然求められますので、自主再建計画で検討した事項は基本的にすべて計画に織り込むことになります。

　金融機関からの支援の検討手順は、まず、リスケジュールや金利減免によりキャッシュフローの検討を行い、それだけでは不十分な場合には債権放棄、デット・エクイティ・スワップ（DES）等によるバランスシートの直接的なリバランスを図り、企業を再生します。

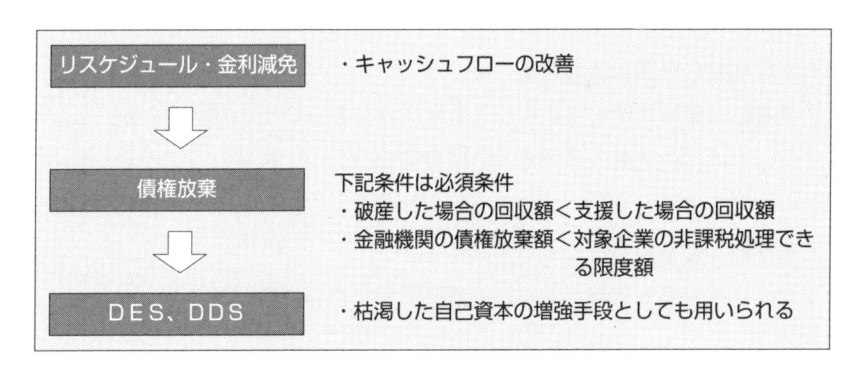

リスケジュール・金利減免	・キャッシュフローの改善
債権放棄	下記条件は必須条件 ・破産した場合の回収額＜支援した場合の回収額 ・金融機関の債権放棄額＜対象企業の非課税処理できる限度額
DES、DDS	・枯渇した自己資本の増強手段としても用いられる

2 リスケジュール、金利減免

　自ら実行可能な対応策を織り込んだ自主再建計画では、①有利子負債の返済年限、②実質債務超過の解消、③単年度収支の黒字化の3つの条件を満たすことができなかった場合、金融機関への支援要請を検討しなければなりません。

　その際、まず検討すべき対策が、リスケジュールと金利減免です。リスケジュールとは、当初約定返済期間を、毎年の返済額を企業の返済原資に合わせ

る形で返済期間を延ばすことをいいます。金利減免も当初約定金利から利率を下げて、金融機関が利息ではなく元本返済の形でキャッシュを受け取るようにして企業の借入金返済を促進させることです。

いずれも、金融機関にとっては条件変更（悪化）になるのですが、後述する債権放棄やDESよりは負担感が小さいため、支援策の１つとしてよく行われています。

しかしながら、再建策そのものが中途半端な形になることも考えられるため、追加支援といった事態を避けるためにも再建策が抜本的な対策になっているかどうかを十分に吟味する必要があります。

3　債権放棄、デット・エクイティ・スワップ（DES）

リスケジュール・金利減免といった金融機関支援によるキャッシュフローの改善策を考慮しても、合理的な再建計画の立案が難しい場合には、債権放棄もしくはデット・エクイティ・スワップ（DES）によりバランスシートを直接的に調整するしか対応策はありません。

具体的に、金融機関に要請すべき債権放棄金額をいくらにすべきか、という点については、企業側の必要額と金融機関側の体力との兼ね合いから、双方で協議の結果、妥協点を見つけ出すしかありませんが、少なくとも以下の点はクリアしておく必要があると考えられます。

なお、債権放棄（債務免除益）と課税関係については、第７章を参照してください。

① 金融機関にとって経済合理性があること……企業が破産した場合より債権回収金額が多いと推定されること
② 企業に債務免除による課税所得が発生しないこと……企業が債務免除による納税を行うような状態までの債権放棄は過剰支援と見なされる可能性が高いため、以下のような条件を満たす必要があります。

　　金融機関の債権放棄額≦会社の非課税処理できる限度額

したがって、抜本的な債務の圧縮を行うためには、「損出し（実現損）」が必

要となる場合があり、この場合自己資本の回復の程度と合わせて検討し、バランスをとっていく必要があります。

次に、いうまでもなくDESは、債権者サイドから見ると、債務を株式化することにより企業再建後のキャピタルゲインによる貸倒損失のリカバリーと、再建過程における株主としての経営監視強化を目的とするものです。

しかしながら、現実的には上記の債権放棄の条件から検討して、企業が必要とする債権放棄額を金融機関が実施できない場合、不足額をDESで対応するというケースが多いようです。

DESの詳細については、第5章を参照してください。

V スポンサー

自主再建にせよ、金融機関支援による再建にせよ、スポンサーによる支援が必要か否か、という点も企業の再建計画を検討する上では重要なポイントになります。

スポンサーに期待される役割としては、およそ以下の点が考えられます。
① 事業面での支援（共同商品開発、販売サポート、取引先紹介等）
② 人的支援（経営陣の派遣等）
③ 資金的支援（出資等）
④ 信用補完

したがって、上記のような点で、自社だけでは再建を軌道に載せるのに不安がある場合には、スポンサーの支援を検討しなければなりません。

VI 株主責任、経営責任

債権放棄を前提とした再建計画の場合、株主責任や経営責任の問題は避けて通れません。原則として経営陣は退任、支配株主の権利は消滅、一般株主についてはシェア減少が求められると考えておく必要があります。この考え方は私的整理ガイドラインにおいて明文化されています。

債権放棄をともなわない再建計画の場合、実務上の取扱いにはかなりバラツキがあるようですが、一般的には経営陣については役員退職慰労金の放棄や報酬カットが行われる事例が多いと思われます。

Ⅶ モニタリング

　再建計画の実施過程において、その履行状況のモニタリング体制を整備運用することの重要性は非常に高いと考えられます。再建計画の履行状況を定期的に支援金融機関に対して説明することが、この計画に合意するにあたっての支援金融機関の条件となっていることが通常ですので、その条件を履行するために否応なしという面もありますが、これが重要であるということの本質的な意味は以下のように思われます。

　すなわち、厳密に現状を分析し、将来の市場予測等も吟味して合理的な再建計画を策定しても、それは、計画策定時点において合理的であったものに過ぎず、時が経過すれば、企業をとりまく環境も複雑に変化します。計画策定時点においてその変わり方まで正確に予想することは事実上不可能です。

　再建計画を策定した時点から期間が経過すればするほど、計画と実績が乖離するのはやむを得ないところです。計画と実績の乖離を把握し、その原因を綿密に分析すること（モニタリング）により、定期的に自社と自社をとりまく環境の実態をきっちりと把握し直し、環境の変化を正確に察知して、これに適応した新たな施策を講じることにより、結果として計画の下ぶれを最小化することができます。

　このことからすれば、計画上の数値について実績との乖離事由を、再建計画の前提とした市場予想等の諸データにまで細分化して分析することを念頭において、モニタリング用データの処理方法を設計しておく必要があります。

第3章 企業再生における私的整理

Ⅰ 倒産処理手法の分類

1 清算型処理と再建型処理

　事実上の倒産状態に陥った会社の処理手法（以下倒産処理手法と略します）は、当該企業を最終的に清算するのか、それとも再建するのかによって、大きく清算型処理と再建型処理とに分類できます。

　清算型処理とは、企業が営んでいた事業を廃業し、企業が所有している財産を債権者もしくは株主に対して、一定のルールに基づいて分配することにより、企業そのものを消滅させる手続をいいます。

　再建型処理とは、債務者である企業と債権者との利害関係を調整しつつ、将来キャッシュフローを生むと予測される事業を存続させることにより、再建期間全体で単純な清算の場合よりも、より多くの債権の回収を図ろうとする手続のことをいいます。

2 法的整理と私的整理

　倒産処理を法律（倒産法）にのっとって行う手法を法的整理、倒産法の申請を行わずに、つまり裁判所を通さずに処理を行う手法を私的整理といいます。

　法的整理の根拠法令には、破産法・会社更生法・民事再生法・会社法（特別

清算）があります。このうち、破産法と会社法（特別清算）は清算型処理を行うための法律であり、会社更生法及び民事再生法は再建型処理を行うための法律です。

　一方で、私的整理とは、債務者である企業が主要債権者と協議の上、債務整理を行う手法です。したがって、その合意内容はすべての債権者には及ばず、あくまでも合意した債権者のみに効力が及びます。そのため、法的整理の場合と異なり、主要債権者である金融機関だけに債権放棄等の支援を要請し、他の一般債権者の債権をカットしないようにすることが可能になります。なお、私的整理は、清算型処理にも、再建型処理にも適用可能と考えられます。

　また、特定調停法という手法も倒産処理に適用できると考えられます。この手法は法的には民事調停の特例として位置付けられており、裁判所は手続に関与しますが、あくまでも調停者としての役割を果たすというものです。その意味で、純粋な私的整理と法的整理との中間的な位置付けにあるといってもよいでしょう。2004年2月には、大阪市の第3セクター3社（アジア太平洋トレードセンター、大阪ワールドトレードセンター、湊町開発センター）が申請していた特定調停が、大阪市と金融機関が債権放棄等により約139,000百万円の金融支援を行うという内容で成立しています。

倒産処理手法の分類

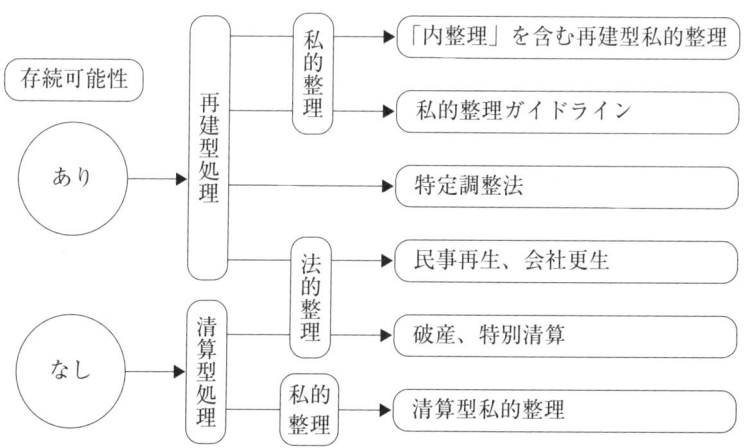

存続可能性	処理類型	整理類型	手法
あり	再建型処理	私的整理	「内整理」を含む再建型私的整理
			私的整理ガイドライン
			特定調停法
		法的整理	民事再生、会社更生
なし	清算型処理		破産、特別清算
		私的整理	清算型私的整理

II 私的整理の特徴

1 私的整理とは

　前述したように私的整理とは、いわゆる法的手続に拠らず、当事者間、すなわち債務者と債権者との間で合意の上行われる倒産処理の総称です。

　一般的に、企業が倒産状態もしくはそれに近い状態に陥った場合、経営者は大口取引先や主要金融機関に手形のジャンプや借入金の弁済期限延期を依頼して、とにかく手形の不渡を避けようとします。このように債務者と一部の大口債権者がいわば秘密裏に協議して、資金繰りの破綻を回避しつつ企業の建て直しを図ろうとする手法を「内整理」と呼ぶことがあります。この「内整理」も広義の私的整理の一部ということができるでしょう。

　しかし、どのくらいの件数の私的整理が行われているのかということになると、上記の「内整理」はもちろんのこと、実態がよくわからないというのが正直なところです（全倒産件数から法的処理申請数を差引いたものを私的整理数とする統計もあるようですが、実態を正確に表しているとはいえません）。

　また、私的整理の進め方、つまり合意形成の過程についても、これまでの慣習によるセオリー的なものはありましたが、実態としては個々の事案に即して個別対応といった感が否めませんでした。

　このようなことから、私的整理すなわち金融機関の債権放棄というと、大企業優遇の借金棒引きとか、経営者のモラルハザードとか、なんとなく公平性・透明性に欠ける胡散臭いやり方という印象が拭えませんでした。また、このようなムードに拍車をかけたのが、過去金融機関が債権放棄を行ったにも関わらず、結局法的整理（＝倒産）せざるを得なくなった企業が続出したことです。

　しかしながら、本当に再建する価値のある企業、つまり現在もしくは将来において収益を生み出すことがかなりの確度で見込まれるが、過去の負の遺産ともいうべき過剰債務により破綻の危機に瀕している企業にとっては、私的整理

清算）があります。このうち、破産法と会社法（特別清算）は清算型処理を行うための法律であり、会社更生法及び民事再生法は再建型処理を行うための法律です。

一方で、私的整理とは、債務者である企業が主要債権者と協議の上、債務整理を行う手法です。したがって、その合意内容はすべての債権者には及ばず、あくまでも合意した債権者のみに効力が及びます。そのため、法的整理の場合と異なり、主要債権者である金融機関だけに債権放棄等の支援を要請し、他の一般債権者の債権をカットしないようにすることが可能になります。なお、私的整理は、清算型処理にも、再建型処理にも適用可能と考えられます。

また、特定調停法という手法も倒産処理に適用できると考えられます。この手法は法的には民事調停の特例として位置付けられており、裁判所は手続に関与しますが、あくまでも調停者としての役割を果たすというものです。その意味で、純粋な私的整理と法的整理との中間的な位置付けにあるといってもよいでしょう。2004年2月には、大阪市の第3セクター3社（アジア太平洋トレードセンター、大阪ワールドトレードセンター、湊町開発センター）が申請していた特定調停が、大阪市と金融機関が債権放棄等により約139,000百万円の金融支援を行うという内容で成立しています。

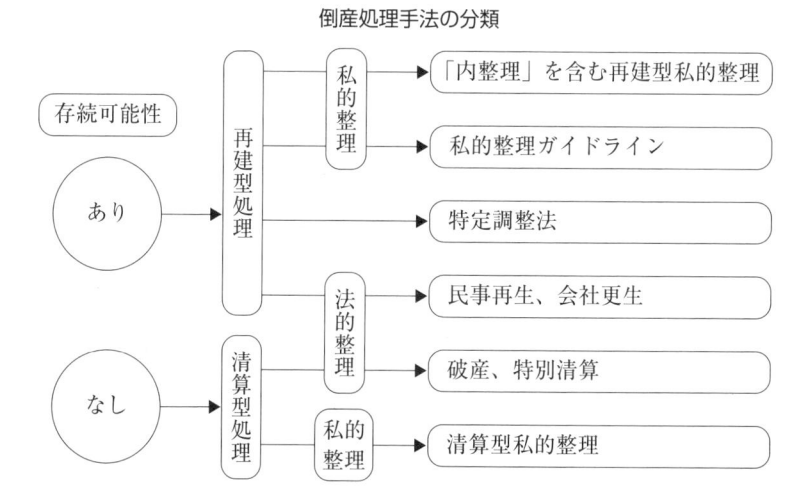

倒産処理手法の分類

存続可能性 あり → 再建型処理 → 私的整理 → 「内整理」を含む再建型私的整理
　　　　　　　　　　　　　　　　　　　 → 私的整理ガイドライン
　　　　　　　　　　　　　　　　　　　 → 特定調整法
　　　　　　　　　　　　　　　 → 法的整理 → 民事再生、会社更生

存続可能性 なし → 清算型処理 → 法的整理 → 破産、特別清算
　　　　　　　　　　　　　　　 → 私的整理 → 清算型私的整理

II 私的整理の特徴

1 私的整理とは

　前述したように私的整理とは、いわゆる法的手続に拠らず、当事者間、すなわち債務者と債権者との間で合意の上行われる倒産処理の総称です。

　一般的に、企業が倒産状態もしくはそれに近い状態に陥った場合、経営者は大口取引先や主要金融機関に手形のジャンプや借入金の弁済期限延期を依頼して、とにかく手形の不渡を避けようとします。このように債務者と一部の大口債権者がいわば秘密裏に協議して、資金繰りの破綻を回避しつつ企業の建て直しを図ろうとする手法を「内整理」と呼ぶことがあります。この「内整理」も広義の私的整理の一部ということができるでしょう。

　しかし、どのくらいの件数の私的整理が行われているのかということになると、上記の「内整理」はもちろんのこと、実態がよくわからないというのが正直なところです（全倒産件数から法的処理申請数を差引いたものを私的整理数とする統計もあるようですが、実態を正確に表しているとはいえません）。

　また、私的整理の進め方、つまり合意形成の過程についても、これまでの慣習によるセオリー的なものはありましたが、実態としては個々の事案に即して個別対応といった感が否めませんでした。

　このようなことから、私的整理すなわち金融機関の債権放棄というと、大企業優遇の借金棒引きとか、経営者のモラルハザードとか、なんとなく公平性・透明性に欠ける胡散臭いやり方という印象が拭えませんでした。また、このようなムードに拍車をかけたのが、過去金融機関が債権放棄を行ったにも関わらず、結局法的整理（＝倒産）せざるを得なくなった企業が続出したことです。

　しかしながら、本当に再建する価値のある企業、つまり現在もしくは将来において収益を生み出すことがかなりの確度で見込まれるが、過去の負の遺産ともいうべき過剰債務により破綻の危機に瀕している企業にとっては、私的整理

という手法はいろいろな意味でメリットがあります。再建を支援する立場の金融機関にとっても同様のことがいえます。また、同時に私的整理のデメリットについても正確に把握した上で、どの倒産処理手法を選択するかを判断しなければなりません。

2　私的整理のメリット、デメリット

(1)　私的整理のメリット

　私的整理のメリットとしては、まず「倒産」というレッテルを張られなくてすむということがあげられます。実質的に法的整理とどこが異なるのかという話はこの際横に置いて、とにかく新聞等で「○○法申請、事実上の倒産」というような書かれ方をされないということです。

　これは、単に体面上の問題ということではなく、極めて実質的な意味を持っているケースがあります。例えば法的整理の申立てを理由に、指名入札参加資格を喪失してしまうケース、仕入業者から仕入れをストップされたり支払条件を現金払に変更されたりするケース、また小売業（特にのれん商売といわれる百貨店等）の場合、一般消費者に不安が広がりブランドイメージが失墜して売上が激減するケースも考えられます。

　このような場合、せっかく企業再建のために法的整理の申請をしても、そのこと自体によって営業基盤が毀損され、債務を整理できたとしても、その後生き残っていく力を喪失してしまっていたということになりかねません。

　また、私的整理のもう1つのメリットとして、債権カットが一律でなくてもよいという点があげられます。あくまでも私的整理の場合は、合意した債権者のみに効力が及びます。したがって、一般的には金融機関と大口債権者で債権カットを行い、企業再建を目指す場合がほとんどと思われますので、零細な取引業者には負担をかけなくてすむことになります。

　現実問題として、企業の経営者が法的整理の申請を躊躇する理由の大きなものに、取引先や下請業者の連鎖倒産ということがあると思われますから、このことは大きな安心材料になるはずです。また、金融機関にとっても連鎖倒産が続出して地域経済にダメージを残すようなことは、できれば避けたいはずです

ので、その意味からも利用価値はあるのではないかと思います。

(2) **私的整理のデメリット**

　私的整理が法的整理の場合と決定的に異なる点として、私的整理には当然ながら法律に基づく弁済禁止等の保全処置はなく、債権者の担保権行使に対する対抗措置も具備されていません。したがって、私的整理の申出には応じず、自己の債権の回収を強行する債権者がいた場合には、私的整理では対抗することができません。

　また、私的整理における再建計画成立には、多数決でなく対象債権者全員の同意が必要なため、強硬に反対する債権者がいた場合には、その意見に引きずられてしまう可能性があるという問題点を指摘しておく必要があります。通常は、このような事態を避けるために、メインバンクが指導力を発揮して債権者をまとめていくことになります。

　また、債権放棄に関する税務上の取扱いも、法的整理の場合と異なり、厳しいものになっています。

　まず、債権者側は、債権放棄による損失は原則として寄付金と見なされ、損金算入はできないと考えておいた方がよいと思われます（法基通9－4－2の適用は難しい）。債務者側も、法人税法59条による繰越欠損金全額までの債務免除益の非課税扱いは難しいと考えられます。この点は、法的整理の場合と根本的に異なりますので、私的整理による再建計画ではタックスプランニングが重要となります。

　なお、後述しますが、私的整理ガイドライン、中小企業再生支援協議会やRCCによる再生スキーム等に基づく場合には、このような原則論とは異なる見解が国税庁より出されています。

　最後に、デメリットではないのですが、私的整理による債務整理が合意されるか否かの大きなポイントとして、債務者と主要債権者である金融機関との関係が重要になりますので簡単に触れておきたいと思います。

　当然のことですが、取引金融機関と敵対的な状況にある中では、建設的な議論により合意を目指すことは非常に難しいと思われますので、私的整理を選択

する余地はあまりないということになります。

　また、繰返しになりますが、取引金融機関が多数ある場合、どうしても金融機関間の利害を調整する必要がでてきます。この役割は、通常メインバンクが担うものですが、メインバンクが不在の場合（銀行シェアが横並びの場合など）とか、メインバンクの力が弱い場合（中下位行に大手都銀がいる場合など）には、そのような役割を担ってもらえませんので、金融機関間の調整が難航することが予想されます。

III 私的整理の事例検証

1 最近の私的整理に関する動向

　バブル崩壊後の金融機関の不良債権処理促進の要請を背景に、企業の私的整理を行うための環境は格段に整備されてきました。

　まず、企業再生支援機関として、公的なものとしては整理回収機構（RCC）・産業再生機構・中小企業再生支援協議会が、新たに設立もしくは機能強化されました（産業再生機構は平成15年の業務開始以来、41件の再生支援を実施し、所定の業務を完了したことから平成19年3月に解散しました）。

　また、民間では、大手銀行や企業再生ファンドに加え、最近は地方銀行もリレーションシップバンキング・地域密着金融を推進する中で事業再生業務に注力してきています。具体的は地域再生ファンドへの出資、事業再生専門部署の設置・増員、外資系金融機関やノンバンク等と合弁もしくは提携等により企業再生支援業務を強化してきています。

近年の企業再生支援体制の事例

- 栃木県信用保証協会、群馬県信用保証協会　代位弁済による求償権返済のための融資に保証供与することで、代位弁済企業の再生を支援。
- 東京信用保証協会　企業再生支援専門部署を増員し、再生支援を強化。
- 静岡中小企業支援ファンド運営会社が再生実務担当者を増員。また静岡県中小企業再生支援協議会も金融機関との交渉担当者を増員。
- 北陸銀行と富山県信用組合が企業再生やM&Aなどで業務提携。
- 東和銀行　取引先の事業再生や経営改善の計画策定などを進める企業支援室の人員を増員し、中小企業の支援体制を強化。
- 大分銀行、十八銀行　事業再生支援で企業再生ファンドと提携。

　また、私的整理にはもともと統一的な手続・基準等は存在せず、そのことが

客観性・必然性・公正性等の観点から問題になることがありました。しかしながら、2001年10月に後述する私的整理ガイドラインが公表され、その考え方を受け継ぐ形で中小企業再生支援協議会の再生スキーム、RCC企業再生スキーム等が公表され、さらには特定調停法や裁判外紛争解決手続の企業再生への適応も行われ、私的整理の手続・基準にも一定の目安のようなものができ上がりつつある状況です。

最近の債権放棄をともなう私的整理の事例を次ページに記載しています。2002年から2003年にかけては、いわゆる不良債権御三家の建設・不動産・流通関連の企業を中心として、債務免除額が1000億円を超える大型案件が多く見受けられましたが、2004年以降は対象範囲が中・小型案件にまで広がってきています。地域金融機関を巻き込んだ地方の中・小型案件は今後も続くものと思われます。

一方で、第3セクターや公社といった公的使命を負った会社を中心として、特定調停による私的整理も行われています。2005年以降、民間の上場企業で特定調停による再生を図った事例も見られますが、うち2件は最終的に不成立に終わっており、必ずしも再生を果たせるわけではない厳しい現実があることも事実です。

2　事例研究

次ページにあるように、私的整理ガイドラインあるいは特定調停により、債権放棄を受けて事業再生を図った企業がいくつか見られました。その中から、中央ビルト工業株式会社（以下、「中央ビルト」）の事例について詳しく見ていきたいと思います。

中央ビルトは、仮設業界のパイオニアとして、仮設機材の販売・賃貸、住宅用鉄骨部材の受託加工、LNGタンカー用船用内足場や大規模仮設構造物の設計・施工等のエンジニアリング商品の提供を行ってきました。しかし業界を取り巻く環境は厳しく、1996年3月期以来、継続して最終赤字を計上していました。その間、中央ビルトは数次にわたって不採算事業の整理や人員合理化等を進め、その成果も上がってきていましたが、すでに財務体質が大きく疲弊して

債権放棄をともなう私的整理事例

(単位：億円)

合意時期	債務者名	債務免除額	主力銀行等	備　考
04/7月	中央ビルト工業㈱	約38	三井住友銀行 三井物産	私的整理ガイドライン
05/1月	東海アルミ箔㈱	約23	横浜銀行	私的整理ガイドライン
05/6月	三井住友建設㈱	約1788	三井住友銀行	私的整理ガイドライン
05/6月	㈱フジタ	約989	三井住友銀行	私的整理ガイドライン
05/6月	クリスタ長堀	約69	民間8行	特定調停
05/9月	旭ヶ丘土地区画整理組合	約80～90	南都銀行、UFJ銀行、奈良中央信用金庫	特定調停
06/1月	㈱サクラダ	約89	みずほ銀行	私的整理ガイドライン
06/4月	マミヤ・オーピー㈱	約59	三菱UFJ信託銀行	特定調停
06/10月	日本橋梁㈱	約44	三菱東京UFJ銀行	私的整理ガイドライン フェニックスキャピタルがスポンサー就任
08/3月	横浜鋼業㈱	約16	三菱東京UFJ銀行 伊藤忠丸紅テクノスチール	私的整理ガイドライン 小野建株式会社傘下入り

おり、過剰債務の解消・資本対策等抜本的な財務体質改善策が必要との判断に至りました。

そこで、同社は2004年6月に私的整理ガイドラインに基づく支援を金融債権者及び主要株主等に要請しました。同社が発表した経営再建計画は、下記のとおりです。

その骨子は、主力銀行及びその他の関係金融機関等から債権放棄を受けると同時に、主要株主である三井物産株式会社からデット・エクイティ・スワップの手法を利用した資本注入を受け入れることにより、財務体質改善策の結果として生じる想定債務超過額（43億5千万円）を解消するというものです。この私的整理は2004年7月に関係者の合意を得て成立に至りました。

3 企業再生における私的整理　175

中央ビルト工業株式会社　再建計画骨子

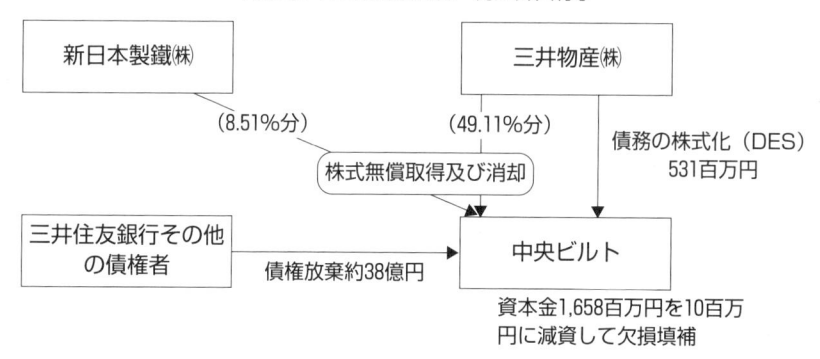

```
新日本製鐵㈱                    三井物産㈱
    │                            │
  (8.51%分)    (49.11%分)      債務の株式化（DES）
    │             │              531百万円
    └──→ 株式無償取得及び消却 ←──┘
                      ↓
三井住友銀行その他              中央ビルト
  の債権者    ── 債権放棄約38億円 →
                          資本金1,658百万円を10百万
                          円に減資して欠損填補
```

経営再建計画の概要

---

① **財務体質策改善により約31億円の損失計上**
- 棚卸資産評価損、遊休固定資産の除却損等
- 賃貸機材の減価償却の見直し
- 公正価値が下落している不動産の評価損
- エンジニアリング部廃止にともなう特別退職金支給等
  ⇒ これにより約43.5億円の債務超過を想定

② **資本対策**
- 無償減資：1,648百万円（欠損填補）
- 主要株主の保有する中央ビルト株式を無償取得し、消却
- 三井物産がDESの手法を利用して第三者割当増資

③ **金融支援**
- 想定債務超過の解消のため、債権放棄（約38億円）

　この財務体質改善策により資産内容が改善され、かつ2004年9月中間期における資本合計は約7億円と資産超過の状態を維持することに成功しています。また経営改革、事業再編、人員削減まで含め、自助努力を中心としたコスト削減・収益改善策を継続することにより、2005年3月期から4期連続して安定的に3億～4億円程度の経常黒字を計上するに至りました。その結果、2008年3月にはシンジケート・ローンを使った資金調達で既存債権者からの借入金を全

中央ビルト業績推移

(単位：百万円)

54期に「私的整理実施」

項目	49期 2000/3	50期 2001/3	51期 2002/3	52期 2003/3	53期 2004/3	54期 2005/3	55期 2006/3	56期 2007/3	57期 2008/3
売上高	13,543	13,916	13,493	11,955	9,476	8,429	8,385	8,322	9,135
営業利益	242	339	375	△672	222	468	540	562	532
経常利益	215	321	175	△890	15	334	445	478	343
当期純利益	△390	△1,089	△122	△1,510	△1,538	1,199	363	447	349
EBITDA	965	965	1,372	99	919	1,071	1,055	1,005	1,031
総資産	18,595	20,711	19,198	15,409	12,493	7,803	7,038	6,918	7,166
純資産額	1,908	1,918	1,768	283	△1,249	485	850	1,289	1,632
有利子負債	11,669	10,975	11,041	12,226	11,310	4,995	4,075	3,346	3,227

※EBITDA＝営業利益＋減価償却費

額返済することにより、5か年再建計画を1年前倒しで終結することとなりました。

　この事案は、債務者企業の自助努力によって事業の建て直しを図るとともに、主要債権者である金融機関、主要株主が金融支援、資本対策を実施することで債務者企業の再建を側面支援し、一般債権者には負担をかけることなく再生を完了することができた好例といえます。

中央ビルト計画実績対比

(単位：百万円)

項目	54期（2005/3）計画	実績	差異	55期（2006/3）計画	実績	差異	56期（2007/3）計画	実績	差異
売上高	8,233	8,429	196	8,324	8,385	61	8,724	8,323	△402
経常利益	315	334	19	342	445	102	441	478	37
借入金残高	4,980	4,995	15	4,280	4,075	△205	3,580	3,346	△234

IV 私的整理ガイドライン

1 ガイドライン公表に至る経緯

2001年4月に政府経済対策閣僚会議が発表した緊急経済対策において、「金融機関の不良債権問題と企業の過剰債務問題の一体的解決」が喫緊の課題であるとの認識の基に、「経営困難企業の再建及びそれにともなう債権放棄に関する原則の確立」が要請されました。

私的整理ガイドラインは、このような動きを背景として、金融界及び産業界の代表、弁護士、公認会計士、金融アナリスト、学者等の学識経験者を委員とし、財務省、金融庁、経済産業省、国土交通省、日本銀行、預金保険機構の担当者をオブザーバーとして組織された「私的整理に関するガイドライン研究会」において議論・検討の上、2001年9月に発表されました。

2 私的整理ガイドラインの特徴

本ガイドラインの一番大きな特徴はその性格・位置付けにあります。すなわち、このガイドラインには法的拘束力がないという点です。ガイドライン本文の中でも、その性格について「真に再建に値する企業の私的整理に関する金融界・産業界の経営者間の一般的コンセンサスである」と定義しており、いわば紳士協定ともいうべきものです。

このためガイドラインの実効性に関して「主要債権者は債務者からこのガイドラインによる私的整理を行いたいとの真摯な申し出があったときには、誠実かつ迅速にこれに対応し、主要債権者と債務者は相互に手続の円滑で速やかな進行に協力する」ことを要請しています。

また、もう1つの特徴としては、対象となる企業を限定的に捉えているということがあげられます。具体的には次の通りです。

> - 多数の金融機関に対して過剰債務がある。
> - 本業もしくは主たる事業では収益力があるにもかかわらず、上記過剰債務により経営困難に陥り、自力では再建が困難と認められる。
> - 法的整理によった場合、営業基盤が著しく毀損され、再建そのものに支障をきたす恐れがある。
> - 債権者にとっては、私的整理により再建することに経済合理性が認められる。

つまり、本ガイドラインはいわゆる私的整理全般を拘束するようなことは考えていないということです。したがって、取引金融機関が数行しかなく協議の上合意が可能な場合には、必ずしも本ガイドラインに沿った処理を強制されるものではありません。

3　再建計画案の原則的条件

本ガイドラインに基づく私的整理を行う際の再建計画の条件（目標）としては、次のような点を満たす必要があります。特に、株主責任と経営責任を明確に求めており、債務者である企業にとっては厳しい内容といえるかもしれません。これは、安易な債権放棄による経営者のモラルハザードを防止するという意図があるものと思われます。

私的整理ガイドラインが求めている再建計画の条件

項　目	内　容
実質債務超過解消	3年以内に達成
経常利益	3年以内に黒字化
株主責任	支配株主の権利消滅、既存株主の希薄化
経営責任	経営者の退任
計画期間	概ね5年以内 (注)

(注) ただし、経営改善計画等の計画期間が5年以上10年未満で、その進捗状況がおおむね計画通りであり、今後も同様に推移すると認められる場合を含む。

また、上記の目標を織り込んで作成される事業計画には、以下の内容を含む

ことが求められています。

- 債務者の自助努力が十分に反映されている
- 経営が困難になった理由
- 事業再構築計画の具体的内容（例：経営困難に陥った原因の除去）
- 新資本の投入による支援や債務の株式化（デット・エクイティ・スワップ）などを含む自己資本の増強策
- 資産、負債、損益の今後の見通し（10年間程度）
- 資金調達計画
- 債務弁済計画等

さらに、上記の再建計画の正確性や実行可能性を検証するために、債権者会議において専門家アドバイザーを選任できるとされています。この専門家アドバイザーには公認会計士・弁護士等が想定されています。

以上のように、私的整理ガイドラインによる再建計画の原則的条件は、株主責任と経営者責任を明確にすることを求めている点、時限性のある再建計画を要求し、それを第三者である専門家アドバイザーにチェックさせるしくみになっている点など、債務者にとっては負担が大きいという印象があります。これは「真に再建に値する企業」の再建を支援するというガイドラインの目的からきているものと考えられますが、後述するように、その厳格さ故に十分に活用されたとはいい難い面もあり、合理的な理由があれば弾力的な運用も認めようという流れが出てきています。

4 具体的な手続

債務者からガイドラインに基づく私的整理の申し出を受けた主要債権者は、その再建計画の内容を精査します。その過程で債務者と主要債権者との間で、計画の内容等について質疑応答があり、場合によっては計画を修正することもあり得ます。

最終的に、主要債権者は再建計画案に実行可能性があり、対象債権者の同意を得られる見込があるかどうかを判断し、主要債権者全員の合意を経て、債務

者と主要債権者の連名で「一時停止」の通知を発信します。「一時停止」とは、私的整理期間中、対象債権者が個別的な権利行使や債権保全措置などを差し控えるよう求めるもので、第1回債権者会議の招集通知を兼ねて書面により行います。

第1回債権者会議は、「一時停止」から2週間以内に行う必要があります。第1回債権者会議では、再建計画案の内容説明、一時停止期間の決定（第1回債権者会議から3か月以内）、債権者委員会を組成することの是非、専門家アドバイザー（会計士、弁護士、不動産鑑定士等）の選任等が行われます。

第2回以降の債権者会議では、主要債権者から専門家アドバイザーによる再建計画案についての調査検討結果の報告があります。対象債権者からは再建計画案を受諾するかどうかの意見が表明されます。対象債権者全員からの同意書が得られれば、私的整理は成立し、不成立の場合は法的整理等に移行することになります。

私的整理ガイドラインに基づく手続

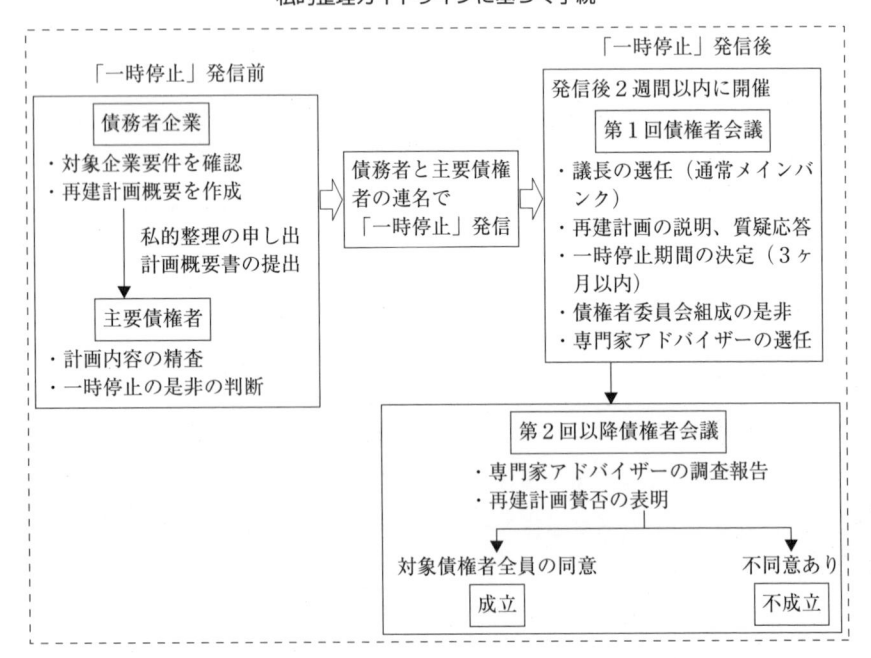

「一時停止」発信前

債務者企業
・対象企業要件を確認
・再建計画概要を作成

私的整理の申し出
計画概要書の提出

主要債権者
・計画内容の精査
・一時停止の是非の判断

債務者と主要債権者の連名で「一時停止」発信

「一時停止」発信後

発信後2週間以内に開催

第1回債権者会議
・議長の選任（通常メインバンク）
・再建計画の説明、質疑応答
・一時停止期間の決定（3ヶ月以内）
・債権者委員会組成の是非
・専門家アドバイザーの選任

第2回以降債権者会議
・専門家アドバイザーの調査報告
・再建計画賛否の表明

対象債権者全員の同意 → 成立
不同意あり → 不成立

5　実務上の留意点

(1)　柔軟な運用の余地

　2001年9月に私的整理ガイドラインが発表されてから約1年を経たところで、その適用事例があまり多くないという実態を踏まえて、運用実務面における問題点について検討し解決していこうという目的から「私的整理に関するガイドライン実務研究会」が発足しました。座長には、私的整理ガイドラインを取りまとめた獨協大学の高木教授が選任され、その検討結果が2002年10月29日に発表されています。

　その中で、ガイドライン適用の特徴は、透明性の高い手続の中で、原則として中立的な立場の専門家アドバイザーにより、調査報告書が作成・提出され、再建計画の内容について高い客観性・公正性を付与するという点にあり、この点が踏まえられていれば、ガイドラインで示している再建計画の原則的条件について、合理的な例外を排除しないことが確認されました。

　また、私的整理ガイドラインにおいては債権放棄等による債権者の負担割合について、「再建計画案における権利関係の調整は、債権者間で平等であることを旨とし、債権者間の負担割合については、衡平性の観点から個別に検討する」としています。しかしながら、現実には、主要債権者（上位行）だけで債権放棄を行い、その他の債権者（中下位行）は金利減免により再建計画に協力するというような、いわゆるメイン寄せの形で決着するケースが多いようです。

　つまり、債権者の権利関係の調整という点において、私的整理ガイドラインは、再建計画自体に支障をきたさず、合理的な理由がある限りにおいて、柔軟な運用の余地を残しているということができます。この点は法的整理にはない大きな特徴の1つです。

(2)　税務上の取扱い

　本来、債権者が債務免除を行った場合、法人税法37条6項の「金銭その他の資産又は経済的利益の贈与又は無償の供与」すなわち寄付金と認定され、損金算入はできないというのが原則でした。しかし、私的整理に関するガイドライ

ン研究会が国税庁に対し、私的整理ガイドラインに基づく債権放棄についての税務上の取扱いを照会したところ、法人税基本通達9－4－2に該当し、無税償却が可能との回答がありました。

しかし、実務上はこれも無制限というわけではなく、債務免除を受ける債務者に課税所得が発生するような債権放棄には問題があると解されており、実際にはこの限度内で債権放棄額が収まるように債務者・債権者間で調整が行われているというのが実情のようです。

また、債務者である企業に発生する債務免除益の税務上の取扱いについては、法人税法59条の適用により、過去7年間分だけでなく期限切れ欠損金を含めた繰越欠損金全額に達するまで課税されないとされています。

このような税務上の取扱いが、法的整理でない私的整理において認められたという点が画期的なことであり、私的整理ガイドラインという手法を選択する際の大きなメリットといえるかと思います。

6　平成17年ガイドラインQ＆Aの一部改訂

(1)　平成17年3月改訂

平成17年度の税制改正において、一定の要件を満たす私的整理に係る再建計画により債務免除を受ける場合には、債務者の有する一定の資産についての評価損及び評価益の計上とともに、青色欠損金等以外の欠損金（期限切れ欠損金）を優先して控除する税制措置が新たに講じられました。この新たに講じられた税制措置の適用を受けるために必要と考えられる手続が【Q10－2】として追加されました。

具体的には、専門家アドバイザーの条件、専門家アドバイザーによる確認事項、実態貸借対照表作成に当たっての評価基準等が定められました。

(2)　平成17年11月改訂

私的整理に関するガイドライン研究会では、2005年5月に実務WGを立ち上げ、ガイドラインに則った再建計画に携わった実務者等の意見を踏まえ、実務的な観点から現在のガイドラインの評価を行うとともに、ガイドライン・同Q

＆Aの内容について見直しが必要かどうかも含めた検討を行いました。

　その結果、実務WGはガイドラインが果たしてきた役割を非常に高く評価しており、中堅・中小企業案件や公的セクターに係る不良債権処理のニーズがあることなどの観点から、今後においてもその役割は重要との結論が出されました。また実務WGの出したガイドラインの今後の課題を踏まえ、以下のＱ＆Aの改定が行われました。

① 　私的整理のプラクティス変化、金融支援方法の多様化を反映

　金融支援方法が多様化してきていることから、【Q38-1】を追加し、債務の株式化（デット・エクイティ・スワップ）を含めた資本構成を適正にするための財務リストラクチャリングも対象になることが明記されました。

　また【Q37】において、再建計画策定時に資産・負債・損益の今後の見通しだけでなく、将来キャッシュフローについても事業計画の内容に含めることが望ましい旨が明記されました。

② 　メインバンクのあり方の変化を踏まえた主要債権者の定義

　近年、メインバンクのあり方が変化してきており、圧倒的に債権額が多いとはいえない事例も増えてきていることから、【Q8】において主要債権者の定義を「債権額が比較的多い単数または複数（数社）の金融機関債権者」と修正されました。

③ 　債権者のサービサーやファンドへの拡大を踏まえた対象債権者の定義

　債権者としてサービサーやファンドが入っている事例が増えてきていることから、「対象債権者」を解説している【Q8】において、サービサーやファンドなども対象債権者に含まれることが明記されました。

④ 　政府系金融機関のガイドラインへの参加の位置付けの見直し

　【Q16】において、政府系金融機関についても当然に主要債権者や対象債権者になり得ることが明記されました。

⑤ 　第三者アドバイザーとしての会計士・税理士・弁護士以外の参加

　債権者会議で選任されるアドバイザーについて解説している【Q23】において、弁護士や公認会計士に加えて、再建計画策定の専門家が含まれることが明記されました。

⑥ 中小企業に対するガイドラインの適用について

　私的整理の対象となる企業を定義している【Q3】において、中小企業もこれに含まれることが明記されました。

7　適用事例

　2004年4月から2009年3月までの間に私的整理ガイドラインの適用を申請した主な事例は次ページのとおりです。2001年に発表されてから数年を経て適用事例もある程度増えてきた割には、申請数が伸びていないというのが率直な印象です。

　その理由として考えられるのは、メイン行が他の債権者に比べて重い負担を強いられる（いわゆるメイン寄せ）事例が多くなっていることから、メイン行の支援に関する判断が慎重になること（メイン行の支援がないと手続に入れない）、経営責任が求められており、これに躊躇する企業が多かったこと（オーナー企業）、再建計画の条件が厳しかったこと（3年以内の債務超過解消、経常利益黒字化等）などがあげられるのではないかと思います。

　バブル崩壊後の大型再生案件については、おおむね峠を越えた感がありましたが、2007年のサブプライム・ローン問題あるいは2008年9月のリーマン・ショックに端を発した世界的な経済不況の影響を受けて、再び経営危機に陥る会社が増加しています。

　また、地域金融機関の不良債権比率はいまだ高い比率に留まっており、地方の中小企業の中には何らかの再生手続を要する会社が残っています。したがって、私的整理ガイドラインを適用した再生案件は今後も引き続き出てくるものと思われます。

最近の私的整理ガイドライン適用事例

申請時期	債務者名	結　果
2004年6月	中央ビルト工業株式会社	2004年7月再建計画合意
2004年11月	東海アルミ箔株式会社	2005年1月再建計画合意
2005年1月	株式会社加賀田組	2005年3月再建計画合意
2005年3月	三井住友建設株式会社	2005年6月再建計画合意 600億円の第三者割当増資
2005年3月	株式会社フジタ	2005年6月再建計画合意 総額410億円の増資
2005年6月	東洋紙業株式会社	2005年8月再建計画合意
2005年9月	全日信販株式会社	2005年12月再建計画合意
2005年11月	株式会社サクラダ	2006年1月再建計画合意
2006年2月	城山観光株式会社	2006年3月再建計画合意 2008年3月再建計画終結
2006年8月	日本橋梁株式会社	2006年10月再建計画合意
2007年12月	松本電気鉄道株式会社	2008年3月再建計画合意 グループ会社7社が産業活力再生特別措置法による事業構築の認可決定
2008年1月	横浜鋼業株式会社	2008年3月再建計画合意

V 特定調停法

正式には「特定債務等の調整の促進のための特定調停に関する法律」といいます。

その第1条に、目的として「支払不能に陥るおそれのある債務者等の経済的再生に資するため」と定められており、倒産を避けるための再建型手法の1つと考えることができます。

具体的には、本法による調停により、金銭債務の内容の変更（債権放棄、弁済期間の変更など）、担保関係の変更（担保権の放棄など）、その他金銭債務に係る利害関係調整（担保不動産の処分など）が行われることになります。

特定調停法による手続で特徴的な点は、まず話し合うべき債権者を特定することができ、調停結果は合意した債権者にのみ及ぶという点です。この点は法的整理とは異なります。

また、特定調停法では債権者会議を開く必要がありません。通常調停は秘密裏に行われますので、調停に関係のない人間に知られることは少ないと考えられ、通常通りの営業の継続という点からは大きなメリットといえると思います。

さらに、実際の調停では、企業再生案件に通じた専門家（弁護士・公認会計士など）が調停委員となり、これに裁判官が加わる調停委員会が調停を斡旋することになります。つまり、公平な立場で判断する第三者が存在するということも特徴です。この点、債権者である金融機関と協議を始めたものの、交渉経験豊富な金融機関のペースで話をまとめられてしまうのを防ぐという意味で、債務者にとっては安心感があります。

最後に留意すべき点は、特定調停法の法的な位置付けからして、弁済禁止等の保全処置はなく、債権者の担保権行使に対する対抗措置も具備されていません。この点は私的整理の場合と同じです。したがって、本法適用の条件の1つとして、金融機関等の債権者と良好な関係にあるということがあげられます。

近年の特定調停法の企業再生への適応事例

会社名	時　期	合意内容、結果等
滋賀県造林公社 びわ湖造林公社	2007年11月	2008年10月30日第7回調停期日。その後の調停期日不明。
株式会社クインランド	2007年3月	2007年10月に特定調停取下げ、民事再生申立て（同月民事再生取下げ、破産手続申立て）。
東仲ノ町地区市街地再開発組合等	2007年2月	約13億円の債務免除
パーク七里御浜	2006年6月	主に金利減免及び元本繰り延べ
マミヤ・オーピー株式会社	2006年4月	約59億円の債務免除
株式会社ペイントハウス	2005年7月	2006年1月不成立で終結
旭ヶ丘土地区画整理組合	2005年9月	80億〜90億円の債務免除
クリスタ長堀	2005年6月	約69億円の債務免除
長崎県住宅供給公社	2005年3月	約89億円の債務免除

Ⅵ 中小企業再生支援協議会

1 中小企業再生支援協議会とは

　産業活力再生特別措置法を根拠法令として、中小企業の再生支援を行う者として経済産業大臣から認定を受けた支援機関のことです。具体的には、各県の商工会議所内に設置されているケースが多いようです。

　中小企業再生支援協議会は、専任の専門性のある支援業務責任者を配置し、企業再建型の再生に限定することなく、基本的な対応の方向性について適切な判断を行い対応策の提示を行う、とされています。

　また、事業再生は可能であるが、抜本的な財務体質や経営改善が必要な企業については、支援業務責任者自らが個別企業の取組みを支援する一方で、必要に応じて弁護士・会計士等の専門家に依頼して、共同で再生計画の作成を支援することとなっています。

2 支援スキーム

(1) 窓口相談（1次対応）

　常駐の支援業務の専門家（統括責任者又は統括責任者補佐）が面談の上、ヒアリング・提出資料の分析等を実施することで、対象となる中小企業の経営状態を把握します。その上で当該企業の経営上の問題点や具体的な課題を抽出し、どのような支援が最も良いのか検討をします。

　この段階で、専門家の問題解決のためのアドバイスによって対応を終了しているケースが全相談件数の約半数を占めています。窓口相談の専門家により再生の可能性があり、かつ「再生計画」の策定が必要だと判断された場合には、次の「再生計画」策定支援（2次対応）に進むことになります。

(2) 再生計画策定支援（2次対応）

1次対応において統括責任者又は統括責任者補佐が、再生計画の策定を支援することが適当であると判断した場合には、相談企業の承諾を得て主要債権者の意向を確認します。統括責任者は主要債権者の意向を踏まえ、認定支援機関（各地域の商工会議所等）の長と協議の上、再生計画の策定を支援することを決定します。

再建計画の策定支援が決定すると、統括責任者又は統括責任者補佐のほか、外部専門家（弁護士、公認会計士、税理士等）で構成される個別支援チームを編成します。個別支援チームは主に財務・事業面の調査分析を通じて対象企業の状況を把握し、それに基づいて再生計画案の作成を支援します。

なお、上記の2次対応は2009年4月4日に中小企業庁から公表された「中小企業再生支援協議会事業実施基本要領」及び同年4月6日に公表された「中小企業再生支援協議会事業実施基本要領Q&A」に基づくものですが、後述する法人税法第25条第3項及び第33条第3項（民事再生法の規定による再生計画認可の決定に準ずる事実があった場合の資産の評価益又は評価損の計上）並びに同法第59条第2項第1号（青色欠損金以外の欠損金の優先利用）の適用を受けることを想定している場合には、中小企業庁が別に定める「中小企業再生支援協議会の支援による再生計画の策定基準（再生計画検討委員会が再生計画案の調査・報告を行う場合）」に従う必要があります。こちらは一時停止の通知や債権者会議の開催等、より私的整理ガイドラインに近い手順が定められています。

3 これまでの取組み実績

2009年2月9日に中小企業庁から公表された中小企業支援協議会の活動状況は以下のとおりです。
- 相談取扱い企業　　　　16,526件
- 再生計画策定完了件数　　1,971件

企業の規模的には、売上高5億円以下の企業が全体の半数を占めているようです。平成19年度と比べると、売上高5億円以下の企業の割合が増加している

とのことであり、協議会による再生スキームの定着とともに、比較的規模の大きい中堅企業から、より規模の小さい企業へと対象が広まっている様子がうかがえます。

中小企業再生支援協議会自体には債権の買取り機能はありませんが、政府系金融機関や地域金融機関等と連携しながら、ファイナンススキーム面でも有効な調整役として機能しているようです。

また、地域金融機関や有力企業が出資した「地域再生ファンド」が各地に立ち上げられており、これらとの連携が進んでいけば、中小企業支援協議会を核とする有効な企業再生モデルが成立する可能性があります。

なお、中小企業再生支援協議会が支援した再建計画に基づき債権放棄が行われた場合の税務上の取扱いについて中小企業庁が国税庁に照会したところ、2003年7月に前述の私的整理ガイドラインの場合と同様の処理を認める旨の回答がありました。中小企業再生支援協議会が取り扱うすべての再生案件について同様の結果となるわけではありませんが、その手続・内容ともに合理的な再建計画と認められる場合には、債権者はその債権放棄額につき法人税基本通達9-4-2に該当し無税償却が可能、債務者である企業に発生する債務免除益の税務上の取扱いについては法人税法59条の適用により過去7年間分だけでなく、期限切れ欠損金を含めた繰越欠損金全額に達するまで課税されない、とされる可能性が大きいと思われます。

また、平成17年度税制改正において、一定の要件を満たす私的整理に係る再生計画により債務免除を受ける場合には、債務者の有する一定の資産についての評価損及び評価益の計上（法法第25条第3項及び第33条第3項）とともに、青色欠損金等以外の欠損金を優先して控除する税制措置（法法第59条第2項第1号）が講じられています。

これについても2005年6月に国税庁より、中小企業庁が定めた「中小企業再生支援協議会の支援による再生計画の策定基準（再生計画検討委員会が再生計画案の調査・報告を行う場合）」に従って策定される再生計画により、債務者が2以上の金融機関等又は1以上の政府関係金融機関等から債務免除を受ける場合においては、当該規定が適用可能との回答が示されています。

VII RCC企業再生スキーム

　株式会社整理回収機構（以下、「RCC」）は、2004年2月に「RCC企業再生スキーム」を決定し、これを公表しました。

　この「RCC企業再生スキーム」は、これまでRCCが手掛けてきた再生案件を基に、企業再生案件の手続や依拠すべき基準等の準則をRCCとして定めたもので、RCCが行うこれ以降の企業再生は「RCC企業再生スキーム」に従って行われることになります。「RCC企業再生スキーム」の手続は、RCCにおける実務処理を踏まえたものとなっていますが、その根幹は私的整理ガイドラインの考え方・精神を踏襲していると考えられます。

1　企業再生への2つの取組み

　RCCの企業再生に関する取組みには2種類あります。1つはRCCが主要債権者（再生対象債務者の金融機関債権者のうち、相対的に上位のシェアを有すると認められる者）として再生スキームに関わるケース（RCC企業再生スキームⅠ）であり、もう1つはRCCが主要債権者の1人である他の金融機関から金融債権者間の合意形成のための再生計画の検証、金融債権者間の調整を委託されて再生スキームに関わるケース（RCC企業再生スキームⅡ）です。どちらの場合においても、原則として「RCC企業再生スキーム」に則って手続が進められることになります。

　また、RCCにおいては、債権者調整を容易にする手段として、メイン行以外の金融機関の債権を金融再生法53条に基づいて買い取る機能、あるいは信託、ファンド等のスキームを活用して債権をRCCに集中させる機能を持っています。対象債権者が複数存在する事案では、各金融債権者の立場やスタンスが異なることから利害が対立し、債権者調整が困難になるケースがあります。

　このような場合に、RCCに債権を集約することにより意見の集約を容易にするというわけです。これは産業再生機構が解散された現在においては、他の

私的整理スキームにはない独自の特徴となっています。

2　RCC企業再生スキームにおける手続の概要

(1)　企業再生検討委員会

　RCC企業再生スキームにおいては、再生計画作成着手の可否及び再生計画の是非に関する判断の専門性及び客観性を確保するために、企業再生に関する専門的な知識・経験を有する外部専門家等からなる「企業再生検討委員会」が設置されています。

(2)　私的整理の開始

　RCC企業再生スキームは、RCCにおける企業再生の専門部署である企業再生部で再生に取り組むのが妥当であると判断された事案について、専門家によるデューデリジェンス等により現状把握が実施され、「企業再生検討委員会」が再生計画作成着手の可否を判定することにより開始されます。

(3)　第1回債権者集会の開催

　企業再生検討委員会において企業再生計画作成の着手が可と判定された場合、債務者及びRCCは速やかに第1回債権者集会を開催します。第1回債権者集会においては、債務者及びRCCにより債務者の事業及び財務の状況並びに再生の可能性を説明し、一時停止の合意を得るとともに、再生計画の合意に向けての債権者調整を進めることの合意を得ることになります。

(4)　再生計画の策定及び検証

　再生計画が債務者からRCCに提出されると、RCCにおいてRCC企業再生スキームに定められた基準に合致するか否かの検証が行われ、必要に応じて債務者との調整が行われます。さらに判断の客観性を担保するため、企業再生検討委員会において当該再生計画が審議されます。

(5) 第2回債権者集会の開催

　第2回債権者集会においては、再生計画案に対する質疑応答、必要な意見調整が行われます。また、対象債権者が再生計画案に対し書面により同意不同意を表明する期限が定められます。

　対象債権者全員が同意を表明した場合には、再生計画は成立し、債務者は再生計画を実行する義務を負い、対象債権者の権利は再生計画の定めに従って変更されることとなります。

3　これまでの取組み実績

　RCC公表の2008年12月末現在のRCC企業再生スキームによる企業再生案件の状況は、以下の通りです（2001年11月企業再生本部発足以降累計ベース）。
- 債権者の立場による再生　　　460件
　（うち法的再生85件、私的再生375件）
- 調整機能活用による私的再生　132件

　企業再生本部発足後の2002年度から2004年度にかけて、再生実施件数は91件、126件、114件と高い水準で推移していましたが、2005年以降は主要な再生案件に一通りの目処がついたのか、年間70件から80件前後となっています。しかしサブプライム・ローン問題、リーマン・ショック等に端を発した経済不況により多くの企業の業績は急速に悪化しており、今後、また取組み件数が増加することが想定されます。

　なお、2004年3月24日にRCC企業再生スキームを適用した場合の税務上の取扱いについて国税庁から回答があり、私的整理ガイドラインや中小企業再生支援協議会による企業再生スキームと同様に、債権者はその債権放棄額につき法人税基本通達9－4－2に該当し無税償却が可能、債務者である企業に発生する債務免除益の税務上の取扱いについては法人税法59条の適用により過去7年間分だけでなく期限切れ欠損金を含めた繰越欠損金全額に達するまで課税されない、という税務処理が認められることになりました。

　また、平成17年度税制改正において、一定の要件を満たす私的整理に係る再生計画により債務免除を受ける場合には、債務者の有する一定の資産について

の評価損及び評価益の計上（法法第25条第3項及び第33条第3項）とともに、青色欠損金等以外の欠損金を優先して控除する税制措置（法法第59条第2項第1号）が講じられています。これについても2005年8月に国税庁より、「RCC企業再生スキーム」に基づいて策定された再生計画により債務免除等を受ける場合においては、当該規定が適用可能との回答が示されています。

Ⅷ　特定認証紛争解決手続（事業再生ADR）

　平成19年4月1日に裁判外紛争解決手続の利用の促進に関する法律（以下、「ADR法」）が施行されました。裁判外紛争解決手続とは、「民間事業者が、紛争の当事者が和解をすることができる民事上の紛争について、紛争の当事者双方からの依頼を受け、当該紛争の当事者との間の契約に基づき、和解の仲介を行う裁判外紛争解決手続」（ADR法第2条）です。ADR法では、調停、あっせん等の和解の仲介を行う民間事業者の紛争解決業務について、法務大臣が法定の基準・要件に適合しているものを認証することとなっています。

　また、平成19年改正の産業活力再生特別措置法（以下、「産活法」）においては、上記の法務大臣の認定を受けた民間事業者のうち、事業再生にかかる紛争を対象としている者が、一定の要件を満たせば経済産業大臣の認定を受けることができる旨が規定されています。この経済産業大臣の認可を受けた事業者を特定認証紛争解決事業者といい、ADR法に定める紛争解決手続のうち、特定認証紛争解決事業者が事業再生に係る紛争について行うものを特定認証紛争解決手続といいます（産活法第2条）。

　特定認証紛争解決手続を活用した私的整理においても、前述の私的整理ガイドライン等と同様に債権者、債務者が税務上の恩典を受けられる旨、国税庁より明らかにされています（平成20年3月28日回答）。

　平成21年4月以降、上場会社を中心に事業再生ADRの適用が相次いでおり、今後の活用が注目されるところです。

事業再生ADR適用事例

申請時期	債務者名	現状・結果等
2009年4月	㈱コスモスイニシア	2009年8月～9月　再建計画案決議予定
2009年5月	日本アジア投資㈱	2009年6月合意。約400億円の有利子負債の返済期限を延長
2009年6月	㈱日本エスコン	2009年9月　再建計画案決議予定
2009年6月	ラディアホールディングス㈱ (旧グッドウィル・グループ)	2009年7月　第1回債権者会議開催予定
2009年6月	ルートインジャパン㈱	

第4章 企業再生における法的整理

Ⅰ　はじめに

　企業再生のためには、早期に着手すれば打つ手が多く、スピードが求められます。私的整理で企業再生を進めようとすれば、多くの利害関係者の合意を取り付ける必要があるため時間を要し、その間も資産の劣化や優秀な人材の散逸が生じ、時間の経過とともに再建が困難になっていくおそれがあります。

　これに対して会社更生法や民事再生法等の法的整理を活用すれば、再建計画は多数決で決められる上、営業譲渡も裁判所の認可で速やかに実施でき、会社財産の保全も法的に図ることが可能であるため会社財産の散逸を防ぐことができます。その結果、資産価値の劣化を防ぎ、従業員への悪影響を最小限に抑えて、スピーディーに企業再生が実施できる可能性が高くなります。

　かつては会社が立ち行かなくなった場合の最後の手段としてマイナスのイメージが強かった法的整理ですが、近年では会社更生法の改正や民事再生法の制定もあり、また、法的整理の後再上場を果たす等、立ち直った企業も多く出てきており、合併や営業譲渡等と組み合わせて活用することによって、企業再生や事業再編の手法として有効な選択肢の1つとなっています。

Ⅱ 法的整理の概要

1 会社の整理方法における会社更生法と民事再生法の位置付け

　企業の債務超過が長期にわたり資金難等で経営が行き詰まった場合、事業を廃止し会社を清算するのか、あるいは債務免除等により身軽になって再出発を目指すのかの選択を迫られることになります。いずれの場合にも企業にはさまざまな利害関係者がおり、当事者だけに任せておけば（私的整理）、特定の者のみが利益を得、弱者が損害をより多く被るといった不公平な結果を招きかねません。そのような事態を避けるために、法は裁判所の関与のもとに公正な整理の方法を各種用意し、無用な混乱を避け、スムーズな整理ができるようにしています。

　すなわち、会社を清算して残余財産を分配する場合、当事者だけに任せるのではなく、裁判所の管轄のもとに、債権者へ公平に残余財産を配分する手続として、会社法上の特別清算と破産手続があります。また、会社を清算するのではなく、会社を再建させて債権を回収する手続としては、会社更生法上の更生手続、民事再生法上の民事再生手続があります。

　以上から企業の整理方法は次のように分類できます。

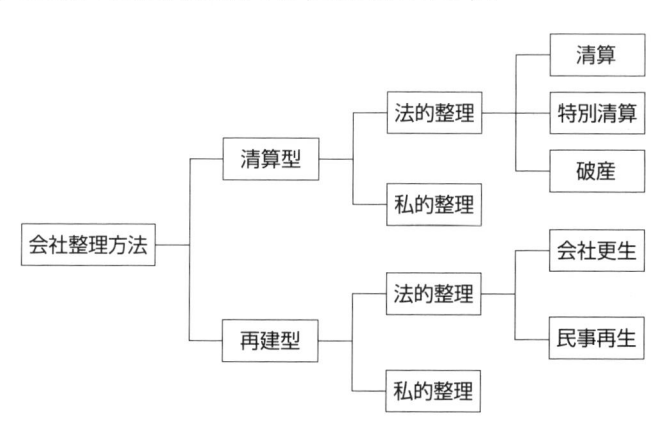

```
                          ┌─ 法的整理 ─┬─ 清算
              ┌─ 清算型 ─┤            ├─ 特別清算
              │          │            └─ 破産
              │          └─ 私的整理
会社整理方法 ─┤
              │          ┌─ 法的整理 ─┬─ 会社更生
              └─ 再建型 ─┤            └─ 民事再生
                          └─ 私的整理
```

上記のとおり、会社更生法と民事再生法は再建型に属し、以前存在していた和議手続や旧商法上の整理手続では、現代のように巨大化した企業における複雑な商取引や入り組んだ債権債務関係を解決するのには不備であることから、会社の更生や再生を目的として制定された制度です。

2　会社更生法

(1)　会社更生法の特徴

　会社更生法は、経営難の状況にある株式会社が、そのままでは破産してしまうかもしれないが、再建の可能性がある場合に、債権者、株主その他の利害関係人の利害を調整しながらその再建を図ることを目的にした法律であり、昭和27年に制定されました。会社又は債権者や株主などの申請があり、この法律を適用すべきことが裁判所で認められると、裁判所が選任した管財人が財産を管理し、債務を整理しつつ、新会社の設立、新株の発行などの更生計画を立て、裁判所の認可を受けて、その監督の下で更生計画に従った再建が進められることになります。裁判所による厳格な監督下に置かれるのが特徴です。

　それまでの経営者は原則として権利を失い、全員罷免されます（ただし、経営責任のない取締役等を管財人等に選任することは可能）。株主もほとんどの場合減資を余儀なくされ、会社の損失を負担することになります。会社は新たなスポンサーの下で、人的物的な財産を用いて新しい布陣で経営をしていくことになります。会社更生法は、社会的に影響力の大きい大会社向きの再建法といえます。

　すなわち、会社更生手続は株式会社を対象とし、裁判所の監督下において、経営陣を刷新し、多数の利害関係者の利害を調整しつつ、事業の更生を図る強力な法制度を持つ事業再建制度であるといえます。

　平成15年4月に施行された改正会社更生法では、更正手続の各段階において大幅に手続の迅速化・合理化、及び再建手続の強化が図られており、現代の経済社会に適合した、より利用しやすい手続となっています。

平成15年における主な改正点

項　目	改正前	改正後
経営主体	取締役等は管財人等に選任されないのが通常	経営責任のない取締役等を管財人等に選任することが可能
更生手続開始原因の緩和	「更生の見込みがないとき」が棄却理由	「事業の継続を内容とする更生計画案の作成もしくは可決の見込み又は事業の継続を内容とする更生計画の認可の見込みがないことが明らかであるとき」が棄却理由
債権者への情報開示	一般的な規定なし	債権者に対する情報開示を行うため、関係書類の閲覧・謄写に関する規定を整備
更生手続期間の短縮	弁済期間の上限20年	弁済期間の上限15年
更生計画案の早期提出の義務付け	制限なし	更生計画案の提出期限は更生手続開始決定の日から1年以内
更生計画案可決要件の緩和	更生債権者　議決権の3分の2以上 更生担保権者 　期限猶予　議決権の4分の3以上 　減免　　　議決権の5分の4以上	更生債権者　議決権の2分の1以上 更生担保権者 　期限猶予　議決権の3分の2以上 　減免　　　議決権の4分の3以上
早期再生のための手法の整備	—	更生計画認可前でも、裁判所の許可により営業譲渡可能。担保権のついた財産については、その価額に相当する金銭を裁判所に納付することにより、担保権を消滅させることが可能。
手続開始前の保全処分	個別の強制執行等の中止命令のみ	個別の強制執行等の中止命令のほか、強制執行や担保権実行等の包括禁止命令も発することができる
財産評定	更生手続開始時における会社の継続事業価値を評価	更生手続開始時における時価を評価

(2) 手続上の特徴
① 申立て

　会社は、弁済期にある債務を事業の継続に著しい支障をきたすことなく弁済することができないとき、又は会社に破産の原因とする事実がある場合に、申立てを行います。申立ては、会社自身のほかに、資本の10分の1以上にあたる債権を有する債権者、又は発行済株式の10分の1以上を有する株主も行うことができます。

　申立てには予納金が必要ですが、最低2,000万円、多いときには1億円程度が必要です。

② 会社財産の保全

　手続が開始され、申立てが始まり、開始決定がなされるまでは、会社財産を保全し、経営の継続を図るため、各種の保全処分が行われます。裁判所は特別の事情があり必要があると認めるときは、一定の要件のもと、利害関係人の申立て又は職権で強制執行手続や破産等の手続の中止を命ずることができます。さらに、すべての強制執行等の手続を一律に禁止する包括的禁止命令を出すことができます。これは担保権者や優先債権者をも拘束するため、民事再生法の包括的禁止命令よりも厳格となっています。

　開始決定があると、管財人が決定され、それまでの経営者は財産の管理処分の権限を失い、会社財産の管理及び事業経営の権限は管財人に帰属し、債務の弁済は原則的に禁止されます。担保権の実行も含め、強制執行も禁止されます。

③ 保全管理人等の選任

　東京地裁においては、ほとんどの場合、保全管理人のみが選任されるのに対して、大阪地裁では保全管理人と調査委員も選任されます。

　保全管理人の主な役割は、会社財産の保全と業務・財産の状況の調査、事業経営の継続です。調査委員を選任しない場合は、大抵公認会計士等が補助者として調査にあたります。一方、調査委員の主な役割は、開始原因、開始申立てに至った事情、業務・財産の状況や更生の見込み等を調査することです。

　両者はそれぞれ裁判所に対する報告が義務付けられ、裁判所の強力な監督下に置かれます。

④ 更生手続の開始

会社更生手続の申立て後、裁判所は棄却事由がない限り開始決定を出します。棄却事由としては以下のものがあります。

a．更生手続の予納がないとき。
b．破産手続、再生手続、整理手続又は特別清算手続が継続し、その手続によることが債権者の一般の利益に適合するとき。
c．事業の継続を内容とする更生計画案の作成もしくは可決の見込み又は事業の継続を内容とする更生計画の認可の見込みがないことが明らかであるとき。

開始決定があると、更生債権等は更生手続によらなければ弁済その他これを消滅させる行為をすることができなくなりますので、更生債権者は、更生手続に従って債権の届出をし、債権者集会に出席し、更生計画に従って債権の回収を図ることになります。民事再生手続と異なり、更生担保権者も同様の手続が必要です。

なお、会社更生法における債権は、以下の種類に分かれます。

a．更生担保権……抵当権、根抵当権等、担保権の裏付けのある債権。担保権の目的である財産の時価を超える部分は一般更生債権になります。
b．優先的更生債権……租税債権や労働債権のうち共益債権にならない部分。一般更生債権に優先して弁済されます。
c．一般更生債権……更生手続開始前の原因に基づいて生じた債権で、上記以外のもの。更生計画で決められた切捨て後の金額をリスケジュールされた弁済期間で弁済を受けることになります。ただし、このうち少額債権や中小企業者に対する更生債権は優先的に弁済されます。
d．共益債権……更生手続の維持及び更生に必要な経費の支払等、更生債権等よりも優先して弁済される債権。

開始決定と同時に裁判所は管財人を選任します。管財人には役員責任等の査定を受けるおそれがある者はなることができません。そのため従来は経営者は管財人になることができませんでしたが、平成15年の改正により責任追及のおそれのない旧経営者は、裁判所の責任において、管財人として会社再建にあた

ることができることとなり、現実的な対応が図られています。

⑤ 事業年度と財産評価

　会社更生法では、それまでの会社の事業年度はその開始の時に終了し、これに続く事業年度は計画認可の時又は更生手続終了の日に終了するものとされています。保全管理人は、手続開始の日現在の財産について評定をし、その評定の結果により、この評定による価格を取得価格として、手続開始の時における財産目録及び貸借対照表を作成します。

　財産評定は、更正手続開始時の時価により評価を行います。また、更生担保権に係る担保権の目的の価額も同様に、更生手続開始時の時価により評価を行います。この財産評定に基づく評価額は、会社更生法上は取得原価とみなされます。「時価」としては、「事業全体価値としての評定」と「清算を前提とする評定」という2つの概念が導入されています。前者によった場合は、個々の資産の評価額との差額として「のれん」が生じます。

⑥ 更生計画

　管財人は更生計画案を作成し、裁判所に提出します。更生計画案は関係人集会の賛成と裁判所の認可により成立します。関係人集会での可決のためには、一般更生債権者（無担保）は総債権額の2分の1以上、更生債権者（有担保）は、更生担保権の期限の猶予だけなら総額の3分の2以上、減免・その他期限の猶予以外の権利に影響するときは4分の3以上、清算を内容とする計画は10分の9以上の同意が必要です。ただし、株主は過半数の同意でよいとされています。

　以後、この更生計画に基づいて、管財人又は新代表取締役の指揮のもとに会社は運営され、債務の支払いが計画どおり行われることになります。

⑦ 終　結

　更生計画が遂行されたとき、計画の定めによって認められた金銭債権の総額の3分の2以上の額が弁済されたとき、又は計画が遂行されることが確実であると裁判所が認めたときは、裁判所は会社に対して更生手続の終結決定をします。この裁判所の終結決定により更生手続は完結します。

　なお、更生手続開始の申立てから更生計画の認可までは通常1～2年、更生計画認可から債権の弁済が最終的に終了するまでは10年以上を要し（更生計画

更生計画に定める事項

> 【必要的記載事項】
> ① 全部又は一部の更生債権者・更生担保権者又は株主の権利を変更する条項
> ② 更生会社の取締役、執行役及び監査役
> ③ 共益債権の弁済
> ④ 債務の弁済資金の調達方法
> ⑤ 計画において予想された額を超える収益金の使途
> ⑥ 続行された強制執行等における配当等に充てるべき金銭の額又は見込額
> ⑦ 更生担保権の目的である財産の価額決定の申立てがなされ、その価額に相当する金銭の納付がなされた場合の納付された金額等
> ⑧ 知れている開始後債権があるときは、その内容
>
> 【任意的記載事項】
> ① 管財人の権限の制限
> ② 株式の消却・併合又は分割
> ③ 新株・新株予約権又は社債の発行
> ④ 利益もしくは利息の配当又は残余財産の分配
> ⑤ 株式交換・株式移転・会社の分割又は合併
> ⑥ 資本の減少
> ⑦ 解散・会社の継続又は有限会社への組織変更
> ⑧ 定款の変更
> ⑨ 株式会社の設立に関する条項
> ⑩ その他更生のために必要な事項

による債務弁済期限の上限は15年以内)、一般担保債権の7〜8割は弁済されないことを覚悟する必要があります。また、更生計画の認可に至らず、破産に移行したり申立てが取り下げられたりするケースもしばしばあるので、更生計画の策定は慎重に行う必要があります。

(3) 会社更生手続の流れ

更生手続の流れをフローチャートで示すと、以下のとおりです。

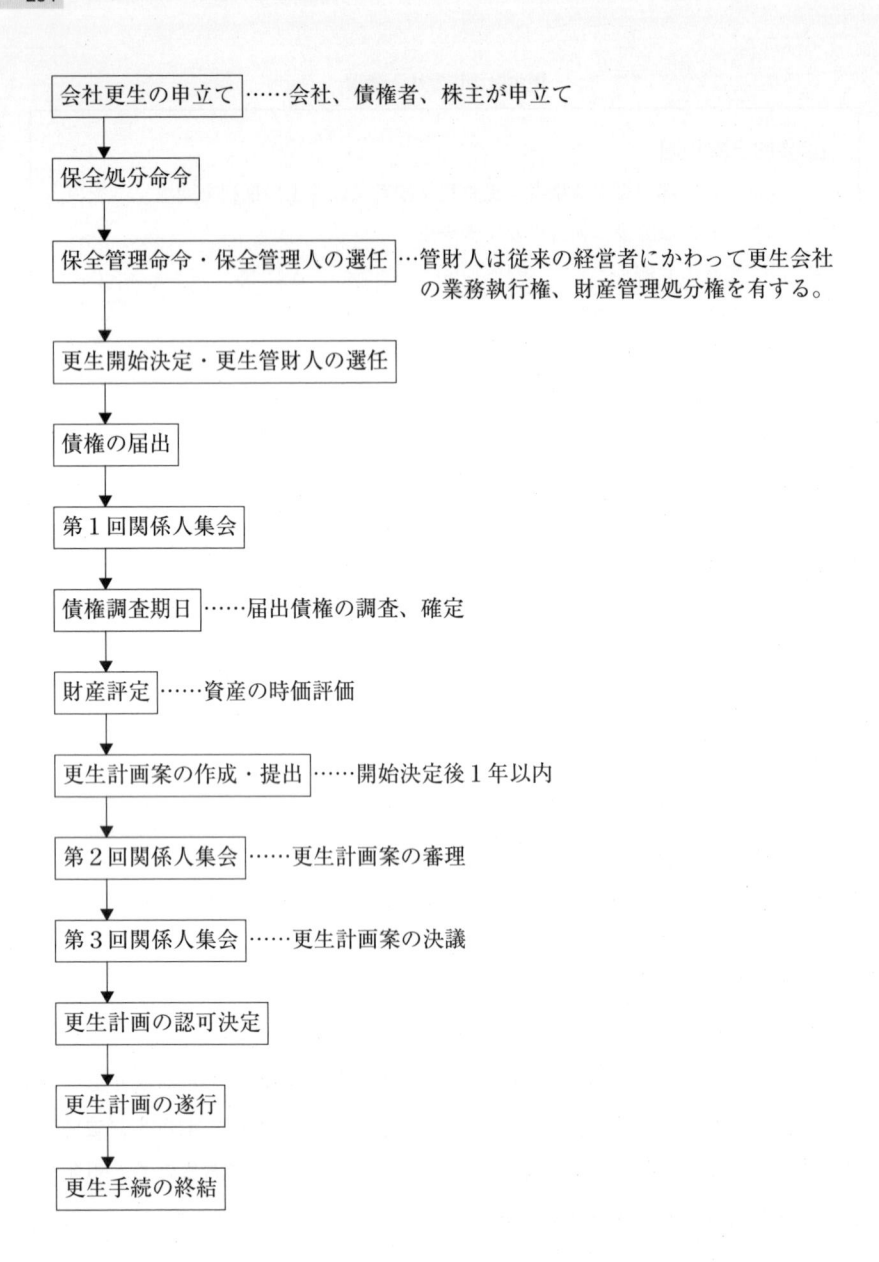

会社更生の申立て ……会社、債権者、株主が申立て
↓
保全処分命令
↓
保全管理命令・保全管理人の選任 …管財人は従来の経営者にかわって更生会社の業務執行権、財産管理処分権を有する。
↓
更生開始決定・更生管財人の選任
↓
債権の届出
↓
第1回関係人集会
↓
債権調査期日 ……届出債権の調査、確定
↓
財産評定 ……資産の時価評価
↓
更生計画案の作成・提出 ……開始決定後1年以内
↓
第2回関係人集会 ……更生計画案の審理
↓
第3回関係人集会 ……更生計画案の決議
↓
更生計画の認可決定
↓
更生計画の遂行
↓
更生手続の終結

(4) 会社更生手続のもとでの税務

会社更生法のもとでは、会社及び株主、債権者にとって、通常の状態とは異なる税務上の取扱いが適用されることがあるので注意が必要です。

① 申告義務者

管財人

② 事業年度

会社更生法によれば、更生会社の事業年度は、その事業年度の開始の日から更生手続の開始決定のあったときまでとされ、次に、開始決定のあった日から更生計画の認可決定の日又は更生手続の終了の日までを1事業年度とするとされています。しかし、税務上は1年を超える事業年度は認められていないため、この期間が1年を超える場合には、1年ごとに区切っていくことになります。

更生計画認可後は、認可決定の日からその事業年度の本来の終了の日までが1事業年度となり、以後は通常と同じです。

③ 確定申告書の提出期限

会社更生手続開始の日から2か月以内。

④ 中間申告

更生手続の開始決定のときから更生計画認可までの期間については、中間申告の必要はありません。

⑤ 欠損金の繰戻し還付

会社更生法に基づく更生手続開始の申立てがあった場合、その事業年度又は前事業年度のどちらかに欠損金がある場合に、その前事業年度に所得があれば、申告書の提出期限とは関係なく、申立ての日から1年以内であれば繰戻し還付の請求をすることができます（青色申告の場合）。

⑥ 資産評価益等の特例

評価益、債務免除益、私財提供益については、欠損金を埋めるまでの金額は税務上も益金とせず、課税対象には取り込まれません。

3 民事再生法

(1) 民事再生法の特徴
① 経緯と主眼

会社更生法は債権者だけでなく、申請会社自体にとっても手続の負担が大きいことから、倒産法改正の検討が重ねられた結果、平成12年4月より和議に代わるものとして民事再生法が施行されました。個人や中小企業のみならず上場企業・大企業にも対応できるうえ、手続は会社更生法に比べて大幅に簡略化されています。

同法第1条には「経済的に窮境にある債務者の事業または経済生活の再生を図ることを目的とする」とうたわれています。つまり、放置すれば経済的に破綻するおそれのある事業や経済生活を、破綻させずに正常化することを主眼にして制定された法律です。

その特徴は、公平かつ透明性の高い法的手続でありながら、変化の激しい現代社会に対応したスピーディーで機能的な手続であり、かつ、比較的規模の小さい中小企業等でも利用しやすい事業再建を目指した制度であるといえます。

② 3つの類型

民事再生手続では、下記の3つの再建の類型を設け、柔軟な対応を可能にしています。

DIP型……業務の執行や財産の管理処分権などが債務者に残り、債務者自身によって再建する方法。アメリカ倒産法の概念（Debtor In Possessionの略）。（自由形）

管理型……経営者の経営権を奪い、「管財人」を専任して裁判所が厳格に管理する方法。（厳格型）

監督型……裁判所が「監督委員」を選任し、この監督委員の元に債務者が再建する方法。（中間型）

どのタイプを採用するかは裁判所が判断しますが、民事再生法では上記の3種類の選択が可能です。

従来の和議法はいわばDIP型、会社更生法は管理型に近似しますが、民事再

生法特有の監督型は、両方の利点を生かした方法であるといえます。

DIP型と監督型は債務者自身による再建を目指しているので、当該企業に精通した経営者も基本的に経営に従事続投することができます。会社更生法では原則として経営者は放逐され、和議法では従前の経営者がそのまま経営を行っていましたが、履行確保の面でその弊害も指摘されていました。したがって、民事再生法ではそれら長所短所を補完する形での対応が図られました。

③　情報開示

従来の倒産法の考え方を一歩進め、民事再生法では裁判所に提出され、又は裁判所が作成した文書等の閲覧、謄写等を行えるよう規定されました。会社更生法では更生手続開始決定があるまでは認められず、かつ、管財人の作成した財産目録や調査報告書等に限定されています。

ただし、営業上の機密事項や資産価値等の情報など、開示することにより再生に悪影響を及ぼすものは、債務者等からの申立てにより除外され、一定の制限がかけられています。

④　債務の株式化（デット・エクイティ・スワップ）を志向する減資手続を創設

会社更生法においては、更生計画に織り込むことにより減資がなされますが、和議法においては特段の規定がなく、旧商法を適用しなければなりませんでした。それでは株主総会の特別決議を要するため、株主は嫌がり、事実上減資は行いにくく、債権者の犠牲が大きい割に株主責任を問いにくいことから、債権者に不満の声がありました。

民事再生法では、債務超過の場合に限り、裁判所が許可した場合は、再生計画に減資に関する条項を織り込むことができます。

なお、その後の増資に関しては取締役会の決議で足りることから、金融機関が増資に応じた場合はデット・エクイティ・スワップと同様の効果があります。

(2)　手続上の特徴

①　対　象

株式会社等の会社に限らず、医療法人や学校法人など全法人（社団法人・公

益法人も含む）が対象になります。また、個人については事業者だけでなく自然人（会社員等）も同様です。さらには、外国人・外国法人も対象となります。

② 申立て

債務者自身による申立ては当然ですが、取引先を救済することにより債権回収を図るため、債権者からも申立てをすることが可能です。

ただし、債権者からの申立ては破産の原因たる事実の生ずるおそれがあるときのみです。なお、株主からの申立てはできません。

申立ての要件は次の2つです。

a．債務者に破産の原因たる事実の生ずるおそれがあるとき

b．債務者が事業の継続に著しい支障をきたすことなく、弁済期にある債務を弁済することができないとき

aについては和議法の開始原因を取り込みました。「破産の原因たる事実」とは支払不能・支払停止・債務超過のことを指しますが、民事再生法ではこの事実に至らなくとも、そのおそれがある場合も申立て可能です。早期に申立てをすることにより再生を可能とするものです。

bについては会社更生法の開始原因を取り込みました。簡単にいえば資金繰りが苦しくなった段階で申立てができるということです。

この点が民事再生法の大きな特徴であるといえます。支払不能や債務超過の状態に陥った場合、現実的には再生は難しいものです。それを一歩踏み込み、そのおそれのある場合にも法的な手当てを施しました。

なお、申立てには、監督委員や管財人の報酬等にあてるために予納金が必要であり、その目安は以下のとおりです（東京地裁）。

債権総額	予納金	債権総額	予納金
5,000万円未満	200万円	50億円〜100億円未満	700万円
5,000万円〜1億円未満	300万円	100億円〜250億円未満	900万円
1億円〜5億円未満	400万円	250億円〜500億円未満	1,000万円
5億円〜10億円未満	500万円	500億円〜1,000億円未満	1,200万円
10億円〜50億円未満	600万円	1,000億円以上	1,300万円

③　会社財産の保全

　民事再生手続を申し立てたといっても、債権者の回収行為が禁止されるわけではありません。債権者からの取立て等による混乱を防止し、会社財産についての保全措置をとる必要があります。そのための手段として、いくつかの保全命令の申立てが用意されています。具体的には、次のような手続です。

a．弁済禁止、財産の処分禁止等財産に関する保全処分
b．破産手続・整理手続、強制執行・仮差押等、財産関係の訴訟手続等の中止命令
c．民事再生手続の目的を十分に達成できないおそれがあるときの包括的禁止命令（担保権に基づく実行は対象外）
d．担保権の実行中止命令、担保権消滅請求
e．役員の財産に関する保全処分

　dについて説明を加えますと、民事再生法の上でも不動産等に対する担保権者は別除権を有しており、競売の申立て等を自由に行使できます。ただし、それが会社の主たる収益源である工場などの場合は、担保権者がそれを実行し売却すると、会社の再建は事実上不可能になり、再建型の整理手続にはなじまなくなります。

　そのような事態を防止するため、再生債務者の事業継続に欠くことのできないものであるときは、担保権の実行を中止させたり、債務者が当該財産の価額に相当する金銭を裁判所に納付することにより担保権消滅の申立てができることとなっています。この場合の当該財産の価額とは時価相当額ですが、別除権者に不足額が生じる見込みがある場合には、届け出ることによって再生債権者としての権利を有することになります。これは、破産手続においては担保権者が不足額の確定を待たなければ弁済を受けられない、という点を踏まえて規定されたものです。

④　営業譲渡

　会社の再生を主眼にしているこの法律では、営業譲渡により特定部門の売却をし、当該売却資金により残る部門の再生を期すことは重要です。しかも資産劣化が進まないうちに早期に営業譲渡を行うことができれば、企業再生にはよ

り有効です。

　民事再生法では債務超過の会社の場合は、民事再生手続開始決定後は以下の要件を満たせば、再生計画によらずに、株主総会の特別決議を省略し、裁判所の許可だけで営業の全部又は重要な一部の譲渡を行うことができるようにされています。ただし、債務超過でない会社では、債務者を規制する法律等の手続が必要であるため、株主総会の特別決議や公正取引委員会への届出等が必要です。

a．再生債務者の事業の再生のために必要であると認められること
b．裁判所が知れたる再生債権者に意見を聞く
c．裁判所が労働組合ないし使用人等の過半数を代表する者に意見を聞く

　また、株主総会特別決議を省略するので、株主が不測の損害を被らないための保護策として、株主の不服申立て手段が認められており、さらに反対株主の株式買取請求権も排除されていません。

　このように民事再生法では、会社の資産劣化が進まないうちに（営業能力が残っている間に）営業譲渡を行える制度を確保しています。この制度をより有効に活用するためには、民事再生手続申立て前からあらかじめ営業譲渡先を確保し、大口債権者の承諾を得ておくプレパッケージ型の再生手続をとることが望ましいといえます。

⑤　監督委員等の選任

a．監督委員の選任……裁判所は、再生手続開始申立てがなされた場合、必要があると認めたときは、利害関係人の申立て又は職権にて、監督委員による監督を命ずることができます。
b．調査委員の選任……裁判所は、調査委員を選任して調査を命じることができます。調査委員は主に公認会計士が選任されます。
c．管財人の選任……再生手続開始決定以後に、債務者の財産の管理又は処分が失当であるとき等は、管財人による管理を命ずることができます。

⑥　再生手続の開始

　民事再生の申立てがあると、裁判所は、申立てが適法に行われ、かつ、再生の見込みが明らかに認められない場合以外は、おおむね2週間から4週間で開

始決定を出します。さらに、申立て後20週間程度で開催される債権者集会による決議を受けて再生計画は認可されます。

民事再生の開始決定があると債権者は債権の届出をし、再生計画に定められた方法で弁済を受けていくこととなります。ただし、会社更生手続と違い、担保債権は再生計画の対象外とされます。

民事再生法上は、債権の種類ごとに以下のとおりの弁済を受けることとされます。

a．担保債権……抵当権などの担保権の裏付けのある債権であり、原則として民事再生手続の枠外で、自由に担保権を行使することができます。

b．一般優先債権……税金や給与のような租税債権や労働債権は、優先的に弁済されます。

c．再生債権……再生手続開始前の原因に基づいて生じた債権で上記以外のもの。再生計画で決められた切捨て後の金額をリスケジュールされた弁済期間で弁済を受けることになります。ただし、このうち少額債権や中小企業者に対する再生債権は優先的に弁済されます。

d．共益債権……民事再生手続開始後の債務者の業務に関する債権、あるいは債務者のために支出すべきやむを得ない費用の請求権であり、民事再生手続によらず随時弁済されます。

⑦ 事業年度と財産評価

民事再生法では、民事再生の開始決定があっても事業年度が終わることはありません。それまでの事業年度がそのまま継続されます。

また、再生債務者は、再生手続開始後遅滞なく、再生債務者に属する一切の財産につき再生手続開始のときにおける価額を評定しなければなりません。裁判所は、必要があると認めるときは、利害関係人の申立て又は職権により、評価人を選任し、再生債務者の財産の評価を命ずることができます。

この財産評定の結果は、仮に破産した場合の配当原資を明らかにし、再生計画の弁済額と比較して、債務者が再生計画に同意するかどうかの検討資料となります。そのため評定価額は、財産を処分するものとしての評価、すなわち清算価額ベースでの評価額です。再生債務者は、財産評定を行った後に、再生手

続開始時の財産目録及び貸借対照表を裁判所に提出します。
⑧ 再生計画
a．要　件
　債務者は再生計画案を作成して債権者集会で承認を得る必要がありますが、この議決要件は「出席債権者の（頭数の）過半数」で、かつ、「議決権の総額の2分の1以上の同意」で足ります。
　これは、和議の要件である「議決権の総額の4分の3以上の同意」に比べ大幅に緩和されています。
b．時　期
　和議では、手続開始の申立てと同時に和議条件を提示する必要がありましたが、民事再生法では再生債権届出期間満了後、裁判所の定める期間内に再生計画案を提出することを原則とし、財産の保全処分後に債務者がじっくり検討・作成することを認めています。
　なお、会社更生法でもほぼ同様の取扱いですが、一般的には1年間ほどが多く、民事再生法ではこの期間の短縮が要請されると考えられます。
c．手　続
　再生計画案については、和議法では債務者しか提出できませんでしたが、民事再生法では債権者も提出することができます。また、債権者集会を開かなくとも書面による決議もできます。
d．債務の弁済時期
　再生計画案における債務の猶予期間を最長10年としています。これは改正前の会社更生法の20年が長すぎるという批判に応えたものです。
⑨ 終　結
　再生手続は原則として、再生計画認可の決定が確定したときに終結決定します。ただし、監督委員が選任されている場合は、再生計画が遂行されたときないし認可決定の後3年が経過したときに終結し、管財人が選任されている場合は、再生計画が遂行されたときないし再生計画が遂行されることが確実であると認められるに至ったときに終結します。
　和議法においては、債権計画の認可決定により手続は完了しますが、和議条

再生計画に定める事項

【必要的記載事項】
① 再生債権者の権利の全部又は一部を変更する条項（債務の減免、期限の猶予、その他の一般的基準）
② 共益債権及び一般優先債権の弁済に関する条項
③ 届出再生債権等の権利に関する定め
④ 債務の負担及び担保の提供に関する定め
⑤ 未確定の再生債権に関する定め
⑥ 別除権の行使によって弁済を受けることができない債権の部分が確定していない再生債権を有するものがあるときの措置
⑦ 資本の減少等に関する定め

【任意的記載事項】
① 裁判所の許可があった場合、再生計画の定めによる資本の減少に関する条項。この場合における株式の併合に関する条項又は再生債務者が発行する株式の総数について定款の変更に関する条項。
② 根抵当権の元本が確定している場合、極度額を超える部分についての仮払いに関する定め。

件の履行そのものは債務者の意思に委ねられていました。したがって、安易な和議条件を提示し債権者の同意を取り付けた後は履行されないという、いわゆるモラルハザードのケースが多く、和議手続の大きな欠陥として指摘されていました。民事再生法ではその点の反省から、監督委員が選任されている場合は、再生計画の履行を確保するため、裁判所は3年間再生手続の終結を宣言することができないこととしました（完全に遂行された場合を除きます）。

さらに次の点も規定しています。

a．再生債務者が計画の履行を怠った時は、再生計画自体が取消し対象となります。

b．裁判所は職権で破産宣告をなし得ます。

c．再生計画条項は「再生債権者表」に記載しますが、これはいわゆる確定判決と同様の効力を有するものであるため、履行を怠った時は債権者から強制執行による回収が行えます。

(3) 民事再生手続の流れ

民事再生手続の流れをフローチャートで示すと、以下のとおりです。

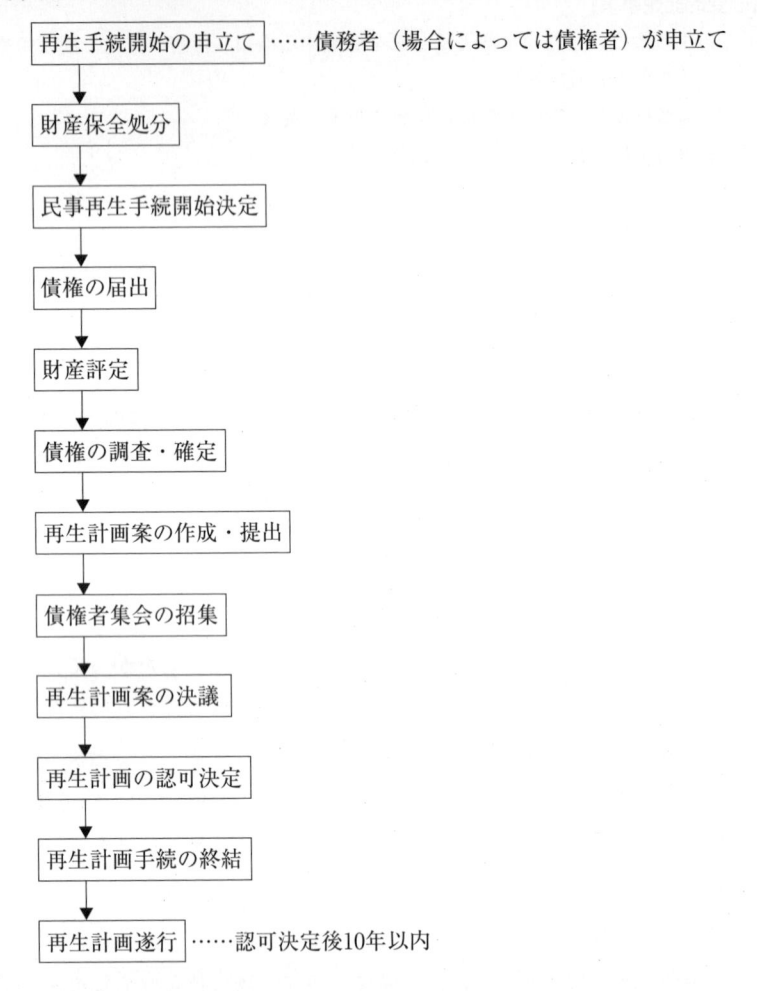

```
再生手続開始の申立て ……債務者（場合によっては債権者）が申立て
        ↓
    財産保全処分
        ↓
  民事再生手続開始決定
        ↓
     債権の届出
        ↓
      財産評定
        ↓
   債権の調査・確定
        ↓
  再生計画案の作成・提出
        ↓
   債権者集会の招集
        ↓
   再生計画案の決議
        ↓
   再生計画の認可決定
        ↓
   再生計画手続の終結
        ↓
    再生計画遂行 ……認可決定後10年以内
```

上記は原則的な流れですが、下記のとおり一定の債権者からの同意があれば、債権の調査確定手続等の一部の手続を省略することができます。ただし、労働組合に対する通知等は必要です。

① 5分の3以上の債権者の同意がある場合
「簡易再生手続」……債権調査・確定手続が省略できます。

② 債権者全員の同意がある場合

「同意再生手続」……債権調査・確定手続と再生計画案決議・認可手続が省略できます。

(4) 民事再生手続のもとでの税務

申告義務者、事業年度、申告書提出期限、中間申告等は通常の事業会社の場合と相違ありませんが、欠損金の繰戻し還付、資産評価益等の特例については、会社更生手続とほぼ同様に適用できます。このうち欠損金の繰戻し還付については、2005年の法人税法改正により、繰越欠損金のうち青色欠損金等以外の欠損金を優先して控除できるようになり、会社更生法の場合との整合がとられています。

(5) 個人再生手続

民事再生法は、会社のみならず、個人も適用対象とされています。

この手続には、小規模個人再生と給与所得者等再生の2種類があります。さらに、住宅ローンを繰り延べるための住宅資金貸付金に対する特則が設けられています。その概要は次ページのとおりです。

4 会社更生法と民事再生法の違い

(1) 主な相違点

会社更生法と民事再生法を比較することによって、その特徴を明らかにしてみましょう。

① 事業年度と財産評定

会社更生法では、それまでの会社の事業年度はその開始の時に終了し、これに続く事業年度は計画認可の時又は更生手続終了の日に終了しますが、民事再生法では、開始決定があっても事業年度が終わることはありません。また、会社更生法では、財産について評定をし、手続開始の時における財産目録及び貸借対照表を作成しなければなりませんが、民事再生法では、財産評定は仮に破産した場合の配当原資を明らかにする程度にすぎません。

	通常の民事再生	小規模個人再生	給与所得者等再生
適用対象	法人・特殊法人・個人	個人のみ	同左
適用要件 （収入要件）	特になし	継続的（反復的）収入の見込み	給与等定期的な収入の見込み
適用要件 （負債要件）	特になし	借金が5,000万円以下	同左
申立て費用の目安	負債基準による予納金＋α	約70万円から100万円	同左
機関	監督委員等	個人再生委員	同左
債権調査	厳格	簡便的	同左
決議の方法	原則債権者集会開催	書面	なし（意見聴取）
可決要件	出席債権者の過半数かつ議決債権の2分の1	同意しない旨を書面で回答した議決権者が半数に満たず、かつその議決権の額が議決権総額の2分の1を超えないこと	なし
計画終結	弁済3年	計画認可	同左
弁済期間	原則10年以内	原則3年	同左
住宅資金貸付債権の特則	適用あり	同左	同左

　すなわち経理的にみると、会社更生法では、開始によって会社は新しく生まれ変わりますが、民事再生法では、開始があってもそれまでの会社と基本的には変わるものではありません。

② 経営者

　会社更生法では、それまでの経営者は権限を失い、通常全員罷免されますが（経営責任のない者が管財人等に選任されることはあり得ます）、民事再生法では、従前の経営者がそのまま経営を継続するのが通常です。

③ 担保権

　会社更生法では、担保権者も競売などの権利行使は認められず、財産評定の結果認められた更生担保権の金額の範囲で配当を受けるにすぎません。一方民事再生法では、担保権者はいつでも担保権を行使できます。そのため民事再生

計画を無事に履行するためには、担保権者全員の協力が必要となります。

このことからも、会社更生法が権利関係の複雑な大企業向きであるのに対して、民事再生法は、社会的な影響の少ない中小企業が債権者、特に担保権者の理解と協力を得ながら、会社経営を続ける場合にふさわしい手続といえます。

会社更生法と民事再生法の比較

項　目	会社更生法	民事再生法
適用対象	株式会社	会社・特殊法人・個人
経　営	原則として従来の経営者は経営権を失い管財人が経営	原則として従来の経営者が引続き経営
可決要件	更生債権者　議決権の2分の1以上 更生担保権者 　　期限猶予　議決権の3分の2以上 　　減免　　　議決権の4分の3以上	出席債権者の過半数、かつ決議債権の2分の1以上
弁済期間	原則最長15年	原則10年以内
長　所	・強力な企業再建手段 ・複雑な利害関係の調整ができる	・申立てしやすい ・計画認可までの期間が短い ・適用範囲が広く、かつ、手続が比較的簡単であるため、利用しやすい
短　所	・株式会社に限定 ・手続が煩雑	・安易な申立ての可能性あり ・弁済期間が短いため、清算を上回る計画作成ができないことがある

(2) 手続の選択

以上見てきたように、会社更生法は株式会社のみ適用でき、原則として経営陣は総退陣し、更生計画の可決要件も厳格であり、一般的には大規模な企業向けなのに対して、民事再生法は会社以外の法人や個人にも幅広く適用でき、現経営陣も引き続きとどまることが可能であり、再生計画案の可決要件もゆるやかとなっており、一般的には中小会社向けとなっています。

そのため、会社更生法と民事再生法のいずれの手続を選択するかは、①会社の規模が大きく利害関係者が多いか（会社更生法）、会社規模が小さく利害関係者が少ないか（民事再生法）、②従来の経営者が引き続き経営にあたるのか（民事再生法）、経営陣を刷新するのか（会社更生法）、③担保権者の協力が得られ

る可能性が強いか（民事再生法）、弱いか（会社更生法）、④債務弁済期間を長期間とするか（会社更生法）、短期間とするか（民事再生法）、等の要因を考え合わせて、決定する必要があります。現実的には、弁護士等の専門家に相談することが望ましいといえます。

5　株主及び債権者の税務

(1)　株主の税務

　会社更生法の規定による更生手続の開始決定があった場合や、民事再生法の規定による再生手続の開始決定があった場合で、上場有価証券の価額が著しく低下したときや非上場有価証券の発行法人の資産状態が著しく悪化したときは、法人株主は保有有価証券につき評価損を損金計上することができます。個人株主には評価損の計上は認められていません。

(2)　債権者の税務

　法人及び個人事業の債権者は、会社更生法の規定による更生計画の認可の決定があった場合や民事再生法の規定による再生計画の認可の決定があった場合において、その決定により切り捨てられることとなった金額については、損金に算入することができます。かつ、当該事業年度の翌日から5年を経過した日以後に弁済されることとなった金額について、貸倒引当金勘定を計上することができます。

　また、会社更生法の規定による更生手続の開始の申立てがあった場合や民事再生法の規定による再生手続開始の申立てがあった場合、債権額から、相殺可能な債務や担保等によって回収可能な金額を控除した残額の50％を貸倒引当金勘定に繰り入れることができます。

6　事業戦略への活用

　Ｍ＆Ａにより他の企業の買収を考えている企業にとっては、技術力やノウハウのある企業が過大な投資や本業以外で損失を計上し破綻してしまった場合、そのまま買収してしまったのでは巨額の負の財産まで引き継ぐこととなってし

まいますが、更生計画や再生計画で債務免除を受けた後であれば、投資額が少なくてすみます。

　将来更生会社や再生会社のオーナーになろうと思っている会社は、事業管財人を派遣し、会社の事業を運営して更生計画や再生計画を立てれば、その過程で事業の内容も把握できるので、より少ないリスクで会社を手に入れることができます。また、更生会社や再生会社の発行済株式の全額を無償で償却し、その後スポンサー企業に新株式を全額割り当てることができるため、他の株主からの株式買取りも行わずに比較的容易に子会社化することができます。

　会社更生法や民事再生法によれば、会社法上の規定に対する特例が認められており、事業戦略に有効に活用することが可能です。

　例えば、営業譲渡は原則として更生計画や再生計画の中で行いますが、事業の更生や再生のために必要と認められる場合は、裁判所の許可を得ることにより、更生計画や再生計画によらずに営業の全部又は重要な一部の譲渡を行うことができます。これにより必要とする一部の事業部門だけを迅速かつ簡易に譲り受けることができます。

　また、更生会社を吸収合併する場合、更生会社においては、更生計画に定めることにより株主総会の承認決議、貸借対照表の備え置き、反対株主の株式買取り請求権、合併無効の訴え、債権者・社債権者の異議等に関する会社法上の規定は適用されず、合併手続は簡素化できますので、煩雑な手続を得なくとも実行できます。

　さらに、更生会社は増資や株式交換・株式移転・株式分割についても更生計画に定めることより、会社法上の厳格な手続を省略できますので、Ｍ＆Ａ型再建方法に活用することが比較的容易に行えます。ただし、民事再生手続ではこれらの例外は認められていませんので、会社法に定める通常の手続が必要です。

　最近では買収投資の手法として、企業の破綻前から企業再生計画作りに投資ファンド等のスポンサーが係わるプレパッケージ方式も増加しています。通常、法的整理の申立てがあれば、その信用は著しく毀損し、その事業価値は急速に劣化しますが、この方式によれば事業を中断することなく、事業価値をあまり傷つけずに、早期に再生が可能となります。

会社法上の規定に対する特例の有無

	会社更生手続	民事再生手続
営業譲渡	○	○
減　資	○	○
増　資	○	×
合　併	○	×
株式交換	○	×
株式移転	○	×
株式分割	○	×

○は特例あり、×は特例なし

　資金調達方法としても、会社更生法や民事再生法などの法的整理を申請した企業に対する運転資金の供与や資金枠を設定するDIPファイナンス、再生債権や更生債権を一括して前倒しで弁済するための資金を貸し付けるエグジットファイナンス、LBO（買収先資産を担保にした借入による買収）向けのノンリコースローンなどが使われるようになり、資金調達方法が多様化しています。さらに債務を株式化するデット・エクイティ・スワップ（DES）や貸出債権を返済順位の低い劣後ローンに転換するデット・デット・スワップ（DDS）も数多く活用されるようになりました。

　更生会社や再生会社といえば、マイナスのイメージが強いのですが、スポンサー企業によって見事に立ち直った企業も多々あります。中小企業白書によると、法的整理をした企業は債権カットなどの私的整理にとどまった企業より、事業が黒字化した比率が10ポイント高いとされています。法的整理会社を手に入れることの意義は小さくないといえます。

　現代においては、事業拡大を狙う会社にとって更生会社や再生会社は、積極的な事業戦略の対象として位置付けることができます。

III 法的整理による企業再生事例

1 近年の法的整理の状況

　平成12年に民事再生法が制定されて以降は、大企業も含めて非常に多くの企業が民事再生法を申請しています。一方で、上場会社のような大企業においては会社更生法を申請する企業が後をたちません。

　近年では大学経営法人や不動産投資法人（REIT）が民事再生法を申請したり、官民共同出資の第三セクターの法的整理が増えるなど、企業や個人以外の新たな分野でも事例が見られるようになりました。

　特に2008年のわが国における法的整理は、その数と規模において極めて高い水準でした。前半は不動産不況に加えて金融機関の金融引締めにより不動産業や建設業の法的整理が多く、米国のサブプライムローン問題から9月のリーマン・ブラザーズ証券の破綻を契機に未曾有の世界同時不況となってからは、わが国でも年後半は高水準の法的整理件数となりました。上場会社のような大企業でも多くの法的整理事例が見られました。

　近年の企業の法的整理の状況は、次ページのとおりです。

　法的整理の場合でも、スポンサー企業の支援やリストラ等により多くの企業が再生し、法的整理手続を終了させる例も数多く出ています。

　ここでは、会社更生法ないし民事再生法の適用となった上場会社が再生した事例を見ていくこととします。なお、事例については日本経済新聞紙上で報道された記事を基に記述しています。

近年の法的整理の推移

(単位:件)

	2005年	2006年	2007年	2008年
法的整理件数 (負債総額:億円)	7,905 (61,163)	9,351 (52,717)	10,959 (54,917)	12,681 (119,113)
内上場会社の件数	8	2	6	33

2009年は1月から3月までの間に、既に14件の上場会社の法的整理が発生しています。

2008年に法的整理を適用した上場会社

	日付	会社名	業種	市場	法的整理の種類
1	2月12日	グレース	サービス	大証2	破産
2	3月20日	レイコフ	不動産	ヘラクレス	民事再生
3	4月30日	ニイウスコー	サービス	東証2	民事再生
4	5月27日	アリサカ	サービス	ジャスダック	会社更生法
5	5月30日	トスコ	繊維	東証2/大証2	会社更生法
6	6月24日	スルガコーポレーション	建設	東証2	民事再生
7	7月5日	真柄建設	建設	東証1/大証1	民事再生
8	7月18日	キョーエイ産業	不動産	ジャスダック	民事再生
9	7月18日	ゼファー	不動産	東証1	民事再生
10	7月24日	三平建設	建設	ジャスダック	民事再生
11	8月13日	アーバンコーポレイション	不動産	東証1	民事再生
12	8月26日	創建ホームズ	不動産	東証1	民事再生
13	9月1日	トランスデジタル	サービス	ジャスダック	民事再生
14	9月19日	Human21	不動産	ジャスダック	民事再生
15	9月24日	リプラス	不動産	東証マザーズ	破産
16	9月25日	ジェネシス・テクノロジー	サービス	東証2	民事再生
17	9月26日	シーズクリエイト	不動産	東証1	民事再生
18	9月26日	プロデュース	機械	ジャスダック	民事再生
19	9月29日	ランドコム	不動産	東証2	民事再生
20	10月2日	エルクリエイト	不動産	ジャスダック	破産
21	10月2日	新井組	建設	東証・大証1	民事再生
22	10月9日	ニューシティ・レジデンス投資法人	J-REIT	東証	民事再生

23	10月14日	富士バイオメディックス	小売	名証セントレックス	民事再生
24	10月16日	井上工業	建設	東証2	破産
25	10月30日	山崎建設	建設	ジャスダック	会社更生法
26	10月30日	ノエル	不動産	東証2	破産
27	10月31日	ダイナシティ	不動産	ジャスダック	民事再生
28	11月14日	ディックスクロキ	不動産	ジャスダック	民事再生
29	11月26日	オリエンタル白石	建設	東証1	会社更生法
30	11月28日	モリモト	不動産	東証2	民事再生
31	12月8日	太洋興業	卸売	ジャスダック	民事再生
32	12月15日	松本建工	建設	ジャスダック	民事再生
33	12月19日	ダイア建設	建設	東証2	民事再生

2　会社更生法の事例

(1)　新潟鐵工所

　東証1部上場会社であった新潟鐵工所は、主力のプラントエンジニアリング等の不振から売上が長期低迷し、6期連続連結最終赤字が続き、2000年3月期に約100億円の連結債務超過に転落しました。

　資産売却や分社等の再建策を進めていましたが、景気低迷による受注減が続き、自力再建を断念、2,270億円の負債を抱えて2001年11月に会社更生法の適用を申請し、2002年1月には東京地裁から更生手続開始決定を受けました。受注減に対応した縮小均衡ができなかったことが主な原因といわれています。会社更生法を選択したのは、担保権の実力行使が禁止できるので、企業資産の流出を防止することができるためとのことです。

　その後ファイナンシャルアドバイザーとして野村企業情報が就き、運転資金を確保するために日本政策投資銀行が50億円の融資枠を設定するなど、会社更生への側面支援の動きが広がりました。しかし、多様な事業を抱える同社を一手に引き受けるスポンサーは容易には見つかりそうにありませんでした。そこで、部門ごとの切り売りをすることになりました。

まず2002年4月には、石川島播磨重工業が支援企業になることで合意し、主力事業である原動機部門を子会社として傘下に収めることになりました。石川島播磨重工業はこれにより発電関連で総合的な事業展開ができるため、破綻前から買収を狙い競り勝ったとのことです。後には医薬・産業プラント事業について営業譲渡を受けることとし、交通システム・車両部門も子会社にすることになりました。

　さらに工作機械、成型機事業等を手掛ける子会社が新日本工機の支援を受けるなど、次々と事業譲渡を中心とした支援先が決定していきました。最終的には下記のとおり、すべての事業部門の譲渡先が決まりました。譲渡収入は総額257億円にのぼりました。

事　業	継承先	方　策
原動機・新交通システム・鉄道車両	石川島播磨重工業	会社更生法の枠組みで傘下入り
医薬プラント	石川島播磨重工業	営業譲渡
環境プラント	日立造船	営業譲渡
造船	三井造船	営業譲渡
変速機	日立インダストリイズ	営業譲渡
建機リース・レンタル	エムティエンジニアリング	営業譲渡
道路舗装機械	住友建機	営業譲渡
アスファルト製造プラント	日工	営業譲渡
圧雪車	大原鉄工所	営業譲渡
原油積み出し装置などエネルギー関連機器	日本車両製造・東京貿易	営業譲渡
工作機械、成型機、FA・医療機器関連子会社4社	新日本工機	会社更生法の枠組みで傘下入り

　全事業部門を切り離した後、新潟鐵工所本体は清算会社として存続し、3年後をめどに清算業務を終了、解散することになりました。

　こうして通常2年近くかかる更生計画は、1年でとりまとめられました。

　以上のように、会社更生法のもと時間をかけずに各事業を切り売りしたことで、資産劣化を最小限にとどめることができ、価値のある事業が清算されずに

生き残ることができました。従業員も約7割～8割が引き継がれ、その分雇用が確保されました。

(2) **ライフ**

当時東証1部上場会社で日本長期信用銀行（現 新生銀行）系の信販業界第6位のライフは、2000年5月、東京地裁に会社更生法の適用を申請しました。負債総額は9,663億円にのぼり、企業倒産としては戦後4番目の規模でした。

1952年創業のライフは80年代から事業金融を急速に拡大し、不動産担保融資に傾斜していった結果、バブル崩壊により不良債権が増加し、2003年3月期に1,200億円にのぼる不良債権を処理したため968億円の債務超過に陥りました。メインバンクであった長銀の一時国有化で融資の借換えを拒否され資金繰りが悪化した上、GEキャピタルの傘下に入る方向で経営再建を目指していましたが、GEキャピタルが第三者割当増資を引き受けず提携交渉が不調に終わったことで、自力再建を諦めざるを得ませんでした。

ライフの買手としてはGEキャピタル、シティ、新生銀行、プロミス連合のほか、アイフルとオリックス、スルガ銀行、アメリカン・インターナショナル・グループ連合の日米4グループが名乗りをあげました。各グループは、ライフの530万人に上るクレジットカード会員分のショッピング債権や個人向け融資債権に着目し、カード事業や信販事業の強化、消費者金融事業との相乗効果等、リテール（小口金融取引）事業を拡充する狙いがありました。

結局、好条件を提示したアイフルが最終優先交渉権を獲得しました。

2000年12月に東京地裁に提出された更生計画案では、更生担保権3,010億円は全額弁済し、一般更生債権3,208億円は確定最低弁済率47.72％とされており、2001年3月までに一括弁済することとし、さらに金融機関には5％の範囲で上乗せするとされ、最終的な弁済率は52％超と極めて高率なものとなりました。更生計画案提出も更生法適用申請から7か月と非常にスピーディーなものでした。

特徴的なのは、債務返済のために当時としては先進的な資金調達方法がとられたことです。更生担保権・優先的更生債権の返済の財源は、ライフの営業債

権を流動化することにより調達することとされました。また、一般更生債権の返済財源は、アイフルの株式払込金とアイフルのモルガンスタンレー証券等からの借入等によるものですが、その返済財源はライフの消費者ローン債権を証券化して投資家から資金を調達することとされました。

これは証券化を前提としたLBO（買収先資産を担保にした借入による買収）向けのノンリコースローンであり、国内では初めてのものでした。これらのスキームにより通常10年はかかるとされる更生債権の返済と更生手続の終了が、10か月という非常に短期間で終えることができました。

その後アイフルの子会社となったライフは、翌年の中間決算では早くも15億円の経常利益を確保し、カード会員も8.6％増加したと報じられています。

ライフには不動産向け不良融資債権のほかに、3,000億円にのぼる個人向け債権という優良な資産があったおかげで、先進的な債務返済財源の調達方法がとられ、早期の会社更生手続の終了にたどり着くことできました。そしてスピーディーな処置により、解約等による個人会員の減少もなく、これら優良資産を有効に活用することができました。

(3) **ヤオハン**

国内にとどまらず、東南アジアや中国・英国・米国等海外にも積極展開し、日本の流通業界で国際化の先頭を走ってきた八佰伴グループの中核企業で、東証1部上場会社のヤオハンジャパン（以下、ヤオハン）は、1997年9月に会社更生法適用を申請しました。負債総額は1,858億円と小売業では戦後最大の倒産となりました。

1997年3月期の決算では、経常利益は11億円と黒字でしたが、百貨店子会社の営業不振などで370億円の特別損失が発生し、最終損失は359億円の赤字となりました。ヤオハンは国内の消費低迷や価格競争の激化で利益が減少した上に、国内外での積極的な投資のために発行した600億円にのぼる転換社債等が次々と償還期限を迎えて、急激に資金繰りが悪化しました。その償還資金確保のために基幹店舗を売却したことから売上も激減しました。そのため買掛債務の支払や従業員の賞与支払も遅延するような状況に陥りました。

さらにメインバンクを持たず、社債の発行や海外での子会社の上場等直接資本市場から資金調達を行ってきたため、金融機関からの支持が得られず、資金繰りに窮しました。会社更生法の申請以後は、仕入れ商品代金の決済条件を短縮するなど新たな取引条件を提示しても、なかなか取引先は商品供給を再開してくれませんでした。

　その後、ジャスコがヤオハン支援に名乗りをあげると、取引先からの商品供給は再開されました。ジャスコの方針は、雇用確保を第一に考え、商品調達と店舗運営の面で協力するというものでした。また、国内店舗の再建は協力するけれども海外事業には一切協力せず、人材派遣やヤオハン社員の受け入れはするが、当面資金の援助はしないと言明しました。

　ジャスコとしては、出店規制が厳しい静岡県ではほとんど出店できておらず、ヤオハンを支援することで、それまで空白地帯だった静岡エリアを一挙に手に入れることの魅力は大きかったといわれます。

　更生計画の主な内容は、一般債権のカット率は97％、更生担保権は10％で、3年後に一括返済する100％減資を行い、ジャスコを中心としたイオングループが新たに5億円を出資するというものでした。

　更生のための具体的方策としては、当時約1,700人いた正社員を3分の1強にあたる650人程度まで削減し、国内の関連会社はすべて整理し、海外の会社も売却先が見つかれば切り離すこととされました。そして、取扱商品を食品に絞込み、静岡を地盤とする食品スーパーとして生き残りを目指すことになりました。

　その結果、2001年2月期には売上高567億円、経常利益は前期比42％増の26億円と大幅増益を達成しました。そして、更生計画より1年早く2002年2月には債務弁済を完了し、更生計画を終了しました。会社更生法適用申請から4年半というスピード再建でした。

　流通業では経営環境が激変しており、迅速な行動が求められる中、早期の再建が達成できたのは、スピードを重視した再建手法をとったためと考えられます。

　その後社名をマックスバリュ東海としたヤオハンは、2004年7月に東証2部

に再上場を果たしました。会社更生法を申請してから7年後のことでした。

3　民事再生法の事例

(1)　そごう

　しにせ百貨店であるそごうグループは、国内に27店舗を持ち、グループ売上高は約1兆円、従業員数は約1万人、取引先は約1万社にのぼっていました。しかし、不動産を担保に銀行借入を増やし、経営規模を拡大していく方法は、バブル崩壊にともなう地価の下落とともに行き詰まり、過大な設備投資の結果借入金が膨らみ、国内消費の低迷もあって、2000年3月期にはグループの債務超過は5,800億円にものぼることとなりました。

　そのため、不採算店舗の閉鎖等のリストラ策をまとめると同時に、取引金融機関73行に対して6,300億円の債権放棄を要請しました。これに対して多くの金融機関は同意しましたが、新生銀行は預金保険機構に対して瑕疵担保条項に基づく債権買取を要求し、預金保険機構はこれを受け入れるとともに970億円の債権放棄に応じることとしました。ところが、このことは公的資金の投入につながることから国民からの批判が集まり、一部では不買運動が起こるなど社会問題となったため、政治的な側面も考慮し、そごうグループ22社は自力再建を断念し、2000年7月に民事再生法を申請しました。

　なぜ、大企業であるそごうが本来中小企業向けの法的整理方法である民事再生法を選んだのかについては、民事再生法では再建の可否を討議する事前相談が不必要であるため、申請作業を速やかにすませ、信用不安が増幅して混乱することを避けることができるためであったといわれます。

　その後、メインバンクであった日本興業銀行が人員派遣と資金繰り支援に乗り出すことを表明しました。日本興業銀行は店舗閉鎖や人員整理等にともなうリストラ資金を提供することで支援することとなりました。

　さらに西武百貨店が支援に乗り出し、2002年をめどに、共同持ち株会社方式による事業統合を柱とする各種再建策がとられることになりました。

　西武百貨店は事業統合により、仕入れや商品開発の共通化による合理化効果で再建をいち早く軌道に乗せるとともに、両社の不採算店舗の閉鎖などで経営

効率を高めることが狙いであったとされます。

具体的方策としては、採算のよい12店舗は存続させ、当時休眠状態であった「十合」を受け皿会社として一括運営にあたることとし、残りの不採算店舗9店舗は地元企業などに営業譲渡するか閉鎖することとしました。各店舗の債務は債権者と協議のうえカットし、残った債務は十合が継承して利益等で弁済することになりました。存続する12店舗13社については100％減資を行い、債務免除を受けた後、十合と合併し、再建を目指すことになりました。一般債務1兆5,754億円のカット率としては94.6％とし、残りの債務843億円については日本興業銀行が融資し、再生計画認可決定から6か月後にその資金で一括返済する、9,000人の社員は3,100人を削減する、などが再生計画に盛り込まれました。十合の資本金1,000万円については当面西武百貨店が95％、日本興業銀行が5％を出資することになりました。

西武百貨店と十合は情報システムや商品供給等で包括的に業務提携し、人材の派遣やノウハウの提供等で建直しを図った結果、再生債務については計画より1年早く弁済を終了し、2003年1月には民事再生手続を終結しました。

民事再生手続早期終結の主な要因は、やはりスピードを重視した再建手法をとったことにあると考えられます。激変する流通業の経営環境下、再生法申請の直後から西武百貨店の支援のもと再建策を次々と打ち出し、資産劣化やイメージ失墜を最小限に押しとどめ、債務をいち早く返済したことが、再建への道筋を切り開いた主たる要因と考えられます。

(2) **大日本土木**

近畿日本鉄道グループで東証1部上場会社であった中堅ゼネコンの大日本土木は、公共事業の削減や民間建築需要の落ち込みで受注が大幅に減少し、さらにゴルフ場等不動産事業を積極化したことが裏目に出て、連結ベースで1,500億円を超える多額の有利子負債を抱えることとなり、かつ近鉄がグループの不採算事業からの撤退を進めており支援打切りを決めたことから、2002年7月に民事再生法の適用を申請しました。後日ゴルフ場を経営する関連会社2社も民事再生法を申請しました。

その後、日本舗道が支援に乗り出しました。大日本土木は100％減資した後20億円の増資を実施し、日本舗道が約80％を引き受けて筆頭株主となりました。近鉄も10％強の増資を引き受けるとともに、鉄道関連工事の発注を通じて支援を継続することになりました。日本舗道は大日本土木を傘下に収めることで鉄道工事をはじめとする土木事業を拡大する狙いがあったといわれています。

　再生計画案をまとめるにあたっては、約1,700人の従業員を約900人に減らすほか、赤字のビル建設など建築部門を縮小し、日本舗道の支援を受けて土木部門を強化する方針がとられました。また、300万円以上の大口債務は98％をカットすることになりました。

　以上の結果、合理化政策も功を奏し、再生計画での予定を3週間ほど前倒しして債務者への弁済を終え、2003年12月には民事再生手続を完了しました。

　近鉄が株主として残り、かつ支援を表明したことで、道路工事依存体質を変えたいというニーズを有していた日本舗道は、近鉄からの受注増が見込まれることと、建築部門との相乗効果が期待できることから、早期にスポンサーとして名乗りをあげることとなりました。このことが民事再生手続を早期に終了させることができた大きな要因と考えられます。

第5章 デット・エクイティ・スワップ

ポイント

- デット・エクイティ・スワップ（DES）は、債務の株式化のことをいう。
- DESにおいては、通常、配当優先を内容とする種類株式が利用される。
- 中小企業においては、デット・デット・スワップ（DDS）が利用される場合がある。
- DESは、手続面では、現金振替法と現物出資法がある。
- 会計上、債権者側が取得する株式は時価で評価する。
- 非適格現物出資によるDESが実施された場合、債権の時価が券面額を下回るケースが多いため、債務消滅益が生じる。
- 適格現物出資の場合には、簿価による資本組入となるため、債権券面額が税務上の帳簿価額を上回る場合にだけ、債務消滅益が計上される。

I デット・エクイティ・スワップの概要

1 デット・エクイティ・スワップとは

　デット・エクイティ・スワップ（DES）とは、債務の株式化のことをいいます。通常、債権を保有する銀行などが、貸付金の一部を現物出資することにより株式を取得します。一般的に、経営不振企業を再生する際に用いられる手法です。

　DESが実行されると、債務企業にとっては債務が減少し、その同額の資本が

増加するため財務内容が大きく改善します。また、債務であれば返済義務がありますが、資本化することにより返済義務がなくなります。一方、資本化されると、普通株式であれば新たに発行される普通株式分だけ経営の支配権が債権者に移転します。したがって、債権者側では、新たに株主として強力なリーダーシップを発揮できる環境を創出することができます。

2　債務者と債権者にとっての位置付け

　通常、債務者である会社は、債権者との間で取り決めた約定に従い、元本の返済と利息の支払いを実施しなければなりません。一方、株式の場合、会社は出資者である株主に対しては、会社解散の場合を除いて資金の返済をする必要はありません。

　運転及び投資資金が不足し、資金繰りに窮している会社にとっては、DESの実施は債務及び利息の棚上げと同じ効果が発生し、従来の債務及び利息の支払資金がそのまま余裕資金となるため、一時的に資金不足が解消されるメリットがあります。

　ただし、会社が債務と交換に株式の発行を実施すると、債権者による請求権から株主としての請求権にその内容が変質します。債権者の場合には、当初の約定による元金返済と利息収入が確実に見込まれるのに対して、株主の場合には、配当等の利回り収入は確実に見込まれることはありません。したがって、ゼロかもしれないし、債権の利回りを大きく上回るかもしれません。

　また、債権者であれば、債権の保全のために担保等の設定が可能ですが、株主の場合は、投資資金の保全は不可能であり、会社が倒産した場合にはその投資資金の回収順位は債権者に劣後します。

　したがって、株主は債権者に比べて運用利回りの面、倒産時の残余財産の分配において劣後するため、ハイリスクを負っており、そのリスクに見合うハイリターンを通常要求することになります。

3　株式としての請求権と種類株式

　株主としての請求権は、共益権と自益権に分類されます。共益権とは会社の

経営に参画あるいは取締役等の行為を監督是正する権利のことです。一方、自益権は会社から直接、経済的な利益を受けることを目的とする権利のことです。

債権者が株主となると、債権者としての権利よりも多様な権利を有することになります。債権者からすれば、債務者企業の状況及び債務者の意思に応じて、議決権に代表される共益権を保有することもできるし、配当等に代表される自益権を優先させることもでき、会社法の規定に従い、普通株式・種類株式の利用による多様な株式の設計が可能です。

会社法では、各株式の権利の内容は同一であることを原則としつつ、その例外として、一定の範囲と条件のもとで、(1)すべての株式の内容として特別なものを定めること（1種類のみの株式のみを発行する株式会社の場合）と、(2)権利内容の異なる複数の種類の株式を発行すること（2種類以上の株式を発行する会社の場合）を認めています。

会社法がすべての株式の内容として認めているのは、①譲渡制限（譲渡について、会社の承認を要すること）、②株主から会社への取得請求権（株主から会社に対してその取得を請求できること）、③会社による強制取得（会社が一定の事由が生じたことを条件として取得することができること）の3つです。

一方、内容の異なる「種類」の株式として認めるのは、①剰余金の配当、②残余財産の分配、③株主総会において、議決権を行使できる事項（議決権制限株式）、④譲渡制限、⑤株主から会社への取得請求権（取得請求権付株式）、⑥会社による強制取得（取得条項付株式）、⑦株主総会決議に基づく全部強制取得（全部取得条項付株式）、⑧定款に基づく種類株主総会の承認（拒否権付株式）⑨種類株主総会における取締役・監査役の選解任（選解任種類株式）の9つの事項です。以上をまとめると、次ページの表となります。

通常のDESでは、債権者が相手先企業を支援する場合が多いため支配権の獲得が目的ではないことが多く、また、債権者は不振企業の支配権獲得を望まないため、債権を通常の議決権のある株式に変換するケースはまれです。

通常は、DESを実施する直前の既存株主に比べて配当や残余財産の分配が優先されたり、株式の償還計画を包含した資金の実質的な返済等が設計された、いわゆる優先株式等が発行されるケースが多くなります。

株式の種類の内容

	すべての内容（1種類の株式のみの会社）	種類株式（2種類以上の株式を発行する会社）
剰余金の配当	－	○
残余財産の分配	－	○
議決権制限	－	○
譲渡制限	○	○
株主から会社への取得請求	○	○
会社による強制取得	○	○
全部強制取得	－	○
拒否権付	－	○
取締役、監査役の選解任	－	○

4　DESと債務免除、DDS

(1)　債務免除

　経営不振企業を再生させるために、銀行等の金融機関が融資に対する返済を免除することをいいます。経営不振企業を破綻させるよりも、債務の免除を実施した方が銀行等の損失が少ないと判断される場合に利用されます。

　実務上は、ゼネコン等の再建において多く利用されました。ただ、安易な債務免除の適用は企業経営者のモラルハザード（倫理の欠如）を招くとの批判が多いのも事実です。

　債務免除について、民法では「債権者が債務者に対し債務を免除する意思を表示したときはその債権は消滅する（民519①）」と規定しています。つまり、債務免除とは債務者の意思にかかわらず、債権者の意思のみで債務を消滅させる債権者の「単独行為」といえます。

　債務免除（債権放棄）は、債権者の一方的な意思表示により効力が生じ、それは口頭でも文書でも効力は変わりません。ただし通常は、税務申告上の証拠とするために必ず内容証明郵便が利用されます。

　なお、免除を受けた債務者は債務免除益が課税の対象となりますので、過去の青色欠損金、債務免除益計上事業年度の損失と通算し、免除益が発生しない

対策が採られます。

　通常の売上から発生する利益の場合には、最終的に資金の裏付けがあり、その資金の一部を納税資金に充当しますが、債務免除益においては、将来現金で返済を必要とする債務の免除のため、入金という資金の裏付けのない利益となります。したがって、もし債務免除益に対する課税が発生すると、別な財源から納税資金が必要となり、債権者が再建のために実施した免除効果を減殺させることになりますので、免除益対応ができない段階では債務の免除は実施されません。

(2) デット・デット・スワップ（DDS）

　DDSとは、金融機関による企業支援策の1つの手法であり、特定の債権者の有する債権を劣後ローンに転換することをいいます。大手上場企業の場合には、デット・エクイティ・スワップにより株式への転換をすることによって、企業の再生を金融機関が支援し、再生のめどがついた段階で、たとえば優先株式を普通株式へ転換することによって、市場での売却等により投下資本の回収が可能となります。

　ところが、非上場企業あるいは中小・中堅企業の場合には、デット・エクイティ・スワップにより株式に転換したとしても、株式を最終的に売却できる市場がないため、デット・エクイティ・スワップの利用が困難となります。

　そこで、中小企業などに対する金融支援の手法の1つで、劣後ローンに転換することで一定期間の返済猶予といった形での支援を受けることができる、デット・デット・スワップが考えられました。平成16年2月の金融検査マニュアルの改訂により、金融機関が経営再建計画の一環として、債権を資本的劣後ローンに転換している場合（DDS）は、金融検査において資本とみなすということが定められました。

　ただし、次の一定の要件を満たす必要があります。

① 対象債権が、中小・零細企業[1]向け要注意先債権（要管理先への債権を含む）の全部又は一部であること
② 合理的かつ実現可能性が高い経営改善計画と一体として実施されること
③ 資本的劣後ローンの契約が、金融機関と債務者との間で双方合意の上締結されていること
④ 契約内容に、原則として以下のすべての条件を付していること
　イ　デフォルトによらない資本的劣後ローンの返済は、DDS実行時に存在する他のすべての債権、及び計画において新たに発生予定の貸出債権が完済された後に償還が開始されること[2]
　ロ　デフォルト時における資本的劣後ローン請求権の効力は、他のすべての債権が弁済された後に生ずること[2]
　ハ　債務者が金融機関に対して財務状況の開示を約していること、及び金融機関が債務者のキャッシュ・フローに対して一定の関与ができる権利を有していること
　ニ　資本的劣後ローンが約定違反により期限の利益を喪失した場合、債務者が当該金融機関に有するすべての債務について期限の利益を喪失すること（クロスデフォルト）

(注1)　ここでいう中小・零細企業とは「中小企業基本法」で規定する中小企業者及びこれに準じる医療法人、学校法人等とされている。ただし、出資比率や経営の状況からみて大企業の関連会社と認められる企業を除くこととされている。具体的には、おおむね資本金の額あるいは従業員数の条件のどちらかを満たす会社及び個人とされている（中小企業基本法第2条）。
　　①　製造業・その他の業種：300人以下又は3億円以下
　　②　卸売業：100人以下又は1億円以下
　　③　小売業：50人以下又は5,000万円以下
　　④　サービス業：100人以下又は5,000万円以下
(注2)　経営改善計画が達成され、債務者の業況が良好となり、かつ、資本的劣後ローンを資本とみなさなくても財務内容に特に問題がない場合に、債務者のオプションにより早期償還することができる旨の条項を設けることは差し支えないとされている。

　このことにより、金融機関はDDSを活用して企業の債務者区分を引き上げることが可能となり、中小企業者の再生を行うことができる環境が整備されました。一方、中小企業者にとってもDDS実行分だけ自己資本が増加し、債務

5　DESにおける種類株式の利用例

　A社は、有利子負債の削減と同時に自己資本の増強を実施し、財務体質の一層の強化を図るために、主力金融機関3行に優先株式を取引シェアーに応じて引き受けてもらいました。優先株式の概要は次ページの表のとおりです。

　内容を分析すると、貸付金を優先株式に切り替えていますが、金利収入が優先配当、元本の長期の棚上げを実施し、企業価値が回復すれば普通株式に転換し、それを市場等で売却することによって、貸付元本と売却までの間の機会利益を回収するスキームとなっています。

6　問題の所在

　会社法制定にともなう平成18年の法人税法の改正で、新株発行において増加する資本金等の額は、「払い込まれた金銭の額及び給付を受けた金銭以外の資産の価額」と定義されました（法人税法第2条1項16号、法人税法施行令第8条）。「給付を受けた金銭以外の資産の価額」には、DESで現物出資された債権も当然該当し、この場合の資産の価額は「時価」となりました。

　したがって、DESにおいて新株を発行する場合、債務（自己宛債権）の時価が資本金等の金額となり、債務者側に債務消滅益が発生することになります。

　仮に債権の簿価を200、時価を120とすると、以下の仕訳となります。

債　権　者	債　務　者
（借）有価証券　120　（貸）債権　200 　　　債権譲渡損　80	（借）債務　200　（貸）資本金等　120 　　　　　　　　　　　　債務消滅益　80

　この事例においては、債権の時価を120としていますが、実務上、120をどのようにして評価するかが問題となります。

発行株式の名称	第1回甲種	第2回甲種	第3回甲種	第4回甲種	第1回乙種
発行総額	94億円	100億円	100億円	195億円	225億円
発行株式数	18,800	20,000	20,000	39,000	45,000
発行価額	@500	@500	@500	@500	@500
議決権	なし	なし	なし	なし	なし
優先配当金	日本円TIBOR（6か月物）+ 0.50%	日本円TIBOR（6か月物）+ 0.75%	日本円TIBOR（6か月物）+ 0.50%	日本円TIBOR（6か月物）+ 1.0%	日本円TIBOR（6か月物）+ 1.8%
上限額	7年後まで10円（2%）8年後以降50円（10%）	7年後まで10円（2%）8年後以降50円（10%）	7年後まで10円（2%）8年後以降50円（10%）	7年後まで10円（2%）8年後以降50円（10%）	7年後まで10円（2%）8年後以降50円（10%）
参加条項	非参加	非参加	非参加	非参加	8年目以降単純参加
累積条項	非累積	非累積	非累積	非累積	8年目以降翌営業年度に限り累積
残余財産の分配	@500	@500	@500	@500	@500
取得請求	普通株式を交付	普通株式を交付	普通株式を交付	普通株式を交付	普通株式を交付
取得条項（強制転換）	9年後	12年後	24年後	26年後	30年後
取得条項（強制償還）	-	-	-	-	10年目以降、当期利益が100億円を超えている場合には、その2分の1まで請求可能

II デット・エクイティ・スワップの手続

DESは、手続面で現金振替法と現物出資法に分類されます。

1 現金振替法

債権者は、先に債務者の増資に応じて資金を払い込み、株式を引き受けます。債務者は、株式発行により払い込まれた資金を債務者の借入金の返済に充当します。これにより、あたかも、債務と株式が交換されたのと同様の効果が得られるのがこの方法です。この方法は、債権の現物出資ではないため、疑似DESとも呼ばれます。

この方法では、先に増資を実施するため、債務超過時点での株式発行価額が問題となります。仮に普通株式のみを発行している会社が債務超過時点で株式を発行すると、発行価額が低いため、債権者に対して多数の株式を発行することになります。発行株式数次第では、増資により債権者が議決権割合の50％超を保有する場合もあり、意図しない支配権の獲得が発生するため、通常は議決

現金振替法

銀行 →50 融資→ 企業

銀行が10だけ増資を引き受け、その直後に同額の返済を受けたとすると

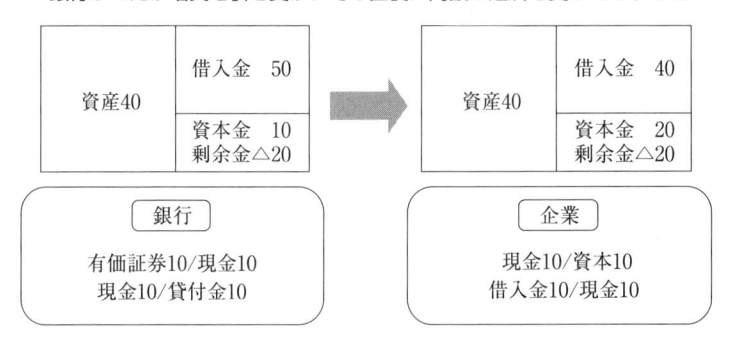

資産40	借入金 50
	資本金 10
	剰余金△20

→

資産40	借入金 40
	資本金 20
	剰余金△20

【銀行】
有価証券10/現金10
現金10/貸付金10

【企業】
現金10/資本10
借入金10/現金10

権のない種類株式を発行することになります。

2 現物出資法

債権者が、債権を金銭にかえて現物で出資して、その価値相当分の株式を引き受ける方法です。

旧商法では検査役等の調査が必要でしたが、会社法では、金銭債権の現物出資については、履行期が到来しているものを当該債権額以下で出資する場合に限り、検査役の調査が不要となりました。

DESは、会社の財務実態が悪化し、金融機関からの借入金を当初の約定期間内で返済できない場合に実施されるのが通常です。したがって、債権の評価額は債権券面額を下回ると考えられました。そこで、旧商法の時代から、DESの新株の発行価額は、会社の財務内容を反映した債権の評価額とすべきか（評価額説）、それとも債権の券面額を基準とすべきか（券面額説）という議論が行われてきました。

平成13年以前においては評価額説も有力説でしたが、平成13年3月25日の商事法務1590号に「東京地裁商事部における現物出資等検査役選任事件の現状」という論文が掲載されて以降、券面額説が有力となりました。

券面額説及び評価額説の主な根拠は、次のとおりでした。

学　説	根　　　拠
券面額説	(1)　DESを行うと、当該債権の券面額相当の債務が減少するため、会社の純資産の増加又は資本の欠損額もしくは債務超過額の減少は、その券面額において生じる。 (2)　評価額説に従って評価額についてのみ資本増加を行うと、券面額と評価額の差額については債務免除益を計上しなければならないことになるが、これは、会社及び当該債権者の意思に反する処理である。 (3)　評価額説は、第三者に対する債権を現物出資する場合は妥当であるが、当該会社に対する債権を現物出資した場合に生じる債務の消滅という事態には適合しない。 (4)　資本充実の原則によると、現物出資された資産について当初から含み損があるという事態の発生は許されないと考えられるが、資本増加額に

	見合う積極財産を現実に会社に組み入れることを要求しているとまで考える必要はない。
	(5) 債務超過会社の状態である会社の多い昨今、DESにより会社の財務内容を改善させることができれば、社会経済的に大きな利益がある。しかるに、評価額説によらなければならないとすれば、債権者がこれを行う魅力に欠けることとなる。
	(6) 会社が債権者に対して債務を弁済し、その弁済額を払込金とする金銭出資をさせれば、券面額説を採用したのと同じ結果となる。
評価額説	(1) 券面額より低い価値しかない債権の券面額をそのまま資本の増加額にさせることは、資本充実の原則に反する。
	(2) 券面額説によれば、発行新株の1株当たりの発行価額はきわめて低い場合が多く、発行株式数が異常に多くなるため、普通株式であれば既存の株主の持分割合が必要以上に薄められ、無議決権株式では経済的価値が薄められる。
	(3) 株式払込債務についての相殺禁止規定(旧商法200条2項)に抵触すると考えられる。

券面額説及び評価額説に従った会計処理は、次のとおりです。

現物出資法(券面額説)

銀行 →50 融資→ 企業

銀行が10だけのDESを実施したとすると

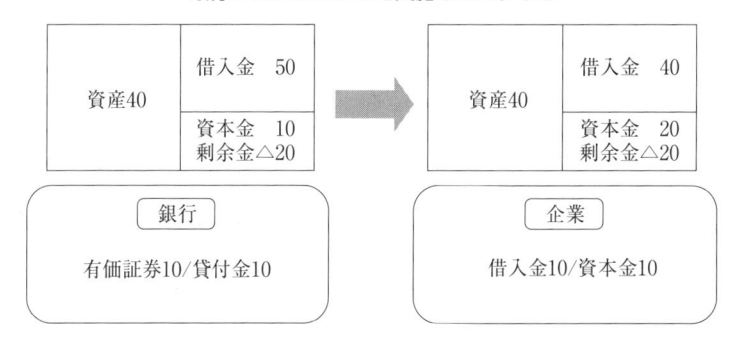

資産40	借入金 50
	資本金 10
	剰余金△20

→

資産40	借入金 40
	資本金 20
	剰余金△20

[銀行]
有価証券10/貸付金10

[企業]
借入金10/資本金10

現物出資法（評価額説）

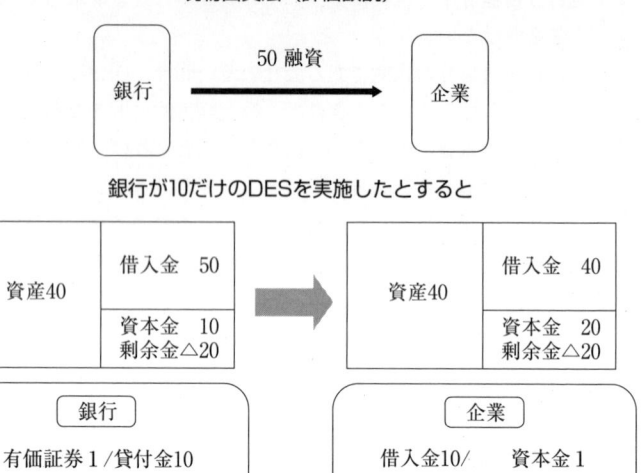

```
     銀行  ──50 融資──▶  企業
```

銀行が10だけのDESを実施したとすると

資産40	借入金　50
	資本金　10
	剰余金△20

→

資産40	借入金　40
	資本金　20
	剰余金△20

【銀行】
有価証券1／貸付金10
貸倒損失9

【企業】
借入金10／資本金1
　　　　　債務消滅益9

　この見解が出て以降、DESの法的実務が安定化しました。特に実務において、債務超過会社がDESにより会社の財務内容を改善させることができたことは、社会経済的に大きな利益があったといえます。

　なお、会社法においては、資本金等増加限度額は「給付を受けた日における価額」と規定されています（会社計算規則37①ロ）。また、税務において、非適格現物出資における債務消滅益が明確化されたことから、券面額説そのものが会計及び税務実務上、存在意義を失ったとも考えられます。会社法において、旧商法と同様に券面額説が有力であるかどうかについては、議論が分かれているといわれています。

Ⅲ デット・エクイティ・スワップの会計

1 DESの実行時における債権者側の会計処理に関する実務上の取扱い

　平成14年10月9日、企業会計基準委員会から「デット・エクイティ・スワップの実行時における債権者側の会計処理に関する実務上の取扱い」が公表され、債権者が取得する株式は取得時の時価で計上し、消滅した債権の帳簿価額との差額を当期の損益として処理する旨が明確化されました。

　その要点は、次のとおりです。

- 債権者がその債権を債務者に現物出資した場合、債権と債務が同一の債務者に帰属し当該債権は混同により消滅する（民法520条参照）ため、金融資産の消滅の認識要件を満たす。
- 本報告による債権者側の会計処理に関する考え方は、債務者側の会計処理にかかわらず適用される。
- 債権者が取得する株式は、取得時の時価が対価としての受取額となり、消滅した債権の帳簿価額との差額を当期の損益として処理し、当該株式は時価で計上する。
- 消滅した債権の帳簿価額は、取得価額又は償却原価から貸倒引当金を控除した後の金額をいう。
- 取得時の時価は、取得した株式に市場価格がある場合は、「市場価格に基づく価額」であり、市場価格がない場合には「合理的に算定された価額」である。
- 「合理的に算定された価額」の算定は、債権放棄額や増資額などの金融支援額の十分性、債務者の再建計画等の実行可能性、株式の条件等を適切に考慮したうえで、「金融商品実務指針第54項に掲げられる方法によって算定する。ただし、実行時点において利益が発生するのは、きわめて例外的な状況に限られる。
- 「合理的に算定された価額」の算定が困難な場合、取得した株式の取得時の時価を直接的に算定する方法に代えて、適切に算定された実行時の債権の時価を用いて、当該株式の時価とすることも考えられる。

2 種類株式の貸借対照表価額に関する実務上の取扱い

平成15年3月13日に、企業会計基準委員会から「種類株式の貸借対照表価額に関する実務上の取扱い」が公表され、DESの場合に多く利用される種類株式の時価の考え方を債券に類似する株式とするか否か、市場価格の有無等の観点から時価の考え方が明確化されました。

主な内容は、次のとおりです。

---

1 債券と同様の性格を持つと考えられる種類株式

発行会社が一定の時期に一定額で償還すると定めている種類株式や、発行会社、保有者が一定額で償還する権利を有し取得時点において一定の時期に償還されることが確実に見込まれる種類株式は、経済的には清算時の弁済順位を除き、債券と同様の性格を持つと考えられるため、その貸借対照表価額は債券の貸借対照表価額と同様に取り扱う。

2 債券と同様の性格を持つと考えられるもの以外の種類株式

市場価格のある種類株式は、当該市場価格に基づく貸借対照表価額とし、時価が著しく下落した場合には、回復見込みがある場合以外は減損処理をする。市場価格のない種類株式は取得原価をもって貸借対照表価額とし、当該株式の発行会社の財政状態の悪化により実質価額が著しく低下したときは、減損処理をする。

3 市場価格のない種類株式の減損処理

市場価格のない種類株式のうち、債券と同様の性格を持つと考えられる株式以外のものの実質価額の算定及び減損処理は以下による。

(1) 評価モデルを利用する方法

満期なしの永久債類似のもの、又は現在は転換できないが将来転換請求権を行使して市場価格のある普通株式に転換できること等により、普通株式の市場価格と関連性を有するもの。

困難な場合を除き、割引将来キャッシュ・フロー法やオプション価格モデルなどを利用した評価モデルによる価額を実質価額とする。この評価モデルを利

用して算定された価額が、取得価額に比べて50％程度以上低下した場合は、当該価額まで減額し評価差額は当期の損失とする。また、50％程度以上低下していなくても、金融商品実務指針91項に準じて減損の要否を判断する。

(2) 評価モデルを利用して算定された価額を得ることが困難である場合
① 1株当たり純資産額を基礎とする方法（種類株式の普通株式相当数を算定することが可能な場合）

　　1株当たり純資産額｛資産等の時価評価に基づく評価差額等を加味して算定された発行会社の純資産額÷（種類株式の普通株式相当数＋普通株式数）｝×所有する当該種類株式の普通株式相当数

② 優先的な残余財産分配請求額を基礎とする方法（普通株式よりも利益配当請求権及び残余財産分配請求権が優先的である場合）

　　①と同様の方法により算定された純資産額＜優先的な残余財産分配請求権総額　である場合
当該純資産額を当該種類株式数で除した1株当たり純資産額×所有する当該種類株式数

　これらの方法により算定された実質価額が少なくとも取得価額の50％程度以上低下した場合には、当該実質価額まで減額し、評価差額は当期の損失として処理する。

　普通株式の市場価格と連動性がある種類株式は、評価モデルを利用した価額を得ることが困難でも、普通株式の市場価格が当該種類株式の取得時点に比べて著しく下落した場合には、減損処理を行うことが合理的な場合も多いことに留意する。

Ⅳ デット・エクイティ・スワップの税務

税務面においては、適格の現物出資となるかどうかによって処理が異なります。

1 適格現物出資の条件

法人税法では、会社の一部門等を現物出資する場合、原則は時価で資産・負債を譲渡したとみなして譲渡益に対して課税を行いますが、一定の要件を満たす場合には、適格現物出資として課税を繰り延べることとしています。

適格現物出資の要件は、株式保有要件あるいは共同事業要件のいずれかを満たす出資であり、「現物出資によって国内にある資産・負債を外国法人に移転するものでないこと（国内資産・負債要件）、かつ現物出資法人に被現物出資法人の株式のみが交付されること（株式対価要件）」という条件を満たした現物出資となります。

2 債権者の処理

債権者側では、適格現物出資に該当した場合に限り譲渡損益の繰延べが行われ、非適格現物出資の場合には、原則どおりの課税関係となります（法人税法第2条12の14、62条の4）。

(1) 株式保有要件

条　件	内　容
全部の株式を保有する関係	① 現物出資前に現物出資法人と被現物出資法人との間に完全支配関係があり、現物出資後も現物出資法人と被現物出資法人との間の完全支配関係が継続することが見込まれている場合 ② 単独新設現物出資の場合で現物出資後も、現物出資法人と被現物出資法人との間に完全支配関係が継続することが見込まれている場合 ③ 同一の者によって現物出資法人及び被現物出資法人との間に完全支配関係があり、かつ現物出資後も同一者による完全支配関係が継続することが見込まれている場合
50％超を保有する関係	次の①又は②のいずれかの関係に該当する場合の現物出資で、かつ下記の要件1から要件3のすべてに該当する場合の現物出資 ① 現物出資前に現物出資法人と被現物出資法人との間に50％超100％未満の支配関係があり、現物出資後も現物出資法人と被現物出資法人との支配関係が継続することが見込まれている場合 ② 同一の者によって現物出資法人及び被現物出資法人との間に50％超100％未満の支配関係があり、かつ現物出資後も同一者による50％超100％未満の支配関係が継続することが見込まれている場合 (要件1) 主要資産、負債の移転要件 　現物出資によって現物出資事業に係る主要な資産及び負債が被現物出資法人に移転していること (要件2) 従業者の引継ぎ要件 　現物出資事業に係る従業者のうち、その総数のおおむね100分の80以上に相当する数の者が当該現物出資後に当該被現物出資法人の業務に従事することが見込まれていること (要件3) 事業継続要件 　現物出資に係る現物出資事業が当該現物出資後に当該被現物出資法人において引き続き営まれることが見込まれていること

(2) 共同事業要件

共　同　事　業　要　件

　次のすべての要件を満たしている場合
(要件1) 事業関連要件
　現物出資法人の現物出資事業と被現物出資法人の被現物出資事業とが相互に関連するものであること
(要件2) 事業規模要件あるいは特定役員の引継ぎ要件
① 事業規模要件
　現物出資事業と被現物出資法人の被現物出資事業のそれぞれの売上金額、従業員の数、又これらに準ずるものの規模の割合がおおむね5倍を超えないこと
② 特定役員引継ぎ要件
　現物出資前の当該現物出資法人の役員等のいずれかと当該被現物出資法人の特定役員のいずれかとが当該現物出資後に当該被現物出資法人の特定役員となることが見込まれていること
(要件3) 主要資産・負債の移転要件
　現物出資によって現物出資事業に係る主要な資産及び負債が被現物出資法人に移転していること
(要件4) 従業者の引継ぎ要件
　現物出資事業に係る従業者のうち、その総数のおおむね100分の80以上に相当する数の者が当該現物出資後に当該被現物出資法人の業務に従事することが見込まれていること
(要件5) 事業継続要件
　現物出資に係る現物出資事業が、当該現物出資後に当該被現物出資法人において引き続き営まれることが見込まれていること
(要件6) 株式継続保有要件
　現物出資に係る現物出資法人が、現物出資により交付を受ける被現物出資法人の株式の全部を継続して保有することが見込まれていること

3 債務者の処理

　平成18年の法人税法の改正で、資本等の金額が資本金等の金額となり、その資本金等の額は法人が株主等から出資を受けた金額となりました。これにより、資本積立金額の定義規定が法人税法から削除され、新株発行において増加する資本金等の額は、「払い込まれた金銭の額及び給付を受けた金銭以外の資産の価額（時価）」と定義されました（法人税法第2条1項16号、法人税法施行令第8条）。したがって、非適格現物出資によるDESが実施された場合、債権の時価が券面額を下回るケースが多いため、債務消滅益が生じることになります。

　なお、適格現物出資の場合には、簿価による資本組入となるため、債権券面額が税務上の帳簿価額を上回る場合にだけ、債務消滅益が計上されます。

　以上の考え方を事例で示すと、次のようになります。

適格現物出資の場合

	債務者	債権者
① ケース1 債務者の借入金券面額が100、債権者の貸付金取得簿価を100とする	（借）借入金 100　（貸）資本金等 100	（借）有価証券 100　（貸）貸付金 100
② ケース2 債務者の借入金券面額が100、債権者の貸付金取得簿価を10とする	（借）借入金 100　（貸）資本金等 10 　　　　　　　　　　債務消滅益 90	（借）有価証券 10　（貸）貸付金 10

非適格現物出資の場合

	債務者	債権者
債務者の借入金券面額が100、債権者の貸付金取得簿価が60、貸付金時価が10とする	（借）借入金 100　（貸）資本金等 10 　　　　　　　　　　債務消滅益 90	（借）有価証券 10　（貸）貸付金 60 　　　譲渡損 50

Ⅴ 債権の評価

1 債権の時価

　会計実務上、債権は元本から貸倒見積高を控除した回収可能見込額を控除して評価されます。企業会計基準委員会が公表している「金融商品に関する会計基準」及び日本公認会計士協会が公表している「金融商品会計に関する実務指針」が参考になります。

　この中では、債権を一般債権、貸倒懸念債権、及び破産更生債権等に3分類し、その分類ごとに貸倒見積高の算定方法が示されています。

　また、平成10年10月28日に日本公認会計士協会が公表した「流動化目的債権の評価適正化」についても参考になります。ここでは、債権の時価は、252ページのように評価されます。

　DESは業績不振企業を再生する際に多く用いられてきました。業績不振企業の特徴の1つは過剰債務であり、そのような企業の多くは、負債を資産が上回っている状況（債務超過）となっています。

　過剰債務企業がDESを実施すると、金利の支払い及び元本の返済額軽減によるキャッシュ・フローの改善効果と債務減少による財務比率の改善効果が期待できます。したがって、DESが必要となる企業には、貸倒懸念債権に区分される企業が実際には多いことになります。

　そうすると、債権額から担保の処分見込額及び保証による回収見込額を減額し、その残額について債務者の財政状態及び経営成績を考慮して貸倒見積高を算定する方法（財産評価法）か、又は債権の元本の回収及び利息の受取りに係るキャッシュ・フローを合理的に見積もることができる債権については、当該キャッシュ・フローを当初の約定利子率で割り引いた金額と債権の帳簿価額との差額を貸倒見積高とする方法（キャッシュフロー見積法）のどちらかを選択することになります。

区　分	区　分　の　判　断	評　価　方　法
一般債権	経営状態に重大な問題が生じていない債務者に対する債権	債権全体又は同種・同類の債権ごとに、債権の状況に応じて求めた過去の貸倒実績率等、合理的な基準により貸倒見積高を算定する。
貸倒懸念債権	経営破綻の状態には至っていないが、債務の弁済に重大な問題が生じているか又は生じる可能性の高い債務者に対する債権	債権の状況に応じて、次のいずれかの方法により貸倒見積高を算定する。ただし、同一の債権については、債務者の財政状態及び経営成績の状況等が変化しない限り、同一の方法を継続して適用する。いずれの方法を選択するかは、個々の債権の実態により適合する方法を選択する。 ① 財務内容評価法 　債権額から担保の処分見込額及び保証による回収見込額を減額し、その残額について債務者の財政状態及び経営成績を考慮して貸倒見積高を算定する方法 ② キャッシュフロー見積法 　債権の元本の回収及び利息の受取りに係るキャッシュ・フローを合理的に見積もることができる債権については、当該キャッシュ・フローを当初の約定利子率で割り引いた金額と債権の帳簿価額との差額を貸倒見積高とする方法
破産更生債権等	経営破綻又は実質的に経営破綻に陥っている債務者に対する債権	債権額から担保の処分見込額及び保証による回収見込額を減額し、その残額を貸倒見積高とする。債権金額又は取得価額から直接減額することができる。

しかし、金融機関が再生支援先企業に対して、金融支援の一環としてDESを実施する場合を考えてみると、担保部分は回収可能額であり、その担保を解除して全額を資本化するDESはまれと考えられます。そうであれば、基本的に対象となるのは無担保部分債権であり、その一部が資本化すると考えるのが一般的です。

したがって、DESとなる債権の評価は、合理的な再建計画に基づいた債権回収額の現在価値の合計額で評価するのが最も理論的です。また、その際に利用する割引率は、評価日現在の債権の満期日までの期間に対応する国債の利回り等、適切な指標に個別企業の信用スプレッドを上乗せした利率を使用することになります。つまり、各企業の信用力に応じて割引率が異なるため、債権の時価は異なることになります。

債権の区分	評 価 方 法
正常先債権の評価	● 当該債権の契約条件に従って元利金の返済スケジュールを満期日まで見積もり、債権キャッシュ・フロー割引法（以下「債権CF割引法」という）により適切な割引率で割引現在価値を計算することによって行う。 ● 割引率は、評価日現在の債権の、満期日までの期間に対応する国債の利回り等、適切な指標に信用スプレッドを上乗せした利率を使用する。 　なお、割引率は経済環境及び金融、不動産市場環境の変化に対応して変更される。
正常先以外の債権の評価	● 収益弁済がほとんど見込めない場合：担保不動産に権利行使を実施した場合の回収可能額 ● 不動産担保で収入基礎が不動産収入の貸付金：不動産収益還元法 　正常先債権以外の債権を流動化する場合の適正評価は、元利払いの履行状況、債務者の財務内容、担保の状況等を勘案し実施する。

VI まとめ

DESの会計・税務のポイントをまとめると、以下のとおりとなります。

	会　計		税　務	
	会　社	債　権　者	会　社	債　権　者
現金振替法 (金銭による増資後、借入金を返済する方法)	増資と借入金の返済	有価証券の取得と貸付金の回収	資本取引であり、課税なし	課税関係なし
現物出資法 (債権を現物出資する方法)	借入金の資本振替(債権の時価との差額は、債務消滅益)	貸付金の現物出資(債権の時価との差額は、貸倒損失)	債権の時価相当額と券面額との差額が、債務消滅益(適格現物出資を除く)	適格現物出資に該当しない場合、有価証券の取得価額は時価となる

第6章 企業再生における公的支援機関と支援制度

Ⅰ 整理回収機構（RCC）

1 RCCの社会的使命と企業再生

　RCCは、旧住専各社や破綻金融機関の不良債権、及び健全金融機関から譲り受けた不良債権の回収を行う公的機関です。不良債権の回収は、担保資産の競売処分や、さらには法的整理等による回収を行わざるを得ない場合もあります。この場合は債務者の事業継続を断念し、廃業させる結果をもたらします。

　しかし、このような回収方法によらず、債務者の事業がもたらすキャッシュフローに着目し、その事業を再生させて回収する方が経済的合理性に合致するケースがあります。また、国民経済的視点においても、企業再生は重要な意味を持つと認識されていることから、RCCの社会的使命の1つとして、企業を再生させて回収することを担うようになってきています。

　企業再生機能を強化するため、平成13年11月に政府の「改革先行プログラム」に基づいて、企業再生本部を創設、その下に企業再生部を設置し、翌平成14年1月には「企業再生検討委員会」を設置しました。この委員会は、企業再生に関する専門的知識を有する外部の弁護士、公認会計士、税理士、企業再生アドバイザー、RCC役職員で構成され、個別案件ごとに企業再生計画作成着手の可否の判定と再生計画全般について、専門的な見地からアドバイスを行ってい

ます。ただし、再生計画作成の着手について可の判定がされた場合でも、その後の債務者との意見の相違や事業内容の動向によっては再生計画作成が断念されることもあります。

2 RCCが企業再生として取り扱う対象債権

企業再生として取り扱う対象債権は、RCC自身が従来から保有している債権だけでなく、他の金融機関から買い受けた債権についても案件によっては企業再生のスキームの対象になります。また、RCC自身が債権者でない場合でも、他の金融機関からの依頼により、企業再生のための企画立案、利害調整を行うケースもあります。したがって、RCCの取り扱う対象債務者は、下記のパターンに拡大しています。

【RCCの取り扱う対象債務者】
① RCC保有の既存債権に係る債務者
② 他の金融機関から譲り受けた債権に係る債務者（金融再生法53条による健全金融機関からの買取）
③ 他の金融機関から管理信託を受け、企業再生案の企画立案、債権者間の利害調整を行う場合の債務者
④ 金融機関及び投資家によりファンドの設定（金銭信託以外の金銭の信託の受託）、又は債権の購入を前提として、委託者から企業再生の企画立案及び債権者間の調整の依頼を受けた債務者
⑤ 預金保険機構からの回収委託債権（金融再生法60条）にかかる債務者

3 企業存続価値の判定

RCCは、再生候補先について、まず企業（又は事業）の存続価値の判断を行い、存続価値がないと判断した場合は残念ながら、通常の回収の継続あるいは清算型の回収に移行します。

事業存続価値の判断では、下記の項目について検討がなされます。
【必須項目】
① 債務者の誠意、意欲

- 債務者は、弁済に関し誠意ある姿勢にあるか。
- 債務者が、関連会社も含め自らの資産・負債について誠実に開示しているか。
- 債務者が再生に対し意欲を持っているか。従業員の協力は得られるか。

② 経済的合理性
- 企業再生が債権者にとっても経済合理性が期待できるか。
- 再生による回収見込み額と清算配当額等との比較。
- 回収の確実性の検討

③ 再建の可能性
- 事業価値（市場競争力）を有するか。

④ 技術力、営業力、商品力、商圏、人的資源、業界動向等の総合評価
- 重要な事業部門で営業利益を計上するなど、債権者の支援により再建の可能性があるか。
- 減価償却費控除後の営業利益が黒字か。EBITDA等がいくらか。
- 必要に応じ、リストラ経費節減の余地があるか。
- スポンサー出現の可能性があるか。

⑤ 主要債権者の意向等
- 再生型処理について、大口債権者の同調が見込まれるか。

⑥ その他債権者の動向
- 大口債権者と同調する動きがあるか。

【参考項目】

① 経営責任
- 必要に応じ、経営者の交代や資材提供等の経営責任を明確化できるか。

② 株主責任
- 必要に応じ、増減資するなど、既存株主の株主責任を明確化できるか。

③ 関係会社の透明性
- 関係会社を含むグループ全体の財務情報が十分に把握できているか。

④ RCCの社会的使命との適合性
- 当該企業が反社会性（役員がマル暴関係者等）を有することはないか。

⑤ 地域経済への影響
- 当該地域への大きな影響はあるか。

4 「RCC企業再生スキーム」と税務上の取扱い

　平成17年度税制改正において、一定の要件を満たす私的整理に係る再生計画により債務免除を受ける場合には、債務者の有する一定の資産についての評価及び評価益の計上、並びに青色等以外の欠損金を優先して損金に算入する税制措置が講じられています。

　債務者がこの新税制の適用を受けるために、債務者からRCCに要請があった場合には、RCCはこの制度の協定銀行として当該再生計画がその要件を満たしているかどうかについて確認を行うことになっています。

　なお、この場合における、「RCC企業再生スキーム」の内容は、次のとおりです。

RCC企業再生スキーム

1．対象となる私的再生

(1) 「RCC企業再生スキーム」の対象となる「私的再生」は、RCCが主要債権者（再生対象債務者に対する金融機関債権者のうち、相対的に上位のシェアーを有すると認められる者）である再生可能な債務者又はRCCに他の金融債権者の同意を得るための調整を依頼した金融債権者が主要債権者である同債務者について、会社更生法や民事再生法などの法的再生手法によらず、金融債権者間の合意の下で事業の再生を行わせることにより事業収益から最大限の回収を図ることを意図して行われるものであり、すべての「私的再生」を対象としない限定的なものである。

(2) このように、「RCC企業再生スキーム」に従って行われる「私的再生」は、債権者の立場にたって行われるものであるので、事業を清算した場合の回収額よりも当該事業を再生継続させた場合の回収額が債権者にとって上回ると見込まれる場合にのみ、すなわち債権者にとって経済合理性が認められる場合にのみ行われるものである。

(3) もちろん、このような「私的再生」を行うには、当該債務者自身の再生への意欲、自助努力が前提であり、また、債権者に債務の猶予や減免を求

めるものである以上、経営責任及び株主責任の明確化が求められることはいうまでもないことである。

2．「RCC企業再生スキーム」の性格

(1) 「RCC企業再生スキーム」は、平成13年6月26日に閣議決定された「今後の経済財政運営及び経済社会の構造改革に関する基本方針（骨太の方針）」や平成14年10月30日に金融庁から発表された「金融再生プログラム」等の累次の政府の経済財政金融対策、更には、金融再生法により、RCCにおいて企業再生に積極的に取り組むべきことが定められたことに伴い、公的な使命を担う機関として、RCCが債権者として又は債権者の委託を受けて取り組む企業再生案件の手続や依拠すべき基準等の準則をRCCとして定めたものである。

(2) 「私的再生」の性格上、債権者と債務者が共有した情報については、相互に厳正な守秘義務を負うものであるが、同時に、「私的再生」の過程における公正性、客観性、更には、関係者間の透明性、衡平性を確保するために、「RCC企業再生スキーム」を定めるものである。

3．対象債務者となり得る企業

次のすべての要件を備える企業であれば、対象債務者になり得る。

(1) 過剰債務を主因として事業の継続が困難な状況に陥っており、自力による再生が困難であると認められること。

(2) 弁済について誠実であり、その財産状況を債権者に適正に開示していること。企業再生を行うのは、あくまでも債権者の利益を最大限確保するためであり、債務者が弁済に誠意がなく、財産状況も適正に開示していないようでは、債務者を信頼できず、債務者と当該事業や債務の再構築についてそもそも協議を進めることができないのである。

(3) 債務者の再生の対象となる事業自体に市場での継続価値があること。そもそも事業自体が、従業員や取引先の協力やリストラ等を見込んだ上で採算性がとれるようなものでなければ、いくら債務免除等を含む債務の再構築を行っても事業を継続していくことは不可能なので、企業再生を行うことは困難である。

(4) 債務者の事業の再生を行うことが、債権者としての経済合理性に合致していること。会社である債権者は、その株主等との関係でその利益を最大

限にするように行動しなければその責務を果たしていることにならないので、債権者として債務者の企業再生に応じるためには、清算型回収に比してより多くの回収が見込めること、すなわち、債権者としての経済合理性があることが必要となる。

4．企業再生検討委員会（RCC企業再生スキームⅠ及びⅡ共通）

(1) 企業再生計画作成着手の可否及び企業再生計画の是非に関する判断の専門性及び客観性を確保するため、企業再生に関し専門的な知識や経験を有する外部の弁護士、公認会計士、税理士、企業再生コンサルタント及びRCC役職員からなる「企業再生検討委員会」を別に定めるところ（別紙1：企業再生検討委員会設置要綱）によりRCCの企業再生本部長の諮問機関として設置する。

(2) 「企業再生検討委員会」には、顧問を置く（別紙1：企業再生検討委員会設置要綱　参照）。

(3) 企業再生検討委員会は、前項「3．対象債務者となり得る企業」に係る再生計画等について、企業再生本部長の諮問により、「5．私的再生の開始」、「7．再生計画案の内容（RCC企業再生スキームⅠ及びⅡ共通）」、「8．再生計画の検証・提示・成立・実行（RCC企業再生スキームⅠ及びⅡ共通）」に関する事項を審議する。

(4) 企業再生本部長は、「企業再生検討委員会」の委員及び顧問を委嘱したとき、又は委員及び顧問の異動があった場合は、文書により、預金保険機構及び金融庁に速やかに報告する。

5．私的再生の開始

RCCが企業再生に取り組むケースは、RCC自体が主要債権者である場合と主要債権者の1人である金融機関から金融債権者間の合意形成のための調整を委託され、関わる場合の2つのケースがある。

(1) RCCが主要債権者の場合（RCC企業再生スキームⅠ）

　(i) 金融再生法第53条に基づき金融機関からRCCが買い取った債権に係る債務者のうち専門部局である企業再生部で再生に取り組むのが妥当であると判断された案件並びにその他のRCC保有債権等のうち、同部と業務推進部及び回収主管部店が定期的に協議を行って、債務者の再生可能性、

規模、債務額、債権者数、RCCの債権シェアー等から判断して専門部局である企業再生第一部で再生に取り組むのが妥当であると判断された案件については、同部が所管して、債務者と交渉し、債務者の事業の状況を審査して、債務者が上述の企業再生の4要件を有しているかどうかを判断する。

(ⅱ) 企業再生第一部において企業再生に着手するのが妥当であると判断された案件については、債務者の財務指標や資産査定の信頼性を確認するため、監査法人等専門家によるデューデリジェンスを行わせる。更に、同部の判断の客観性を担保するため、企業再生本部長の諮問機関である「企業再生検討委員会」に企業再生計画作成着手の可否について判定を求める。

(ⅲ)「企業再生検討委員会」において企業再生計画作成の着手が可と判定された事案については、債務者にその旨を伝達し、企業再生計画の原案の作成に着手させる。「企業再生検討委員会」において企業再生計画作成の着手が否と判定された事案については、通常の回収案件として、回収所管部店に移管する。

(2) RCCが主要債権者の1人である金融機関から金融債権者間の合意形成のための調整を委託された場合（RCC企業再生スキームⅡ）

(ⅰ) RCCが主要債権者の1人である金融機関から金融債権者間の合意形成のための調整を委託された場合は、企業再生部において委託者と守秘義務協定を締結した上で債務者に関する情報の提供を受け、債務者の再生の可能性等について審査を行う。

(ⅱ) 企業再生部において企業再生に着手するのが妥当であると判断された案件については、債務者の財務指標の信頼性を確認するため、必要に応じて監査法人等によるデューデリジェンスを行わせる。更に、同部の判断の客観性を担保するため、企業再生本部長の諮問機関である「企業再生検討委員会」に企業再生計画作成着手の可否について判定を求める。

(ⅲ)「企業再生検討委員会」において企業再生計画作成の着手が可と判定された事案については、委託者である主要債権者を通じて債務者にその旨を伝達し、企業再生計画の原案の作成に着手させる。「企業再生検討委員会」において企業再生計画作成の着手が否と判定された事案については、受託しないこととする。

6．一時停止の合意及び第1回債権者集会

(1) RCCが主要債権者の場合（RCC企業再生スキームⅠ）

　(i)　「企業再生検討委員会」において企業再生計画作成の着手が可と判定された場合は、債務者及びRCCは、他の主要債権者の意向を確認した上で、速やかに第1回債権者集会を開催する。

　(ii)　第1回債権者集会においては、債務者及びRCCより、債務者の事業及び財務の状況並びに再生の可能性を説明し一時停止の合意を得るとともに、再生計画の合意に向けて債権者間調整を進めることの合意を得る。

　(iii)　この場合の一時停止措置の内容は、債務者が当初の約定通りの弁済を行っているケースは少ないため、「与信残高」の維持までは要請しないが、他の債権者との関係における債務者に対する相対的な地位の改善を行わないこと、追加担保の提供は受けないこと、担保権の実行や強制執行等は差し控えること等である。

　(iv)　第1回債権者集会は、一堂に会して、あるいは持ち回りで行う。

　(v)　一時停止の期間は、再生計画の合意が得られるまで、あるいは、再生計画の合意が得られる見通しがなくなったことを債務者及びRCCが他の債権者に通知をするまでの期間である。

(2) RCCが主要債権者の1人である金融機関から金融債権者間の合意形成のための調整を委託された場合（RCC企業再生スキームⅡ）

　(i)　「企業再生検討委員会」において企業再生計画作成の着手が可と判定された場合は、委託債権者、債務者及びRCCは、他の主要債権者の意向を確認した上で、速やかに第1回債権者集会を開催する。

　(ii)　第1回債権者集会においては、債務者及びRCCより、債務者の事業及び財務の状況並びに再生の可能性を説明し一時停止の合意を得るとともに、再生計画の合意に向けて債権者間調整を進めることの合意を得る。

　(iii)　この場合の一時停止措置の内容は、「与信残高」の維持、他の債権者との関係における債務者に対する相対的な地位の改善を行わないこと、追加担保の提供は受けないこと、担保権の実行や強制執行等は差し控えること等である。

　(iv)　第1回債権者集会は、一堂に会してあるいは持ち回りで行う。

　(v)　一時停止の期間は、再生計画の合意が得られるまで、あるいは、再生計画の合意が得られる見通しがなくなったことを債務者及びRCCが他の

債権者に通知をするまでの期間である。

7．再生計画案の内容（RCC企業再生スキームⅠ及びⅡ共通）

(1) RCCの関与する再生計画案は、次の内容を含むものでなければならない。
　(ⅰ) 経営が困難になった原因
　(ⅱ) 事業再構築計画の具体的内容(業種・業態によっては、専門コンサルタント等の助言に基づくことを債務者にRCCより要請する。)
　(ⅲ) 将来の事業見通し（売上・原価・経費）（10年間程度）
　(ⅳ) 財務状況（資産・負債・損益）の将来の見通し（10年程度）
　(ⅴ) 資本の再構築計画
　(ⅵ) 資金繰り見通し
　(ⅶ) 債務弁済計画（最長期15年）
　(ⅷ) 経営者責任のあり方
　　なお、RCCが債務者に提出を要請する主要な書類は、「別紙4　債務者に要請する提出書類の概要」のとおりである。

(2) 実質的に債務超過である場合は、原則として再生計画成立後最初に到来する事業年度開始の日から3年以内を目途に実質的な債務超過を解消すること。

(3) 債務免除を含む財務状況の将来の見通しは、別紙5に定める「再生計画における『資産・負債の評価基準』」に基づく資産評定（当該資産評定は公正な価額により行われていること）による価額を基礎として作成された実態貸借対照表に基づくものでなければならない（法人税法第25条第3項、第33条第3項及び第59条第2項第3号の規定の適用を受ける場合に限る）。

(4) 経常利益が赤字である場合は、原則として再生計画成立後最初に到来する事業年度から黒字に転換すること。

(5) 債務免除を受けるときは、支配株主の支配権を消滅させるとともに、減増資により既存株主の割合的地位を消滅させるか大幅に低下させる。

(6) 債務免除を受けるときは、経営者は原則として退任する。債権者やスポンサーの意向により引続き経営に参画する場合も私財の提供などけじめの措置を講じる。

(7) 再生計画案における権利関係の調整は、正当な理由のない限り債権者間

で平等であることを旨とする。

8．再生計画の検証・提示・成立・実行（RCC企業再生スキームⅠ及びⅡ共通）

(1) 債務者からRCCに再生計画の提出があった場合は、様々な見地から再生計画の妥当性を検証し、必要に応じて債務者と調整する。更に、判断の客観性を担保するため、調整後の再生計画を「企業再生検討委員会」に付議し、同委員会の意見を踏まえて、必要な修正を行う。

(2) 債務者から、第2回債権者集会に先立ち、対象債権者（再生計画の成立時に、権利の変更が予定される債権者で、主要債権者を含む）が、(1)の手続に従って調整・修正した再生計画案を提示し、理解を得るために必要な説明を行う。必要に応じ、RCCからも債権者に対し、理解を得るための説明を行う。

(3) 第2回債権者集会では、再生計画案に対する質疑応答を行い、必要な意見調整を行う。

(4) 第2回債権者集会では、対象債権者が再生計画案に対し書面により同意不同意を表明する期限を定める。

(5) 対象債権者全員が同意を表明した場合は、再生計画は成立し、債務者は再生計画を実行する義務を負い、対象債権者の権利は再生計画の定めにしたがって変更される。

(6) 必要がある場合は、対象債権者の同意を得て、別に期日を定めて、第2回債権者集会を続行する。

(7) (4)又は(6)により定めた期日までに対象債権者全員の合意が得られない場合は、RCC企業再生スキームⅠ又はⅡに基づく私的再生手続は終了する。

(8) 債務者は、再生計画成立後、再生計画の定めに従って、その成立後に定期的に開催される債権者集会などにおいて、再生計画の実行状況等を対象債権者に報告しなければならない。

　RCCが主要債権者となる場合の債務者については、RCCを中心に、企業再生計画のモニタリングを行う。また、RCCが調整を委託された場合の債務者については、主要債権者である金融債権者を中心に企業再生計画のモニタリングを行うが、RCCは、債務者及び他の金融債権者から依頼があった場合、それらの者との契約に基づき、契約の範囲内において、企業再生計画のモニタリングを担う。

なお、これらのモニタリングの結果を受け、債務者が弁済を履行できないなど再生計画に定められた事項を履行できない場合には、主要債権者であるRCC又は主要債権者である金融債権者を中心に、対象債権者及び債務者は、再生計画の見直し又は法的再生等の申立について、協議を行い、適切な措置を講じるものとする。

9．法人税法第25条第3項、第33条第3項及び第59条第2項第3号の適用等に関する確認手続
　平成17年度税制改正において、一定の要件を満たす私的整理に係る再生計画により債務免除を受ける場合には、債務者の有する一定の資産について評価損（法人税法第33条第3項）及び評価益（法人税法第25条第3項）の計上、並びに青色欠損金等以外の欠損金を優先して損金に算入（法人税法第59条第2項第3号）する税制措置が新たに講じられた。
　これに伴い、債務者が新税制の適用を受けるために、債務者からRCCに要請があった場合には、RCCは法人税法施行令第24条の2第2項第2号に規定する協定銀行として、対象債権者全員の合意が得られた再生計画に従って債務の免除（信託の受託者として行う債務の免除を含む）を行う場合の当該再生計画が、下記に掲げる要件を満たしているかどうかについて確認を行う。
　(1) 本「RCC企業再生スキーム」に定められた一連の手続に従って策定された再生計画であること。
　(2) 別紙5に定められた「再生計画における『資産・負債の評価基準』」に基づく資産評定が行われ、当該資産評定による価額を基礎とした貸借対照表が作成されていること。また、当該資産評定は公正な価額により行われていること。
　(3) (2)の貸借対照表における資産及び負債の価額、当該再生計画における損益の見込み等に基づいて債務者に対する債務免除をする金額が定められていること。
　RCCが企業再生検討委員会の審議を経て確認を行った結果、上記のすべての要件を満たしていると認められるときは、RCCは別紙6に定める様式により、その旨の確認書を債務者に対して交付する。

10. 企業再編ファンド（RCC企業再生スキームⅡ）
 (1) RCCが主要債権者の１人である金融機関から金融債権者間の合意形成のための調整を委託された場合には、RCCは、対象債権者が希望する場合には再生計画合意後に入札による債権売却を可能とするため、投資家を募集して、RCCに金銭信託以外の金銭の信託（本信託契約により設定された資金を「RCC信託ファンド」という）を設定させる。
 (2) RCC信託ファンドは、投資家が当該合意された再生計画の存在を前提に入札により落札した債権を購入し、当該投資家のために管理し、再生計画に基づき必要な債務免除等を実施する。
 (3) RCC信託ファンドに債権を売却した金融機関で、当該債務者との取引を再開したい者は、債務免除後の残債権額相当額を当該債務者に融資し（リファイナンス）、当該債務者は当該融資金で債権を購入したRCC信託ファンドに弁済し、投資家はRCCに信託した資金を回収する。

11. 公表（RCC企業再生スキームⅠ及びⅡ共通）
 私的再生計画が成立した場合で、公表により再生に著しい支障が生じるおそれがないと認められるときは、これを公表する。

5 RCCの企業再生案件の状況

RCCが「企業再生業務」の対象として公表している案件数は、次のとおりです。これは、RCCが企業再生本部設置以降に企業再生計画の策定や債権者間の利害調整に積極的に関与した案件だけであり、これ以外にも再生に関わる案件は多数あるものと推測されます。

企業再生案件の状況

〔H13年11月企業再生本部発足以降〕H20年12月末日現在（累計）

1．企業再生実施案件

内　訳	件　数
債権者の立場による再生	460
法的再生	85
私的再生	375
調整機能活用による私的再生	132
合　計	592

（注）RCCが再生計画の作成過程において関与したもの。

2．セーフティネット取組実施案件

	件　数
セーフティネット保証及び貸付等	233

（注）RCCが積極的に関与したこと等により、「RCC債権の肩代り」など、セーフティネット取組みに結びついたもの。
　　企業再生候補案件；108件

—整理回収機構ホームページより—

Ⅱ 日本政策投資銀行

　日本政策投資銀行（DBJ）の企業再生の取組みとしては、債務者とともに事業計画の策定・検討を行い、既存借入金のリファイナンス、中長期資金の供給、スポンサーとしての資金の供給、事業再生ファンドからの資金の供給、EXITファイナンス（民事再生、会社更生下にある企業が、自社の債権者が有している再生債権、更正債権等を前倒しで一括弁済するための資金を調達するための融資）、DIPファイナンス、Ｍ＆Ａの提供等を行っています。

　その取組み案件の例として、下記のケースがあります。

- 事業性がありながら、過去の過剰債務等により経営不振に陥っている
- 民事再生計画、会社更生計画等の債務が残っており、対外的な信用力が回復できない
- 再建型倒産手続である民事再生法、会社更生法の手続申立て後、計画認可決定前まで事業価値の保全が必要

Ⅲ 日本政策金融公庫

　日本政策金融公庫は平成20年10月1日、国民生活金融公庫、農林漁業金融公庫、中小企業金融公庫及び国際協力銀行（国際金融等業務）が統合した金融機関です。

　日本政策金融公庫は、社会的・経済的環境の変化、金融機関の取引状況の変化などにより、一時的に業況悪化し資金繰りに困難をきたした中小企業に対し、緊急経営安定対応貸付（通称、セーフティーネット貸付）や事業再生支援、事業継承支援資金の貸付（通称、企業再生貸付）を実施しています。

(1) セーフティネット貸付

① 経営環境変化対応資金

　一時的な売上高の減少等業況が悪化している場合や、社会的な要因による業況悪化により資金繰りに支障をきたしている場合の融資です。融資限度額は7億2千万円で、融資期間は設備資金15年、運転資金8年以内です。

② 金融環境変化対応資金（長期運転資金融資）

　金融機関との取引条件の変化により、一時的に資金繰りに困難を生じている場合の融資です。融資限度額は3億円（別枠）で、融資期間は設備資金15年、運転資金8年以内です。

③ 取引企業倒産対応資金

　取引先や関連企業の倒産にともない資金繰りに支障をきたしている場合の融資です。融資限度額は1億5千万円で、融資期間は、運転資金7年以内です。

(2) 企業再生貸付

① 事業再生支援資金

- アーリーDIP：民事再生法の規定による再生手続の開始申立てを行っ

た場合の融資
- レイターDIP：民事再生法に基づく再生計画の認可決定等を受けた場合の融資

融資限度額は7億2千万円で、融資期間は、アーリーDIPは1年、レイターDIPは設備資金10年、運転資金5年以内です。

② **企業再生・事業継承支援資金**

経営改善又は経営再建等に取り組む場合、倒産した企業、経営難の状態にある企業や、後継者不在等により事業継承が困難となっている企業から事業を承継する場合、経営の安定化を図るための自己株式を取得する場合の融資。融資限度額は7億2千万円で、融資期間は設備資金20年、運転資金10年以内です。

IV 商工中金

商工中金においても、再生に必要となる設備資金・運転資金を融資しています。また、経営改善支援のほか、中小企業再生支援協議会などの外部機関との連携や、DDS、DIPファイナンスなどの多様な再生手法を活用しつつ、早期再生をサポートしています。

V 中小企業再生支援協議会

　中小企業庁所轄の事業として「中小企業再生支援協議会」があります。中小企業再生支援協議会は、中小企業の再生に向けた取組みを支援するため、産業活力再生特別措置法に基づき各都道府県に設置されている公正中立な公的機関です。第1号は福井県に平成15年2月に設置され、その後全国各地に設置されています。

　中小企業再生支援協議会では、企業再生に関する知識と経験を持つ常駐専門家（弁護士、公認会計士、税理士、中小企業診断士、金融機関OB等）が、多様性、地域性といった中小企業の特性を踏まえ、再生に向けた相談・助言から再生計画策定まで、個々の企業にあった支援を行っています。

① 中小企業再生支援協議会の対象となる事業者

　事業再生の意欲があり、その可能性のある事業者

② 中小企業再生支援協議会の施策

　各都道府県の商工会議所等に設置される中小企業再生支援協議会専任の専門性のある支援業務責任者を設置し、中小企業の再生に関する相談窓口を設置しています。

　相談においては、企業再建型の再生に限定することなく、基本的な対応の方向性について適切な判断を行い、対応策を提示します。また、相談案件のうち、事業再生は可能であるが抜本的な財務体質改善や経営改善が必要な企業について、支援業務責任者自らが個別企業の取組みを支援し、必要に応じて中小企業診断士、弁護士、公認会計士等の専門家に依頼して、共同で再生計画の作成支援を実施します。

③ 中小企業再生支援協議会の委員

　原則として、下記の機関を代表する者を協議会の委員にしています。

- 商工会議所、商工会連合会
- 商工中金、中小公庫等の政策金融機関

- 地域金融機関（地域金融機関の協会）
- 信用保証協会
- 都道府県中小企業支援センター
- 地域の弁護士会、中小企業診断協会等
- その他の中小企業支援機関等
- 都道府県（オブザーバーとしての参加も可）

VI 企業再生支援機構

　大企業の再生を中心に手がけた「産業再生機構」の地域版として、「企業再生支援機構」が創設されます。その概要は、下記のとおりです。
① 設　立
　　預金保険機構が株式の過半数を保有する株式会社
② 業　務
　　● 支援対象となる事業者
　　　　有用な経営資源を有しながら、過大な債務を負っている中堅事業者、中小企業者その他の事業者（第3セクターは対象外とされる）
　　● 業務内容
　　　　イ　対象資産の資産査定（デューデリジェンス）
　　　　ロ　債権者調整（債権の放棄）
　　　　ハ　事業や財務を再構築する「事業再生計画」に基づく支援
　　　　ニ　資金面（債権買取、出資、資金の貸付等）及び人材面（人材の派遣紹介）の支援
　　● 期　限
　　　　設立から2年以内に支援決定を行い、支援決定から3年以内での再生支援の完了を目指す（合計5年で業務完了に努める）
③ 企業再生支援委員会
　　機構の意思決定（支援決定、買取り決定、処分決定）の公平性・透明性を確保するため、外部有識者を含む地域力再生委員会が意思決定を行う
④ 国の支援策等
　　政府保証、政府による出資、登録免許税の非課税、政策金融機関等の協力、地域再生、都市再生、中心市街地活性化等の地域活性化施策との連携を図る
⑤ その他
　　● 中小企業再生支援協議会等との連携・協力体制の充実
　　● 雇用への配慮、中小企業への配慮を行う

第7章　企業再生における会計と税務

Ⅰ　企業再生における会計実務

　私的整理においては特別に会計関連書類を整備する必要はありませんが、過去において信用維持を目的とした粉飾決算を余儀なくされていたケースも少なくないため、再建計画を策定する前提として、外部専門家による財務調査を債権者である金融機関等が要求するケースが多くみられます。また、私的整理ガイドラインを申し出るにあたっての会計関連書類としては、過去と現在の資産負債と損益の状況に関する資料を提出する必要があります。

　法的再建手続では、以下のような会計関連書類が必要になります。

1　申立書関連

　会社更生法と民事再生法における差異は基本的にないものといえます。

　申立書に添付する会計関連書類は以下のとおりです（更生法17、更生規13、民再法21、民再規14）。

① 申立日前3期間の貸借対照表及び損益計算書
② 申立日前1年間の資金繰りの実績及び申立日後6月間の資金繰り見込み

　特に様式等が決まっているわけではありませんので、各社の実情に適したものを作成することになります。

　なお、資金繰りに関する情報提供の趣旨は、手続を進める上で当面の資金繰

りについての安定性が確保されているかどうかを確認するためであり、申立日前に発生した債務の弁済計画などは織り込む必要はありません。

③ 財産目録

理論的には申立日現在のものを作成すべきですが、実務上は直近の月次試算表を基に申立日までの著しい増減項目を織り込むといった方法がとられています。

2 決算関連（会社更生法のみ）

会社更生法においては、申立書類が提出・受理されると保全処分命令が発せられ、保全管理人及び調査委員による更生見込みの調査が行われます（更生法39）。この調査は、申立日を含む事業年度の開始日から保全処分命令が発令された日（以下、保全日という）までを1事業年度とみなして作成された財務諸表を対象として実施されることになりますので、申立会社は保全日で仮決算を行う必要があります。

仮決算の実施に際しては、できる限り会社法の規定に基づく確定決算に近い処理が求められますが、時間的制約等により簡便な方法によることもやむを得ない場合があると考えられます。

なお、財産評定や債権調査はこの段階では実施されていませんが、これらが実施されたものとして処理することが望ましいといえます。

また、会社更生法においては開始決定日に申立会社の事業年度は終了することになりますので、決算が必要となります。この際、保全日ベースで作成された財務諸表を開始決定日ベースに置き換えるという方法をとることが一般的です。

3 財産評定関連

財産評定は会社更生法及び民事再生法にて必要な手続であり、いずれも貸借対照表及び財産目録の作成が求められます（更生法83、民再法124）。ただし、その考え方等については差異があります。

(1) 会社更生法における財産評定

会社更生法における財産評定の目的は以下のとおりです。

① 更生会社の財産状況や収益性の明確化
② 更生担保権の範囲の明確化
③ 更生計画に関する債権者の合理的な判断の確保

会社更生法の財産評定は会社更生手続開始決定時の「時価」とされています（更生法83②）。ここにいう時価の概念については、現状では明らかではなく、実務や判例の集積が待たれるところです。この点、再スタートする更生会社の資産状態を明らかにした上で、会計の具体的基礎を与えるという財産評定の目的をかんがみれば、会計上の評価指針の中から公正妥当と認められる評価方針を斟酌し、その所有目的、状況に応じた評価指針のもとで評価が必要になると思われます。

なお、会社更生法施行規則2条では売却予定の資産について処分価格を付すことを容認しており、所有目的に応じた評定を認めています。

(2) 民事再生法における財産評定

民事再生法における財産評定は「財産を処分するもの」として行われます（民再規56①）。具体的には再生会社が開始決定時点において清算したと仮定した場合の価値の大きさを示すことになります。これは、債権者が再生計画により得られる弁済額と、清算により得られる弁済額の比較考慮を可能とすることにより、その合理的な判断を確保しようとするものです。

また、必要ある場合は清算価値のほか、再生会社の事業を継続するものとした場合の価値を評定額とすることも可能とされています（民再規56①但書）。これは、営業譲渡の譲渡対価に関する妥当性を判断するため等、債権者の合理的な判断の確保という制度趣旨を補強することを目的としたものです。

4 財産状況報告書関連

会社更生法及び民事再生法では、更生会社もしくは再生会社の業務及び財産に関する経過及び現状等を記載した報告書（以下、財産状況報告書という）を

作成しなければなりません（更生法84、民再法125）。

なお、財産状況報告書には以下の資料（会計関連書類のみ）を添付する必要があります（民再規58①）。

① 申立日前3年以内に法令の規定に基づき作成された再生会社の貸借対照表及び損益計算書
② 最終の営業年度の終了した日の翌日から開始決定日までの期間の損益計算書

5 清算貸借対照表及び財産目録

民事再生法124条2項に基づき裁判所に提出する、清算貸借対照表及び財産目録の作成方法等は以下のとおりです。

民事再生法124条2項では「貸借対照表」とされているのみで、表示方法に関する規定はありませんが、会社法決算に準じる形で表示する方法が一般的です。修正欄には、相殺適状にあるもの（以後の手続において相殺される可能性が高いもの）及び帳簿価額と評定額の差額のうち、相殺以外のものについて記載します。清算価値は、評定基準に準拠した評定額を記載します。負債の部は、別除権、共益債権、優先債権、再生債権の種別に科目ごとに表示します。

清算配当率の計算方法は、以下のとおりです。

清算配当率＝

$$\frac{\text{清算価値に基づく資産の合計額(A)}-\text{別除権、共益債権及び優先債権の合計額(B)(C)(D)の合計額}}{\text{再生債権の合計額(E)}}$$

$$=\frac{794{,}050-(400{,}000+60{,}000+215{,}000)}{1{,}100{,}000}$$

財産目録は、申立て時の添付資料となっており（民再規14）、相手先や内容ごとに記載します。金額的重要性が乏しいものは「その他」としてまとめても差し支えありません。また、勘定科目によっては面積、住所、登録番号など個別資産を特定するために有用な情報を記載することが望ましいと考えられます。

清算貸借対照表
平成20年○月○日現在

株式会社××　　　　　　　　　　　　　　　　　　　　　（単位：千円）

勘定科目	帳簿価額	修正	清算価値	負債の部	金額
流動資産	680,000	-150,000	530,000	別除権	400,000
現金	5,000	0	5,000	長期借入金	400,000
預金	130,000	-30,000	100,000	共益債権	60,000
売掛金	500,000	-150,000	350,000	申立後開始決定日までに生じた債権	10,000
棚卸資産	20,000	-16,000	4,000	清算費用	50,000
未収入金	15,000	-4,000	11,000	優先債権	215,000
預け金	10,000	0	10,000	未払給与	40,000
割引手形見返	0	50,000	50,000	未払賞与	10,000
固定資産	729,000	-464,950	264,050	預り社会保険料	5,000
有形固定資産	716,000	-456,000	260,000	解雇予告手当	40,000
建物	400,000	-400,000	0	退職給付債務	120,000
構築物	9,000	-9,000	0	未払消費税等	0
機械装置	200,000	-200,000	0	未払法人税等	0
車両運搬具	3,000	-3,000	0	再生債権	1,100,000
工具器具備品	4,000	-4,000	0	支払手形	700,000
土地	100,000	-100,000	0	割引手形	50,000
担保権	0	250,000	250,000	未払金	100,000
リース資産	0	10,000	10,000	預り保証金	200,000
無形固定資産	6,000	-5,950	50	保証債務	50,000
投資等	7,000	-3,000	4,000	負債合計	1,775,000
投資有価証券	2,000	-500	1,500	債務超過額	980,950
出資金	1,500	-1,000	500	清算配当率	10.8%
差入保証金	3,500	-1,500	2,000		
求償債権	0	0	0		
資産合計	1,409,000	-614,950	794,050		

財産目録

株式会社××　　　　　　　　　　　　　　　　　　　　　（単位：千円）

勘定科目	相手先	帳簿価額	修正	清算価値
預金	ABC銀行	60,000	-15,000	45,000
	XY信託銀行	40,000	-10,000	30,000
	○○信用金庫	30,000	-5,000	25,000
	計	130,000	-30,000	100,000

　なお、貸借対照表及び財産目録の作成に関して用いた財産の評価の方法、及びその他の会計方針を注記しなければなりません（民再規56②）。

6 財産評定における評価方法

　民事再生法における財産評定の勘定科目ごとの評価方法については、前述したように財産の処分を前提とする場合（清算価値）と事業の継続を前提とする場合があります。

財産評価の方法（例）

勘定科目	評価方法の例
現金・預金	実際有高で評価します。預金については、相殺通告を受けたものについては、相殺処理をします。
売上債権	回収可能額で評価します。回収可能額においては、清算を前提とするため早期に回収できない債権はゼロ評価とします。 相殺通告を受けたものについては、相殺処理をします。
割引手形	法的手続をとった場合には、いったん金融機関等から割引手形について再生債権としての届出がなされるため、簿外処理の場合は資産負債の両建てで計上しなおします。振出人が決済できなければ、再生債権として弁済対象となります。
有価証券等	時価もしくは時価相当額で評価します。
棚卸資産	換金価値を勘案して評価します。清算を前提としていますので早期予想売却価格（いわゆる投売り価格）が換金価値となります。
前払費用等経過勘定項目	換金価値は認められないためゼロとして評価します。
有形固定資産	以下の項目が主なものです。 ①不動産 　原則的には不動産鑑定価格又は路線価等を参考に、早期処分を前提とした競売価格によります。 ②動産 　基本的には個別の時価（早期予想売却価格）になりますが、不動産と一体となって評価されるべきものは不動産価格に含めて評価されます。なお、時価が不明又は金額的重要性が乏しい場合には、帳簿価額に一定割合を乗じる等の方法によることも可能と考えられます。

無形固定資産	ソフトウェアなど換金価値がないものはゼロとして評価します。なお、電話加入権については一般的に換金価値が認められます。
リース債務とリース資産	リース契約の一覧表を作成し、未払リース料の残高を負債の部に計上するとともに見合い金額をリース資産に計上し、評価換えを行います。
差入保証金	契約内容をもとに返還可能額を勘案して評価します。 特に不動産賃貸借契約の場合、原状回復費用の控除の要否を検討します。また、退去の意思表示について、退去日前一定期間を要する旨の条項がある場合は、その期間に対応する家賃の控除の要否を検討します。（民再法92、破産法103参照）
退職給付債務	清算を前提とする場合は全員の解雇が前提のため、退職金は会社都合での計算となります。また、解雇予告手当として1か月分の給与を支払う義務があります。
保証債務と求償権	法的手続をとれば期限の利益を喪失し金融機関等から履行請求が行われ、再生債権等として取り扱われます。負債として保証債務を計上するとともに、見合いの求償債権を資産に計上します。回収可能性を考慮の上、資産価値を評価します。
清算費用	会社を清算するには、別途費用が必要です。破産の場合の申立費用や管財人報酬、考慮外の不動産売却費用、賃貸物件の原状回復費用などがあります。

Ⅱ 事業年度の取扱い

　会社更生法の場合は、事業年度変更の規定を置いており、変則的な事業年度となります。一方、民事再生法の場合は、特に規定がないため、申請後も従来どおりの定款所定の事業年度となります。

　なお、私的整理や私的整理のガイドラインによる場合も、事業年度の変更はありません。

　会社更生法の場合、開始決定時にそれまでの事業年度が終了し、続く事業年度は、更生計画認可時（その時までに更生手続が終了した時は、その終了の時）に終了します（更生法232②）。

　具体的には、更生法申請後、開始決定日に事業年度が終了し、その翌日から更生計画認可日までが翌事業年度となり、それ以降は定款所定の事業年度に戻ります。

　税務上の事業年度も上記と基本的に同じですが、法人税法は、1年を超える事業年度を認めていないことから、更生手続開始決定から更生計画の認可まで1年以上かかるような場合、開始決定日の翌日からの1年間をみなし事業年度として申告・納税することが必要となります（法法13①但書）。

　会社更生法の場合を例示すると以下のとおりになります（定款記載の事業年度は4月1日～3月31日とする）。

7 企業再生における会計と税務 281

会社更生法における事業年度の例示

会社更生法			法人税法		
事業年度	期　　間	月数	事業年度	期　　間	月数
①	0年4月1日～1年3月31日 （定款所定の期末日）	12	①	同　　左	12
②	1年4月1日～1年6月30日 （開始決定日） 申請日：1年4月30日	3	②	同　　左	3
③	1年7月1日～2年10月31日 （計画認可日）	16	③	1年7月1日～2年6月30日 （みなし事業年度）	12
^	^	^	④	2年7月1日～2年10月31日 （計画認可日）	4
④	2年11月1日～3年3月31日 （定款所定の期末日）	5	⑤	同　　左	5

Ⅲ 債務免除益の取扱い

　企業再生手続においては、会社の過大な債務を大幅にカットし、財務的な負担を軽減させることで事業の再生を図るという計画が策定される場合が多く、その際には多額の債務免除益が発生することになります。債務免除益は税務上益金として認識されることとなり、そのまま課税されてしまえば会社に多額の税負担が発生し、再生計画の大きな障害となる恐れがあります。この問題の解決には、債務免除に見合う資産評価損等の損金を計上する必要があります。

1　債務者の税務

(1)　任意の債務免除

　私的整理に基づき債務免除を受けた債務者には債務免除益という益金が発生し、課税されるのが原則です。この課税を回避するには次の方法が考えられます。

　なお、③④の方法は法的再建手続においても併用されることがあります。

① 　事業年度開始の日前7年以内に開始した事業年度において生じた欠損金額（青色欠損金）がある場合は、その青色欠損金が損金に算入され、債務免除益と相殺されます。

② 　債務免除を受けた場合に、特例欠損金（青色欠損金以外の欠損金：いわゆる期限切れ欠損金）については、一定の要件を満たす場合には、その特例欠損金が損金に算入され、債務免除益と相殺されます（法法59）。

　　一定の要件とは、例えば、債務の免除等が多数の債権者によって協議の上決められる等、その決定について恣意性がなく、かつ、その内容に合理性があると認められる債務の整理があったことをいい、親子会社間において親会社が子会社に対して有する債権を単に免除するというようなものは含みません（法基通12-3-1）。

　　任意の私的整理では、債権放棄がこの要件に該当するかどうかの判断基

準が不明確であるため、特例欠損金（青色欠損金以外の欠損金）を損金に算入するのはリスクがあります。そのため、任意の私的整理で特例欠損金（青色欠損金以外の欠損金）を控除する場合には、国税局に事前に相談しておくことが必要です。

③　新会社に事業を譲渡することにより含み損を実現させ、元の会社は解散するか残った事業を継続します。任意の私的整理では資産の評価損の損金算入が認められていないため、事業譲渡により含み損を実現させ、元の会社は法的清算を行うことにより債務免除益課税を回避します。租税回避行為とみられるリスクがありますので、国税局に事前に相談しておくことが必要です。

④　会社分割により存続再生事業を新設法人等に移転し、縮小撤退事業は債務の軽減を図ります。債務の多くは分割法人に残るため債務免除益にかかる税負担も多額になりますが、事業譲渡と同様に分割法人が法的清算を行うことにより債務免除益課税を回避します。租税回避行為とみられるリスクがありますので、国税局に事前に相談しておくことが必要です。

　また、会社分割後に分割法人を清算する予定である場合には、株式の継続保有要件を満たさず、税制非適格として、資産を時価で引き継ぐ必要がある場合もありますので注意が必要です。

　会社分割では、登録免許税や不動産取得税の軽減が図られており、事業譲渡よりもその分税金面で有利です。

　　商業登記　増加資本金　　　本則　7/1000 → 軽減税率　1.5/1000
　　不動産登記　不動産価額　　本則　20/1000 → 軽減税率　8/1000
　　　　　　（平成21年4月1日から平成23年3月31日まで）
　　不動産取得税　一定の要件を満たす場合は非課税

　また、産業活力の再生及び産業活動の革新に関する特別措置法に規定する、認定中小企業承継事業再生計画等に基づいて実施される事業譲渡や会社分割の場合には、更に登録免許税（措法80①）や不動産取得税（地法附則11の4）の税率が軽減されます。

(2) 私的整理ガイドラインに基づく債務免除

① 青色欠損金の損金算入の適用があるのは(1)と同様です。
② 特例欠損金(青色欠損金以外の欠損金)については、以下の理由により恣意性が排除され、かつ、その内容の合理性も担保されていることにより、損金算入が認められています。

- ガイドラインは私的整理を公正かつ迅速に行うための準則であること
- 多数の金融機関等が対象債権者として関わることを前提としていること
- 債務者企業の適格性や再建計画案の内容等(再建計画全般の相当性と実行可能性)については、債権者会議及び債権者委員会で検討されることになっていること
- 選任された専門家(アドバイザー)により、再建計画案等についての正確性、相当性、実行可能性等の調査が行われ、その結果について報告を受けるしくみが導入されていること
- 再建計画は対象債権者全員の同意により成立すること

(3) 産業再生法の認定を受けた計画に基づく債務免除

① 青色欠損金の損金算入の適用があるのは(1)と同様です。
② 特例欠損金(青色欠損金以外の欠損金)については、法基通12-3-1の規定により、債務免除等の決定に恣意性がなく、かつ、その内容に合理性があると認められる場合には、損金算入が認められます。

(4) 民事再生法に基づく債務免除

民事再生法においては、再生計画の効力発生は認可決定が確定した時点となり、再生会社は再生計画の定め又は民事再生法の規定によって認められた権利を除くすべての再生債権について免責されることになります(民再法176、178)。したがって税務上は、認可決定事業年度の益金の額に算入されます(法法22②)。ここにいう認可決定の確定とは、再生計画の認可又は不認可の決定に対して即時抗告期間(裁判の公告の効力発生日より2週間)が終了した時点

をいいます（民再法9、175）。したがって、裁判所による認可決定時点とは若干の差異が生じます。

そこで、法的再建手続に関連する債務免除益の計上時期については明文規定がないことから、その時期が認可決定日又は認可決定確定日のいずれの日を含む事業年度なのかが問題となります。このような問題は、債務免除益の計上時期を①債権を消滅させる直接的な原因となった事実の発生した時期、又は②2週間後の法的に債権が消滅したことが確定した時期、のいずれと考えるのかということであり、債務免除の計上時期は①の考え方によれば認可決定日であり、②の考え方によれば認可決定確定日ということになります。

(5) 会社更生法に基づく債務免除

更生計画認可により債務免除が確定した時点で、確定事業年度の益金の額に算入されます。

債務免除益の計上時期は、資産の評価損等や繰越欠損金の計上時期とのタイミングを考慮する必要があります。青色欠損金は翌事業年度以後7年間繰越してその全部又は一部を所得から控除できるため、債務免除益等の課税を免れるためには、債務免除益計上と同一事業年度かそれ以前に資産の評価損を計上しなければなりません。また、欠損金額を超える債務免除益が予定されている場合には、債務免除益を分割して繰り延べることも必要になります。

2　債権者の税務

(1) 任意の債権放棄

法基通9-4-2によれば、合理的な再建計画に基づく債権放棄等による貸倒損失であれば、税務上寄付金の額に該当せず、損金算入が認められる旨が定められています。合理性の判断基準は次のとおりであり、様々な要件を充足させる必要があります。

① 損失負担の必要性
- 対象債務者は事業関連性のある「子会社等」に該当するか
  子会社等に該当するかどうかは、両者の資本関係、取引関係、人的関係、

資金関係等の事業関連性により判断されます。
- 子会社等は経営危機に陥っているか（実質債務超過、自力再建不可能）
- 支援者にとって損失負担等を行う相当な理由はあるか（将来のより大きな損失負担を回避するための支援）

② 再建計画等の合理性
- 損失負担額（支援額）の合理性
- 再建管理等の有無

③ 支援者の範囲の相当性

④ 負担割合の合理性

(2) **ガイドラインに基づく債権放棄**

　ガイドラインに基づいて策定される再建計画については、法基通9－4－2に定める支援額の合理性、支援者による適切な再建管理、支援者の範囲の相当性及び支援割合の合理性等のいずれも有すると考えられるほか、さらに、利害の対立する複数の支援者の合意により策定された再建計画であると考えられます。このことを前提とすれば、ガイドラインに基づき策定された再建計画により債権放棄等が行われた場合には、原則として、同通達の合理的な再建計画に基づく債権放棄であると考えられ、貸倒損失は損金に算入されます。

(3) **産業再生法の認定を受けた計画に基づく債権放棄**

　法基通9－4－2による合理的な再建計画に基づく債権放棄に該当する場合には、貸倒損失は損金に算入されます。

(4) **民事再生法・会社更生法に基づく貸倒引当金及び貸倒損失**

　取引先等が会社更生法の規定による更生手続開始の申立て、もしくは民事再生法の規定による再生手続開始の申立てをした場合、債権額のうち実質的に債権とみられない部分の金額、担保により回収できる部分の金額、及び金融機関又は保証機関による保証債務の履行その他により取立て等の見込みがあると認められる部分の金額を除く債権額の50％に相当する金額については、貸倒引当

金の計上による損金算入が認められます（法法52①、法令96条①三）。

なお、申立て段階では申立書の添付書類により再生会社の財政状態等が開示され、その後の債権者への説明会（債権者集会ではありません）などにおいて予想弁済率もしくは予想清算配当率が開示されるなど、認可決定に至るまでの間においても、債権の回収可能性を判断する材料が開示される場合がありますので、上記の50％の引当に限らず取引先の実態の財政状態に応じた個別引当の要否を随時検討することも可能と考えられます。

また、個別評価金銭債権にかかる債務者について、会社更生法の規定による更生計画もしくは民事再生法の規定による再生計画の認可決定があった場合、当該事由の生じた日の属する事業年度終了の日の翌日から5年を経過する日までに弁済されることとなっている金額以外の金額については、貸倒引当金の計上による損金算入が認められます（法令96条①一）。

会社更生法の規定による更生計画もしくは民事再生法の規定による再生計画の認可の決定があった場合において、決定により切り捨てられることとなった部分の金額については、その事実の発生した日の属する事業年度において、金銭債権の貸倒損失として損金の額に算入されます（法基通9－6－1）。

なお、例えば認可決定直後に債権の50％を切り捨て、30％については5年間で分割弁済し、20％については5年経過後に切り捨てられるような更生計画や再生計画が認可された場合、即時に切り捨てられる50％部分についてはその時点で貸倒損失を計上することができますが、5年経過後に切り捨てられる部分についてはその切り捨てが確定する時まで貸倒損失を計上することはできません。

更生会社等に対して債権を有する法人が、更生会社等に対して有する債権で指定された期限までに裁判所に届け出なかったため更生債権とされなかったものについては、その金額を当該更生計画の認可決定のあった日において貸倒損失とすることができます（法基通14－3－7）。一方、民事再生法に関しては上記のような規定や通達がないことから、その取扱いが問題となります。

民事再生法では債権届出を失念した場合、再生計画認可決定時に同債権は法的に失効・消滅し、再生会社は免責されることになります（民再法178）。し

がって、金銭債権の全部の切り捨てをした場合の貸倒れ（法基通9－6－1）として、貸倒損失処理は可能であると考えられます。

(注)　債権届出を失念しても、一定の場合において法的に失効・消滅しない債権がありますが、これらについての貸倒損失処理は当然認められません。

Ⅳ 資産評価損益の取扱い

資産評価損益については、「会社更生等評価替え（法法25②、33③）」と「民事再生等評価替え（法法25③、33④）」に体系化され、基本的に両者の取扱いを同様なものとしている。また、一定の要件を満たす私的整理については「民事再生等評価替え」に組み込み、資産評価損益の計上を認めています。

1 会社更生法の場合

(1) 会計上の取扱い

更生管財人は、開始決定後遅滞なく、更生会社に属する一切の財産について開始決定時の「時価」にて評定しなければなりません（更生法83①②）。

この財産評定の結果は、新たな取得価格とみなされますので（更生法施行規則1②）、評定結果に基づいた時価による評価替えが必要になります。

この評価替えに関わる時価概念については、再スタートする更生会社の資産状態を明らかにした上で、会計の具体的基礎を与えるという財産評定の目的をかんがみれば、会計上の評価指針の中から公正妥当と認められる評価方針を採用する必要があると思われます。

(2) 税務上の取扱い

法人税法上資産の評価は、会計と同じく取得原価主義を採用しており、資産の評価換えに関わる損益は、損金又は益金に算入できないことになっていますが（法法25①、33①）、一定の条件を充たす場合については評定損益の計上が認められています。

会社更生法の場合、更生計画認可の決定日の属する事業年度に、更生手続開始の時における時価による評価替えが必要になるため（更生法83）、含み損益のある資産については、評価損益が発生します。

法人税法上も、更生計画認可の決定にともない評価替えを行った場合の評価

損益は、損金又は益金の額に算入する旨規定されています(法法25②、33③)。

なお、従来は貸付金、売掛金その他債権については評価損計上の対象資産からは除外されていましたが、平成21年度税制改正により平成21年4月1日以後に行われる評価換えからは当該貸付金、売掛金その他債権についても評価損計上の対象資産として加えられました。

2　民事再生法の場合

(1)　会計上の取扱い

民事再生法も、再生会社は再生手続開始後遅滞なく、再生会社に属する一切の財産につき再生手続開始時の価格を評定しなければなりません(民再法124①)。

民事再生法の場合、会社更生法と異なり、財産評定額を取得価額とみなす規定はありません。したがって、財産評定額が帳簿上の資産評価額になることはありません。しかし、事業継続を行っていく上で、固定資産の評価替えが必要な場合は、時価まで評価替えを行うことができます。

(2)　税務上の取扱い

民事再生法の規定による再生計画認可の決定(民再法174①)を受け、かつ有する資産の価額につき政令で定める評定を行っているときは、確定申告書に一定の明細書等の添付がある場合に限り、評価損益の金額を損金又は益金の額に算入します(法法25③、33④)。

なお、評価損は損金経理をする必要はなく、評価益は相当する帳簿価額の増額を必要としていません。また、評価損益計上の対象とならない資産を限定列挙し、それ以外の資産については評価損益計上の対象となります。

従来は、会社更生法と同様に貸付金、売掛金その他債権については評価損計上の対象資産からは除外されていましたが、平成21年度税制改正により平成21年4月1日以後に行われる評価換えからは当該貸付金、売掛金その他債権についても評価損計上の対象資産となりました。

民事再生法の規定による再生計画認可の決定があったことに準ずる事実が生

じた場合の一定の私的整理の場合も、同様の改正がなされています。

> **評価損益計上の対象とならない資産**
> - 減価償却資産で事実が生じた日の属する事業年度開始前5年以内に国庫補助金等の圧縮記帳等を受けた減価償却資産
> - 売買目的有価証券
> - 償還有価証券
> - 評価損益金額が少額な資産（資本金等の額の1/2と1,000万円（借入金その他の債務で利子の支払の基因となるものの額が10億円未満の場合には100万円）のいずれか少ない金額に満たない資産）

　平成21年度税制改正により、評価損益金額の少額な資産について一定の場合に最低限度額を1,000万円から100万円に引き下げられましたが、金額的制限を受けていない会社更生法と比較した場合、債務免除益等の相殺に不利となります。

3　産業再生法の場合

　産業再生法において債権放棄を含む計画が認定された場合は、以下のイからハまでの一連の手続により、通達において認められている民事再生法と同様に評価損計上の任意性が排除されていると考えられ、資産の評価損について損金算入が認められています。

イ　認定の申請にあたって、事業の継続及び再建を内容とする計画に係る専門家による調査報告書の添付を求めている

ロ　債権放棄について、債権放棄合意日以後1か月以内の一定の日における財産目録、貸借対照表及び当該一定の日を含む事業年度開始の日から当該一定の日までの損益計算書（再建計画の決定にともない、一般に公正妥当な会計処理に従って必要とされる評価損の計上、その他適切な会計処理を反映したものに限る）を、当該債権放棄合意日以後4か月以内に主務大臣に提出することを求めている

ハ　債権放棄を含む計画の報告にあっては、半期ごとに公認会計士又は監査法

人の監査を受けた貸借対照表及び損益計算書の添付を求めている

4 一定の私的整理の場合

　民事再生法による再生計画認可の決定があったことに準ずる事実で、その債務処理に関する計画が所定の要件に該当する「一定の私的整理」については、確定申告書に一定の明細書等の添付がある場合に限り、資産評価益の益金算入（法法25③、法令24の2①）及び資産評価損の損金算入（法法33④、法令68の2①）が認められています。

V 繰越欠損金の取扱い

　法人税法では、法的再建手続を進める中で発生する債務免除益にともなう過大な税負担を軽減するため、通常の繰越欠損金の規定に加えて、特例欠損金の損金算入に関する特例措置を設けています。通常、青色申告法人において当期の所得金額から控除することができる繰越欠損金は、当期前7年以内に開始した事業年度に生じた税務上の欠損金のみです（法法57、58）。

　しかし、特別清算、破産等の一定の事実が生じたことにともない、役員、株主等から私財提供又は債務免除が行われた場合、当期前7年より古い事業年度に生じた欠損金であっても、損金に算入することにより、役員、株主等からの私財提供又は債務免除にともなう益金の計上による税額発生を防ぐ措置をとっています（法法59）。

　会社更生法適用会社では、更生手続による資産評価益、債務免除益及び役員等からの私財提供益が発生した場合には、特例欠損金（いわゆる「期限切れ欠損金（法令116の3）」）を期限内の青色欠損金又は災害欠損金に優先して控除できます。

　一方、民事再生法では、申立企業が資産評価損益を計上する場合には、資産評価益、債務免除益、役員等からの私財提供益に対して特例欠損金を優先して控除できます（法法59②、法令118）。資産評価損益が計上されない場合には、期限内の青色欠損金又は災害欠損金を優先して控除することになりますので注意が必要です。

　なお、会社更生法、民事再生法のいずれの場合であっても、特例欠損金の損金算入に関する規定は確定申告書に一定の明細書等の添付がある場合に限り適用されますので、留意が必要です（法法59③）。

【事　例】

次の表では、資産評価損益が計上されない民事再生法適用の場合、青色欠損金800は控除され、青色欠損金繰越額はゼロとなっています。特例欠損金（500＝青色欠損金600－控除額100）は失効します。

一方、会社更生法適用や資産評価損益を計上する民事再生法適用の場合、青色欠損金繰越額（500＝青色欠損金800－控除額300）は次年度以降において損金算入されます。

欠損金の適用順序

		会社更生法適用 資産評価損益計上の民事再生法適用	資産評価損益を計上しない民事再生法適用
	債務免除益	1,000	1,000
	その他の所得	△100	△100
	所得金額（別表4）	900	900
	特例欠損金控除額	△600	△100
	青色欠損金控除額	△300	△800
	課税所得金額	0	0
①	開始決定時又は期首現在利益積立金額	△1,400	△1,400
②	上記金額の内、過去7年内の青色欠損金額	△800	△800
③	差引（損金算入できる特例欠損金）	①－② △600	①－② △600
④	損金算入された特例欠損金	△600	△100
⑤	差引（残額ある場合は失効につきゼロ）	③－④ 0	500
	青色欠損金繰越額	△500 （＝△800－△300）	0

VI 留保金課税の取扱い

　留保金課税とは、特定同族会社の各事業年度の留保金額が一定額を超える場合に、課税所得に対する税額とは別に特別税率により課税される制度であり（法法67）、会社更生法もしくは民事再生法の適用会社においても同様に適用されます。特定同族会社とは、同族会社のうち1株主グループの持株保有割合50％超である資本金の額が1億円超の会社をいいます。そのため、資本金の額が1億円以下の会社は当該留保金課税の適用はありません。

　留保金課税において注意すべき点は、その計算過程において繰越欠損金の控除ができないので、通常の法人税については繰越欠損金控除により課税所得が生じない場合でも、留保金課税が生じる可能性があるところです。

　特に更生計画や再生計画が認可されると多額の債務免除益が生じますので、留意が必要となります。

　留保金課税の税額算定方法は、以下のとおりです。

　　当期留保金額＝留保所得金額[1]－法人税・住民税調整額[2]
　　課税留保金額＝当期留保金額－留保控除額[3]
　　留保金課税の税額＝課税留保金額×税率[4]

(注1)　法人税申告書別表4の38②
(注2)　所得税額控除後の当期所得に関わる法人税額＋所得税額控除前の当期の法人税額×20.7％
(注3)　以下のうち、最も多額なもの
　　　・（所得基準）　所得等（欠損金控除前のもの）×40％
　　　・（定額基準）　2,000万円×当期の月数÷12
　　　・（積立金基準）期末資本金×25％－期首利益積立金額の期末現在額
(注4)　課税留保金額によって税率が異なる。税率については、下表のとおりです。

課税留保金額	法人税の特別税率	住民税への影響 （参考：標準税率による）
3千万円以下	10％	1.730％
3千万円超1億円以下	15％	2.595％
1億円超	20％	3.460％

期末利益積立金額が欠損金（マイナス）の場合、留保控除額の積立金基準額の計算は、期末資本金×25％に欠損金額を加算したものとなります（法基通16-1-7）。

つまり、留保金課税の算定においては、マイナスの期首利益積立金額の期末現在額が多い場合、留保金課税を圧縮できる点について留意する必要があります。

【事　例】

(単位：千円)

＜前提条件＞		パターン1	パターン2	パターン3
(1) 期末資本金		50,000	50,000	50,000
(2) 当期所得金額（欠損金控除前）		100,000	100,000	100,000
(3) うち、留保所得金額		80,000	80,000	80,000
(4) 欠損金控除		100,000	0	0
(5) 期首利益積立金額の期末現在額		−5,000	−5,000	−78,750
(6) 当期所得金額（欠損金控除後）		0	100,000	100,000
(7) 法人税・住民税調整額 (6)×30%×(1＋20.7%)		0	36,210	36,210
＜留保控除額の算定＞				
a.定額基準：2,000万円		20,000	20,000	20,000
b.所得額基準：(2)×40%		40,000	40,000	40,000
c.積立金基準：(1)×25%−(5)		17,500	17,500	91,250
(8) 留保控除額（a～cのうち最も大きな金額）		40,000	40,000	91,250
(9) 当期留保金額 (3)−(7)		80,000	43,790	43,790
(10) 課税留保金額 (9)−(8)		40,000	3,790	0
＜税額の算定＞				
3000万円以下	10%	3,000	379	0
3000万円超1億円以下	15%	1,500	0	0
1億円以上	20%	0	0	0
（合計）留保金課税額		4,500	379	0

前述のとおり、繰越欠損金の控除によって通常の法人税の課税所得は生じなくとも、留保金課税は生じる可能性がありますので、債務免除等に関わる益金が多額になるような場合、以下に示すような対策が必要です。

(1) 減　資

資本金1億円以下の会社については留保金課税の適用はありませんので、減資を行うことにより資本金を1億円以下にする方法があります。

(2) 株主構成の変更

株主構成を変更することにより、特定同族会社以外の会社になることが考えられます。具体的には、非同族会社等への株式譲渡や減増資などの方法があります。

(3) 債務免除益の発生時期の調整

更生計画の一定期間に分けて債務免除を受け、債務免除益の計上時期を認可時以外の時期に調整する方法が考えられますが、税務当局との事前調整が必要と思われます。

Ⅶ 仮装経理に基づく過大申告の更正の請求と還付

　民事再生法や会社更生法を適用した会社では、過年度において信用維持等を目的とした仮装経理を行うことにより所得金額を過大に申告し、正しい税額を超えて納税している場合があります。この場合には、過大申告額の還付等について、法人税法に規定されています。

　粉飾決算（税務上、仮装経理という）についての税法上の定義はありませんが、単なる計算上の誤謬や償却不足額、引当額の繰入不足などは粉飾決算には含まれず、あくまで外部取引を仮装した場合としています。具体的には売上の過大計上、仕入や経費の過小計上、棚卸資産の過大計上を指します。

　仮装経理することにより税額を過大納付していた場合においても、その超過額がただちに還付されることはなく、法人税法134条の2②に規定する、更正の日の属する事業年度開始の日前1年以内に開始する各事業年度の所得に対する法人税の額（確定法人税額が限度）だけを還付します。超過額のうち、残額については原則として、更正の日の属する事業年度開始の日から5年以内に開始する、各事業年度の所得に対する法人税の額から順次控除することとされています（法法70①、134の2①）。

　また、平成21年度税制改正により、会社更生法による更正手続開始の決定や民事再生法による再生手続開始の決定等の一定の事実が生じた場合には、当該事実が生じた日以後1年以内に納税地の所轄税務署長に対し、仮装経理法人税額につき還付を請求できることとなり、税務署長はその請求に係る事実等を調査した上で還付されることとなりました（法法134の2④⑦）。

各事業年度の還付ないし税額控除方法

事業年度	還付ないし税額控除方法
更正の日の属する事業年度	更正の日の属する事業年度開始の日前1年以内に開始した事業年度の確定法人税額の還付
更正の日の属する事業年度から5年以内に開始する事業年度	各事業年度の法人税額から順次控除
上記5期目の事業年度の翌事業年度	上記5年間で控除しきれない法人税額の還付
会社更生法による更正手続開始の決定や民事再生法による再生手続開始の決定等	調査の後に還付

　この規定を適用するには、次のような点に留意が必要です。

① 修正の経理処理が必要

　仮装決算後の事業年度の確定決算において、会社が修正の経理処理を行い、かつ、それに基づく確定申告書を提出するまでの間は、税務署長は更正をしないことができるとされているため（法法129②）、還付等を受けるには、修正の経理処理が必要となります。

　具体的には、過年度の仮装経理について当期に一括して費用計上し、法人税の確定申告書上は、これを自己否認することとなります。

② 職権更正は法定申告期限から5年間に限定

　税務署長が職権（減額）更正できるのは、法定申告期限から5年間（純損失等の金額に係るものは7年）を経過する日までに限られます（国通法70②）。したがって、これより前の事業年度について、会社が修正処理を行ったとしても更正の対象とはなりません。

　なお、税務署長に対して職権（減額）更正の嘆願をした場合、過去5事業年度分すべてが税務調査の対象となり、その調査に時間を要することになるため、職権更正の嘆願は早めに行う必要があります。

③ 地方税

過大納付の更正の特例は法人税のみではなく、法人事業税及び都道府県民税及び市町村民税についても対象となります。

④ 消費税

消費税についても国税通則法が適用されるので、更正の請求及び税務署長の権限の行使を要請することになります。なお、消費税の減額更正があった場合の過大納税額は、順次控除されることなく還付されることになります。

【事 例】

下記の事例において、平成20年度に税務調査があり、減額更正がなされたとすると、平成20年度においては直前期（平成19年度）の過大納付額300千円が還付されます。そして、過大納付額の残額2,100千円（＝2,400－300）が順次、税額控除されることになります。

(単位：千円)

事業年度		17年度	18年度	19年度	計
仮装経理した額 （例：棚卸資産の架空計上）		10,000	－	－	10,000
会社の確定申告額等	仮装経理後の所得金額	5,000	2,000	1,000	8,000
	税額	1,500	600	300	2,400
仮装経理がなかった場合の申告額等	所得金額	△5,000	0	0	△5,000
	税額	0	0	0	0
	繰越欠損金	△5,000	△3,000	△2,000	－
過大納付額		1,500	600	300	2,400

なお、会社更生法による更正手続開始の決定や、民事再生法による再生手続開始の決定等の一定の事実が生じた場合には、更正の請求に基づき調査の後に控除未済額につき還付されることとなります。

VIII 保証債務の履行と私財提供

　保証債務を履行するために、所有する資産を譲渡した場合の譲渡所得のうち、当該保証行為にかかる求償権の全部又は一部の行使が不可能な金額については、課税所得の計算に含めません（所法64②）。会社更生法に基づく更生計画の認可決定及び民事再生法に基づく再生計画の認可決定は、上記の求償権の行使が不可能な場合にあたるため、役員が更生会社又は再生会社の債務にかかる連帯保証人としてその保証債務を履行するために所有する資産を譲渡した場合の譲渡所得については、課税されません（所基通64-1、51-11）。

　なお、ここにいう「保証債務の履行」とは、保証人の債務又は連帯保証人の債務の履行があった場合のほか、次に掲げる場合もこれに該当するものとされています（所基通64-4）。

① 不可分債務の債務者の債務の履行があった場合
② 連帯債務者の債務の履行があった場合
③ 合名会社や合資会社の無限責任社員による会社の債務の履行があった場合
④ 身元保証人の債務の履行があった場合
⑤ 他人の債務を担保するため質権もしくは抵当権を設定した者がその債務を弁済し又は質権もしくは抵当権を実行された場合
⑥ 法律の規定により連帯して損害賠償の責任がある場合において、その損害賠償金の支払があったとき

これらに共通しているのは債務者の債務を法的に弁済する根拠が認められるということです。したがって、法的に債務者の債務を弁済する必要がない者が行った弁済については、課税されます。

私財提供と贈与税の関係

　次表のように、株主又は社員は、当該株式又は出資の価額のうち増加した部

分に相当する金額を、それぞれ次に掲げる者から贈与によって取得したものとなります。

	同族会社の株式又は出資の価額の増加要因	株主又は社員への贈与者
①	無償の財産の提供	財産提供者
②	時価より著しく低い価額での現物出資	現物出資者
③	対価を受けない債務の免除、引受け又は弁済	債務の免除等を行った者
④	時価より著しく低い価額での財産譲渡	財産譲渡者

　この場合における贈与による財産の取得の時期は、財産の提供があったとき、債務の免除があったとき又は財産の譲渡があったときです（相基通9-2）。

　ただし、同族会社の取締役、業務を執行する社員その他の者が、その会社が資力を喪失した場合において上記①から④までに掲げる行為をしたときは、それらの行為によりその会社が受けた利益に相当する金額のうち、その会社の債務超過額に相当する部分の金額については、贈与には該当しません（相基通9-3）。

　なお、会社が資力を喪失した場合とは、法令に基づく会社更生、再生計画認可の決定等の法定手続による整理のほか、株主総会の決議、債権者集会の協議等により再建整備のために負債整理に入ったような場合をいいます。ただし、単に一時的に債務超過となっている場合は、これに該当しません。

第8章 企業再生におけるファイナンス

I はじめに

　企業再生にかかわらず、企業活動全般においてのファイナンス活動は、非常に重要かつ不可欠なテーマです。当然の話ですが、企業活動を継続していく上で、投資活動は恒常的に発生しています。逆にいえば、投資活動を行わない企業は企業活動を停止しているといえるでしょう。

　もちろん、ここでいう投資活動とは様々な投資を意味しています。新規事業のための設備投資、機能維持のための設備投資、人材育成のための研修費、また新商品開発のための研究開発費等々、企業は日々投資活動を継続しています。

　当然のことながら、投資活動には投資資金が必要です。投資資金としては、日常の営業活動から生み出されるキャッシュフローや金融機関からの借入、増資等の財務活動を通じて調達するキャッシュが利用されています。すなわち、企業は営業活動や財務活動を通じて調達した資金を原資に、設備投資や研究開発投資等の投資活動を行います。そして、投資活動を通じて生み出される収益が調達コストを上回る時にはじめて、企業の価値が新たに創出されることになります。

　キャッシュフロー経営というキーワードが世の中に出てきて久しいところですが、企業の価値は、企業の所有資産の規模ではなく、将来どれだけのキャッシュを創出できるかどうかにかかわってきています。誤解をおそれずいうと、

会計上の貸借対照表や損益計算書は企業価値を適切に反映しているとはいえず、企業の価値は、獲得キャッシュに基づいて形成されているということです。より安く資金を調達してきてより高く運用すると、キャッシュはより多く創出されます。

ファイナンス理論においては、その将来獲得キャッシュを一定の割引率で修正した現在価値が、企業価値だとしています。したがって、企業がその価値を高めていくためには、効率的に資金を調達し、その企業にとって的確な投資行為を機動的かつ効率的に行うことが肝要となります。すなわち、企業はファイナンス理論を意識して企業活動を継続しなければならなくなったといえるでしょう。

しかし、キャッシュを多く創出すれば企業価値はそれに比例して高まるというわけでもありません。例えば、将来にわたって全く同額のキャッシュを創出する企業が2社あり、A社はリスクの高い事業投資を、B社は比較的リスクの低い事業投資を行っていると仮定します。はたして、この2社に同じ割引率を適用してよいのでしょうか。答えはノーです。

割引率は、安全資産の利回りに対し、事業のリスクに応じたリスクプレミアムを加算して決定すべきものです。したがって、リスクの異なるA社とB社ではリスクプレミアムが同じでよいはずはありません。よって、A社にはB社より高い割引率を適用すべきということになります。この結果、全く同額のキャッシュを創出する企業でも、その価値は異なることになります。

ファイナンス理論においては、リスクとリターンはトレードオフの関係にあります。事業投資にリスクはつきものですが、そのリスクをコントロールすることで、その範囲においてリターンを最大化することが重要だと考えます。

再生ファンドはこのような考え方、すなわちファイナンス理論を基本に投資の意思決定をしています。したがって、企業再生実務においても、ファイナンス理論を意識した再生計画を策定することが肝要です。

では、企業再生が成功したと認められる要件は何でしょうか。債権者集会で債権者の同意を得ることができたとか、債務の支払いを約定どおり行うことができるようになったとか、いろいろな考え方があろうかと思います。しかし、

新たな企業価値を創出することができてはじめて、真の意味で再生成功として市場から認知されるのではないでしょうか。

　以下、企業再生に不可欠な資金を確保する手段として代表的な再生ファンドの利用と、企業再生におけるつなぎ融資について解説いたします。

Ⅱ 再生ファンド

　再生ファンドは1990年代後半ごろから設立されてきました。再生ファンドには、主に不良債権のバルクセール（複数債権の一括売却）による債権投資を目的としたファンドと、再生事業に投資して企業価値を高めることを目的としたファンドに大別できるのではないでしょうか。

　前者の設立の背景としては、金融機関における不良債権問題の、早期解決の重要性などの社会的要請の高まりが考えられます。後者に関しては、後述する民事再生法などの法的インフラが整ってきたことが設立を後押したといえるでしょう。事業再生には、再生事業に真水を注ぐ必要性が高いために、スポンサーが必要となるケースが多いのですが、再生ファンドは、そのスポンサーとしての機能が期待されています。

　再生実務を法的にバックアップするために、2000年に和議法にかわり民事再生法というインフラが整備されました。企業再生スキームの代表的なものとして、良い資産と悪い資産を切り離すために事業譲渡（旧商法における「営業譲渡」）が頻繁に活用されますが、同法施行前は、事業譲渡を活用した場合には、債権者からの詐害行為取消権等の可能性が常につきまといました。

　しかし、同法においては、事業譲渡に際して裁判所の許可があれば、そのような可能性に対する懸念がなくなり、再生企業の優良資産を簡易に切り離す事業譲渡が可能となったのです。また、後述しますが、投資家の立場としても、いくつかの再生ファンドを通じた事業投資を行うことにより分散投資が可能となり、適切な事業投資ポートフォリオを構築することも可能になりました。

1　組成の仕組み

　再生ファンドには、複数の投資家が投資資金を供与しています。代表的な投資家としては、銀行、生損保などの金融機関や一般事業会社があげられます。また、日本経済再生のためには企業が活性化しなければならないという観点か

らも、政府系金融機関を中心とした再生ファンドもいくつか設立されています。

再生ファンドは、「複数の機関投資家や個人から資金を募り、その資金を事業（企業の株式）や債権へ投資し、事業価値（企業価値）を高め、債権を回収することで、資金の提供者へリターンを配分する器」と定義できると考えます。

また、資金提供者の立場から見ると、少額の投資で複数の案件に投資ができることが可能となり、その結果リスク分散を可能とする分散投資が実行され、結果的に安定したリターンを期待する確率が高まることになります。

このように複数の投資家から資金を集めることにより、その資金を分散投資していくのが再生ファンドのしくみとなります。巨額の投資資金を集めることで投資機会が増えることにもつながりますし、投資家にとっては、リスクを低減させる、すなわちリターンの不確実性をより低下させることになります。

一般に再生投資は通常の事業投資に比べてもリスクの高い投資となりますが、ファンド形式をとることにより、ハイリスクテイカーのみならず、単独投資のリスクをとれない投資家も再生投資に参加することが可能となります。ファンドのリスク分散投資機能は、結果的により多くの投資資金を確保することに繋がります。今日の再生ファンドの盛行は、ファンドへの投資がしやすくなったことも起因していると考えます。

2　役　割

再生ファンドの基本的な役割は、一義的には再生企業に対して、再生に必要な資金を提供することです。再生に必要な資金とは、有形無形にかかわらず必要な事業性資産を取得・維持する資金のことです。冒頭で述べましたように、再生にかかわらず、企業は恒常的な資金需要者といえます。

少し話が飛びますが、ここで企業の資金調達手法について考えてみたいと思います。資金の調達手法は、先に述べましたように貸借対照表上の負債項目か資本項目に大別されます。資金の出し手の立場からすると、負債項目に分類される資金提供者は、確定利回りを求めたローリスク・ローリターンあるいはミドルリスク・ミドルリターンの効用が大きいといえます。一方、資本項目に分類される資金提供者は、ハイリスク・ハイリターンの効用が大きいと思われま

す。資金需要者である再生企業の立場にとっては、どちらの投資家も必要になります。

では、どういった効用を持つ投資家から、どのように資金を調達すべきなのでしょうか。結論から申し上げますと、リスクの高い分野にはそれに見合った資金を調達し、リスクの低い分野には当然ローリスクしか許容できない投資家から資金を調達すべきです。例えば、運転資金を増資で補うなどの行為は非合理的な意思決定といえるでしょう。なぜなら、運転資金は直接的に投資収益を生むものではないのに、ハイリターンを求める資金をそれで補うことは、投資家のニーズに応えることができないからです。

投資リスクに見合った資金を調達し、投資家の要求リターンに応える。それにより企業の財務活動に合理性と効率性が保たれることになりますし、企業価値の向上につながることになります。

再生ファンドは原則として、エクイティ投資です（ここでは、事業投資に限定して説明します）。すなわち、ハイリスクを許容するかわりにハイリターンを求める再生企業の株主として資金を提供し、再生のバックアップをしていきます。再生企業から見ると、再生ファンドはリスクマネーの提供者です。基本的に、企業を再生するという投資行為はハイリスクな投資行為といえるのではないでしょうか。

そのような観点からすると、再生企業にとってはハイリスクを許容できる投資家の存在が不可欠と思われます。再生ファンドは、そのようなハイリスクを許容し得る数少ない投資家として、再生企業を財務的にバックアップしてくれる存在となります。したがって、企業再生に際して、再生ファンドはリスクマネーの提供者として重要な役割を担っていると考えます。

他方、再生ファンドの役割は、エクイティ投資に限定されたものでもありません。例えば、再生実務を行う上で、金融機関などの主たる債権者との調整に難航することが多々あります。このようなケースでは、多数の金融機関との利害調整に問題が生じる場合もありますが、金融機関同士の利害も衝突する場合もあります。もし、金融機関が１社、あるいはごく少数であればどうでしょう。おそらく利害の対立する関係者同士が少なくなれば、比較的スムーズに調整す

ることが可能となる確率は高まるのではないでしょうか。

再生ファンドの中には、金融機関の保有する貸付債権を購入するファンドもあります。すなわち、再生ファンドが有利子負債をまとめて取得することにより、より再生実務を機動的に実行できる可能性が高まります。再生企業は日々刻々と資産価値が悪化していきます。再生にはスピードも肝要なポイントとなりますが、再生ファンドのこのような行為（投資）により、再生手続が機動的に行うことができるようになり、資産の悪化を防ぐという効果も生じます。

以上、再生ファンドの財務的役割について解説してきましたが、再生ファンドは財務以外のことにも寄与しています。「ハンズオン投資」というのが、これにあてはまります。スポンサーとしての資金提供活動だけでなく、経営政策や財務政策等に対する支援及び助言を積極的に行う投資手法のことです。再生ファンドとしては、ハンズオン投資により、投資先再生企業の財務支援だけではなく経営支援も行います。

これらの無形の支援は、何にも増して心強いものと考えます。なぜなら、再生企業の利益と再生ファンドの利益、すなわち企業価値を高めるという利益が完全に一致しているからです。再生企業は再生ファンドより資金提供を受けるかたわら、実質的にCFOの機能を再生ファンドへ期待することもできるといえるでしょう。

また、それ以外にも再生ファンドへの投資家のうち、機関投資家の商圏を有効活用した業務提携なども期待できます。例えば、物流機能をアウトソーシングすることが再生へのひとつの鍵であった場合などで、たまたま投資家の一社にそのような機能があった場合に、有利な物流アウトソーシングが可能となるケースもあります。

このように、再生ファンドは金融投資家としての資金提供機能のみならず、再生会社に有益な有形無形のサービスや情報を提供しています。以下、一覧にまとめてみました。

資金供給者としての側面	株主としての側面
●リスクマネーの供給機能	●経営支援機能 ●財務支援機能
●金融機関に代わる融資代替機能	●取引先紹介機能

3 収益構造

　再生ファンドは事業投資家ではありません。一般的に、事業投資家は、自社の事業との相乗効果が見込める企業とか、新規事業を展開するためにM＆Aを行います。したがって、事業投資家には成長戦略はあっても基本的に出口戦略はありません。自社の事業に取込み、事業を継続し成長させていくことが事業投資家の投資目的の1つだからです。

　では、再生ファンドはどうでしょうか。再生ファンドは、このような事業投資家に対し、金融投資家といわれています。一般に、再生ファンドに限らず投資ファンドはプライベートエクイティファンドといわれており、投資から数年後に株式を第三者に売却、あるいは株式公開によるキャピタルゲインの獲得を目標としています。投資して3〜7年で株式を売却して回収する、というのが投資ファンドの基本的投資サイクルです。したがって、投資ファンドはいくらで投資していくらで回収できるかをできるだけ精緻に予測しなくてはなりません。

　価値算定を行うための最初の作業は、投資先の事業予測を可能な限り精緻に策定することです。ですから、投資先の業績に影響を及ぼす景気全般、産業動向等の外的要因や、財務内容、営業力・商品力等の内的要因を、定性的に、かつ定量的に分析しなければなりません。そして、その過程を経て策定された事業計画をベースとして、投資価値を算定します。

　代表的な価値算定手法はDCF方式です。DCF方式は、将来キャッシュフローを適切な割引率で割り引き、現在価値を求めるという考え方に基づいています。そして、数ある価値算定手法の中でも、最も論理的な価値算定手法として認知されています。

ここではDCF方式に関する説明を割愛しますが、この手法はファイナンス理論をベースにしています。先に述べたように、企業価値はファイナンス理論に基づいて算定するというのが、市場参加者のデファクトスタンダードになっています。

　投資ファンドが主にDCF方式を用いる理由はここにあります。市場を無視した価値算定手法では、投資額の算定も出口時の売却想定額も妥当性や正確性を欠きます。市場参加者と同じ観点で価値算定しなければ、市場を無視した独善的な投資行為になりかねません。したがって、投資ファンドの投資採算計算は、完全にファイナンス理論に基づいて計られるようになっています。

　それでは、ここでDCF方式について簡単に触れておきたいと思います。DCF方式は、将来獲得が期待できるキャッシュを現在の価値に引き直すことで価値算定する手法です。すなわち、将来のキャッシュを現在価値へ修正して得られた値が価値となります。

　一般に、DCF方式ではNOPAT（税引後営業利益）を基準として将来キャッシュを予測します。NOPATに減価償却費等の非現金支出費用を加え、運転資本の増減を加味した上で、設備投資額を減じて各年度の将来フリーキャッシュフローを予測していきます。

　ポイントは、このフリーキャッシュフローは貸借対照表上のどの資産・負債が生み出したものかという点に留意することです。一般に、NOPATを基準に算定されたフリーキャッシュフローは事業が生み出したものと解釈できるため、その現在価値は事業価値といえます。

　企業の価値には、事業価値以外に非事業性資産・負債の価値と有利子負債などの負債価値が含まれています。したがって、DCF方式から株式の価値、すなわち株主価値を求めるためには、これら価値を加減調整する必要があります。これを算式にすると、
「株主価値＝事業価値＋非事業性資産－非事業性負債－有利子負債」
となります。非事業性資産とは、余剰現預金とか事業に関連のない有価証券などのことで、非事業性負債とは同じく事業とは関連のない預り金などを指します。

また、上記算式には記載しておりませんが、退職給付債務等についても負債として認識し減額する必要性はあると考えます。これらの価値を実際の貸借対照表を用いて説明すると、図1のような貸借対照表となります。

なお、補足ですが、事業譲渡の場合には、移転する営業資産・負債を的確にキャッシュに反映させることが肝要です。例えば、移転資産に現預金や売掛債権が含まれていなければ、運転資本を価値算定に考慮する必要もありますし、土地建物等の不動産が含まれていなければ、賃借によるコスト負担も考慮すべきです。したがって、貸借対照表のどの資産・負債をキャッシュベースで評価しているかということを考慮しつつ、事業（企業）の価値の算定に留意することが重要となります。

図1

非事業性資産	非事業性負債	
	事業性負債	事業価値 ＝事業性資産－事業性負債
事業性資産	有利子負債	企業価値 ＝事業価値＋非事業性資産－非事業性負債 ＝有利子負債＋株主価値
	株主資本	株主価値 ＝企業価値－有利子負債

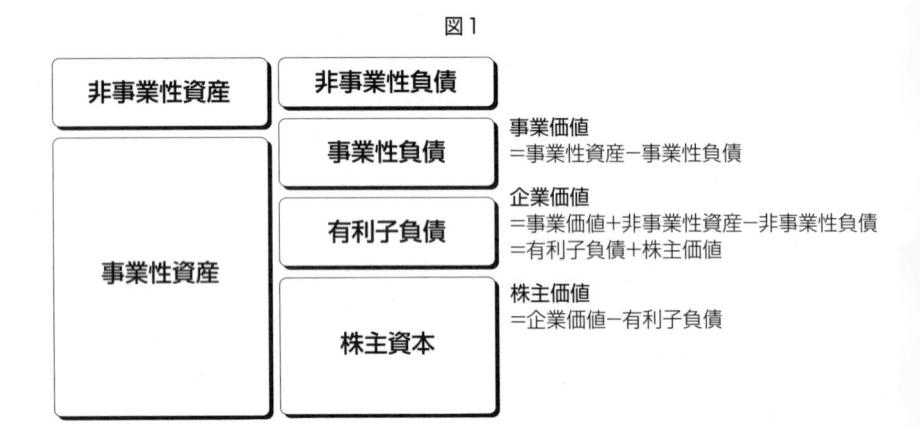

表1はDCF方式の一般的な計算シートを例示しています。実務を行っていると、会計上の当期利益からフリーキャッシュフローを算出し、それを現在価値へ修正した値を株主価値として算定しているケースが散見されますが、その場合、価値算定をミスリードすることになります。株主価値を直接算定するには、株主が享受すべきキャッシュを割り引いて、現在価値へ修正しなければなりません。はたして、当期利益は株主のみが享受すべきキャッシュフローといえるでしょうか。

また、株主価値をダイレクトに算定するということは、有利子負債の価値も結果的に算定し反映していることになりますが、ここで問題になるのは、事業

表1

(単位:百万円)

			FY1	FY2	FY3	FY4	FY5	FY6〜
① 営業利益			1,000	1,050	1,100	1,150	1,200	1,200
② 法人税等	=①×40%		400	420	440	460	480	480
③ 税引後営業利益	=①−②		600	630	660	690	720	720
④ 減価償却費等			100	100	110	120	120	
⑤ 運転資本増減(増△)			10	20	20	15	15	
⑥ 設備投資			100	130	150	100	100	
⑦ キャッシュフロー	=③+④−⑤−⑥		590	580	600	695	725	720
⑧ 割引現価係数			0.93	0.86	0.79	0.74	0.68	
⑨ 割引率	8%							
⑩ キャッシュフローの現在価値			546	497	476	511	493	
⑪ 各年度キャッシュフローの合計		2,524						
⑫ 継続企業価値		9,000						
⑬ 継続企業価値の現在価値		6,125						
⑭ 事業価値	=⑪+⑬	8,649						
⑮ 金融資産等		1,500						
⑯ 有利子負債		4,000						
⑰ 退職給付債務等		300						
⑱ 税効果		120						
⑲ 株主価値	=⑭+⑮−⑯−⑰+⑱	5,969						

リスクに対するリスクプレミアムと、負債の価値を算定する際に用いるべきリスクプレミアムを同程度と見てよいかということです。答えはノーです。

　DCF方式を用いる場合に重要なことの1つは、適切な割引率を用いることです。したがって、実務的にDCF方式を用いる場合には、まず事業が稼ぎ出したキャッシュ、すなわち営業利益を基準に算出されたキャッシュを、事業リスクに見合うプレミアムを安全資産の利回りに対し加算した割引率で割り引くことにより、事業価値を算定し、それに先ほど説明しました加算減算処理を施すことが、論理的な価値算定につながります。

　表1について説明します。ある企業が5か年の事業計画を策定していたとします。これをDCF方式で評価するには、まず営業利益から法人税を考慮して、税引後営業利益を計算します。ここでは、割引率を仮に8％と仮定していますが、実務上は評価対象となる事業のリスクに見合うプレミアムを反映した割引率を用いることになります。なお、一般的に再生ビジネスの場合には、得てし

てこのリスクプレミアムは大きくなるといえるでしょう。

次に、向こう５か年の事業計画から算定されたフリーキャッシュフローを現在価値に修正します。これが表１の「⑪各年度キャッシュフローの合計」となります。なお、ここでは簡単にするため、各年度のキャッシュがすべて年度末に発生するものと仮定しています。

６年後以降の価値は一般に継続企業価値、永続価値もしくはターミナルバリューといった表現が用いられています。これは企業をゴーイングコンサーンとして捉えて計算しています。FY6以降の運転資本増減をゼロとしている根拠は、FY6以降の業績が一定であることを意味しています。

また、減価償却費と設備投資額をゼロとしているのは、長期的に一定の業績を継続するための設備は一定水準に保たれることから、長い目でみれば減価償却費と設備投資額がイコールとなるはずですから、その影響を排除するためです。

このように計算された⑪と⑬の和が事業価値となります。事業価値に金融資産等のネット非事業性資産・負債を加算し、有利子負債と退職給付債務等を減算すると、株主価値が導かれるという手順になります。

このように、再生ファンドはキャッシュをベースとした価値算定を行います。キャッシュをどのようにして評価するかは、これまで説明してきたように、ファイナンス理論に基づいて評価します。すなわち、将来獲得が予定されるキャッシュフローを、投資のリスクに見合った割引率で現在価値に修正して得られた価格が、再生ファンドにとっての投資価格の上限となります。

当然の話ですが、再生ファンドは、投資時点より株主価値が増大しなければ将来においてキャピタルゲインを得ることはできません。したがって、一義的にはキャッシュフローを増大させることが可能だろうと期待できる再生事業へ投資していきます。しかし、企業価値を増大することができなくても株主価値を増大させることは可能です。以下、再生ファンドが考える投資後のシナリオについて、３つのパターンを簡易に例示し説明します。

＜シナリオ１　企業価値を高め、株主価値を高める戦略＞

このケースでは、投資先の成長、すなわちキャッシュフローを増大させることで企業価値を高める事業予測が可能な場合。

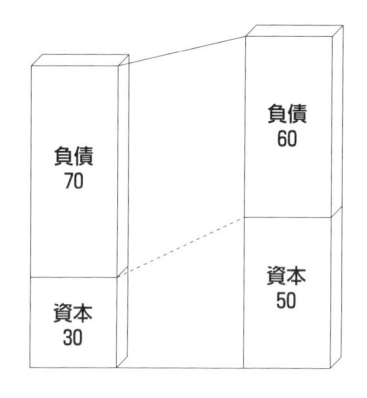

負債 70	負債 60
資本 30	資本 50

キャッシュフローを増大させれば、企業価値が向上する。（100→110）
一方、有利子負債を返済することで株主資本を増強する。（70→60）

株主価値の向上（30→50）
＝企業価値上昇分＋有利子負債削減分

＜シナリオ２　企業価値はそのままで、株主価値を高める戦略＞

このケースでは、成長性は見込めないものの安定したキャッシュフローを創出できる投資対象で、再生スタート時の企業価値を維持することが可能な場合。

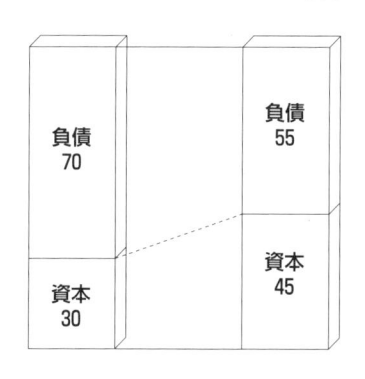

負債 70	負債 55
資本 30	資本 45

安定したキャッシュフローの創出で、企業価値を維持する。（100→100）
一方、有利子負債を返済することで株主資本を増強する。（70→55）

株主価値の向上（30→45）
＝企業価値維持＋有利子負債削減分

＜シナリオ3　資産売却等によるスリム化を図り、株主価値を高める戦略＞

このケースでは、成長性は見込めないものの安定したキャッシュフローを創出できる投資対象で、資産の売却等により有利子負債の返済を優先的に行うことが可能な場合。

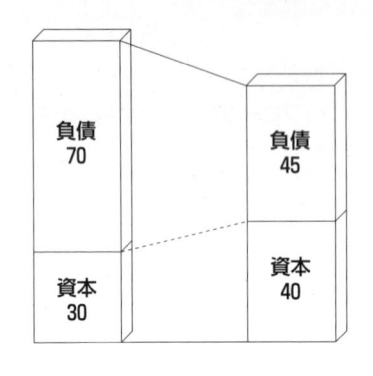

負債 70	負債 45
資本 30	資本 40

安定したキャッシュフローの創出で、企業価値を維持しながら、資産売却等により資産をスリム化。（100→85）
一方、有利子負債を返済することで株主資本を増強する。（70→45）

株主価値の向上（30→40）
＝資産売却分＋有利子負債削減分

4　スキーム例（エクイティ、転換権付き社債、流動化、ハンズオン等）

　再生ファンドのエクイティ投資の基本スキームとして、まず第1に、破綻した企業の良い資産、すなわち再生可能と期待できる事業性資産・負債を事業譲渡方式（図2）にて譲り受けるという方法があります。事業譲渡方式の最大のメリットは、破綻企業の多くの債権者へ一括して債務返済できることにあり、実務上再生計画を策定しやすい上、債務者の理解も得やすいということです。

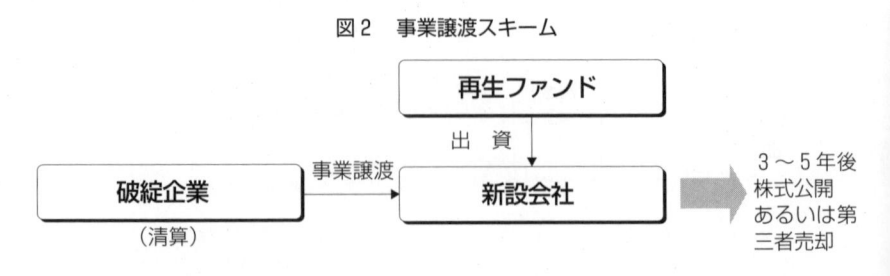

図2　事業譲渡スキーム

破綻企業（清算）→事業譲渡→新設会社←出資←再生ファンド
新設会社→3～5年後株式公開あるいは第三者売却

　また、税務上の観点からも大きなメリットがあります。というのも一般に、再生案件の場合には金融債務を中心として多額の債務免除を受けることが多く、債務免除益を計上しなければなりませんが、その場合、資産等の処分損等

が実現しなければ、債務免除益に対して課税されることとなり、再生計画策定において大きな難題となることが多々あります。しかし、事業譲渡方式であれば、債務免除益は譲渡会社が計上することとなるので、受皿となる新設会社で債務免除益を計上することはありません（再生ファンドは新設会社へ出資します）。

　他方、法的な観点から見ても、再生ファンドとしても、優良資産と不良資産を明確に切り離すことにより、再生に必要な資産のみを譲り受けることができますし、株式譲渡方式と比べると、やはり譲り受け前の未認識リスク（簿外債務や紛争・争議に係るリスク等）はほぼ回避できるので、実務的にも事業譲渡方式が多いのが現状といえるでしょう。難点といえば、債権債務の承継手続として、例えば取引先に対する通知や、各契約関連書類の巻き直し等の移転手続が煩雑であることがあげられるでしょう。

　ただし、事業内容によっては事業譲渡方式が実務的に不可能な場合や、経済性の観点から現実的ではない場合も多々あります。例えば、流通や小売などで多店舗展開している事業で店舗を賃借している場合や、事業に必要な許認可を法人格で取得していて新規取得が困難な場合などがあります。

　また、企業ブランドがマーケットに浸透している場合や、事業資産の移転コストが合理性を欠くほど高コストとなる場合にも、事業譲渡は非現実的なスキームとなります。

　基本スキームの2つ目として、100％の無償減資実施と同時に第三者割当増資を行うというスキーム（図3）があげられます。こちらは、破綻企業に対し直接資本出資することから、上記の事業譲渡方式のデメリットである猥雑な権利関係の個別移転手続並びに許認可の再取得が不要となります。

　ただし、不要な事業や不採算となっている事業まで承継してしまうリスクがあり、また、民事再生等の法的手続を得た場合は相当程度減殺されるものの、簿外債務の承継リスクがあります。

　基本スキームの3つ目として、会社分割を用いることが考えられます。具体的には、破たん企業の優良事業を分社型分割により一旦子会社化し、当該子会社株式を相応の対価をもって再生ファンドが譲り受けるというスキーム（図4）

があります。ただし、会社分割に係る法的手続が時間を要するため、実務上は、事業譲渡スキームもしくは減資増資スキームが採用される傾向にあります。

図3　減資増資スキーム

図4　会社分割スキーム

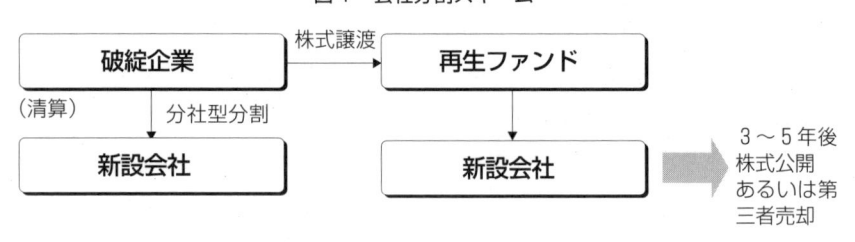

なお、再生スキームを検討する過程において実務上散見される諸事例として、破綻企業の財産のみでは未納税額を徴収できない場合に、納税義務者と一定の関係を有する者が納税義務を負うという第2次納税義務が、私的整理の場合に問題となるケースがありますので、ここで触れておきたいと思います。

この点に関して、上記の3スキームについて言及すると、まず事業譲渡スキームにおいては、譲渡側と譲受側が特殊関係者の関係にある場合や低廉譲渡に該当しない限り、売手の未納税額に関する第2次納税義務を負うことはありません。

次に減資増資スキームにおいては、破綻企業に出資することになるので、破綻企業の未納税額は当然負担することになります。最後に分社型会社分割スキームにおいては、会社分割の時点において特殊関係者に該当するため、当該分割会社の株式を譲り受けた場合には、第2次納税義務を負う可能性が生じます。これを回避するためには、経済的に事業譲渡と類似する現金交付型の吸収分社型分割を採用することが考えられます。会社分割は、会社法においては事

業譲渡と同義とされていますが、第2次納税義務という税務上の観点からは、その負担の有無について分割の手法に留意することが必要となります。

以上、エクイティ投資の観点から再生ファンドの投資スキームについて述べてきましたが、再生ファンド側の許容リスクの観点から、エクイティ投資以外に、デットファイナンスによる資金注入が行われる場合もあります。ただし、通常のデットファイナンスとは異なり、株式転換権などのオプション付きのファイナンスや、メザニンローン（劣後債権）や資産流動化などのストラクチャードファイナンス等のテーラーメイド型ファイナンスが組成されています。

例えば、15億円の資金供給が必要である場合に、10億円はエクイティで供給し、5億円はワラント債を引き受けるという具合です。また、保有する必要のない本社ビルやその他の不動産、あるいは売掛金等の債権を流動化（証券化）する際にストラクチャードファイナンスを組みますが、流動化対象資産をSPCが取得する時のファイナンスサービスを提供したりすることもあります。

再生ファンドは常に自らのリスクのポーションを考慮しています。再生ファンド自身のアセットマネージメントの一環としてファンドのポートフォリオを厳格に管理し、ファンドのリスクコントロールを行っている結果といえるのではないでしょうか。

5　最近の動向

最近の再生に関する投資実績を調べてみましたが、最近は、投資規模の小さいもの、また、地方の案件が多くなっています。これは、10年近く前に起こった金融機関の破綻により大型案件の多くはすでに整理されていることが理由としてあげられます。

また、スキームについては事業譲渡スキームが多用されているようです。これは、再生会社の事業のうち優良な事業もしくは再生可能な事業を切り離して新しい会社へ必要な資産と負債のみを譲渡するためです。

先に述べましたように、事業譲渡スキームであれば、債務免除益課税の問題も発生しません。おそらく、今後も事業譲渡スキームが多くなるでしょう。再

生投資スキームを検討するときには、まず事業譲渡が可能かどうかを検討し、駄目なら減資増資スキームになろうかと予想します。

　なお、補足ですが、なぜ株式譲渡ではなく減資してから増資するのかということですが、再生企業は債務免除なしでは再生を図ることが困難な場合が多いものです。株式より優先する負債をカットするわけですから、理論的にはその時点の株主の価値はゼロとなります。したがって、債務カットをした場合には、理論的に既存株主の株主価値はゼロとなるわけですから、新しいマネーを増資という形で投資して再生会社の完全支配権を獲得することになります。

Ⅲ 企業再生におけるつなぎ融資

　企業再生におけるつなぎ融資とは、アメリカ連邦倒産法第11章に規定されている倒産した会社に対する融資、すなわちDIPファイナンスを指しています。DIPとはdebtor in possessionの略で、「占有を継続する債務者」と訳せます。日本では、民事再生や会社更生等の倒産手続途上にある企業に対し、主として当面必要となる短期の運転資金を融資する行為を指すものとして、一般的に用いられています。

　一般に、法的整理や私的整理に陥った企業は、金融機関や仕入先等の取引先や顧客からの信用を失います。法的整理の場合には、法的整理認可時に存在する仕入債務や金融債務等の債務返済は法的に停止されます。一方、私的整理の場合にはそれら債務返済は法的には停止とはなりませんが、もし債務履行を怠るようになると、より一段と信用不安を加速させる結果となります。

　また、法的整理か私的整理かを問わず、売上はほぼ確実に減少しはじめ、それにともない営業キャッシュフローが悪化してきます。さらに、人材の流出や労働モチベーションの低下など、事業継続に必要な有形無形のインフラが崩壊しはじめるのが一般的といえるでしょう。

　加えて、法的整理により、債務返済を一時的に停止できたとしても、法的整理認可以降に新たに生じた債務については、約定通りに返済を行う必要があります。なおかつ、通常はその支払いサイトは短期なものになるでしょうし、仕切原価もこれまでどおりとはいかないケースも散見されます。厳しいケースでは、現金決済を要求されることもあります。しかし、まだ仕入取引が継続可能な場合は良い方だと思われます。要するに再生企業の資金繰りは、売上激減、仕入決済の短期化等ネガティブな事象が次々と発生し、日を追うごとにスパイラル的に悪化していきます。

　通常、法的整理は、再生計画が確定しスタートするまでには、法的整理認可後、短くても3ヶ月から1年程度の時間は必要となります。私的整理において

も、同様の時間が必要となります。その間、上述のようにキャッシュインフローが減少し、キャッシュアウトフローが先行することになりますので、再生会社にとっては資金繰りが非常にタイトな事態に陥ることとなります。企業再生におけるつなぎ融資は、このような資金繰りタイトな状況を解消することを目的とした、特殊なファイナンス手法です。

　他方、資金繰り改善という直接的な経済効果以外にも、信用不安を和らげるアナウンスメント効果も期待できるのが、企業再生におけるつなぎ融資です。再生企業を取り巻く債権者等のステークホルダーにとっての最大の関心事は、もちろん自らの債権の保全です。

　仮に破綻企業の資金繰りに問題がない状況であり、詳細な説明資料を用いてそれを取引先や顧客に自らの努力でアピールしたとしても、再生企業＝資金ショートという公式が通説となっている状況下、その効果はあまり期待できないのが現実です。もちろん、全く期待できないというわけではありませんが、非常に困難な交渉となる可能性は高いと考えます。

　しかし、企業再生におけるつなぎ融資導入による資金繰り安定という情報は、それらステークホルダーに対する最大の広告宣伝効果が期待できます。それに、米国と違い、日本においては最優先債権として法的に担保できていない企業再生におけるつなぎ融資ですから、企業再生におけるつなぎ融資を導入できたという事実は、少なくとも企業再生におけるつなぎ融資の貸手が再生企業の再生可能性を高いものと判断したという証左となります。

　すなわち、金融機関の信用創造機能における効果の１つとされているモニタリング機能が働くわけです。自社努力による取引先への説明よりも効果は絶大と思われますし、マスコミ等の媒体を通じれば広く伝わりますので、効率的に短期間のうちに信用劣化を和らげることとなります。

　企業再生におけるつなぎ融資は、基本的には設備投資資金の確保を目的としたファイナンスではありません。逼迫した資金繰りを改善させ安定させることがその大きな目的の１つです。また、運転資金という性格上、比較的短期性の資金が基本となりますが、再生途上という特殊な状況をかんがみた中長期の安定した運転資金の確保という観点から、５年程度の貸出期間を設定している金

融機関もあります。

　以上のように、企業再生におけるつなぎ融資の機能は、運転資金の提供という極めて明快なものではありますが、債務者が法的整理適用会社という特殊な状況下ということを考えると、その役割は希少で、かつ大変重要なものであるといえます。しかし、実務上の利便性の観点からは、まだまだ課題の多いファイナンスともいえます。

　そもそも企業再生におけるつなぎ融資は、商工組合中央金庫と日本政策投資銀行の2つの政府系金融機関が「呼び水」役を担わされてきました。いわば米国にならい、国策的に導入された経緯があると考えます。しかし残念ながら、民間金融機関は企業再生におけるつなぎ融資に対して及び腰となっており、政府系金融機関の積極的な対応が呼び水となっているとはいいがたいようです。

　これは、日本においての企業再生におけるつなぎ融資は制度的に保護されていないという側面が大きく影響していると考えられます。米国においては、制定法によりすべての共益債権に優先する超優先債権となります。日本においては認められていませんが、既設定担保権にも優先する担保権の設定や、新旧問わずすべての債務に超優先する実務慣行もあるようです。日本においては、裁判所の許可や監督委員の承認により共益債権とすることは可能ですが、それ以上の保護措置は制度上とられておりません。

　したがって、担保余力のある担保物件、あるいは無担保物件があれば、それらに担保設定することにより債権者の保護を図ることができますが、そのような提供可能な担保物件がなければ、実務的に企業再生におけるつなぎ融資を実行することは極めて困難になってしまいます。なおかつ、政策的背景があるのかどうかはわかりませんが、企業再生におけるつなぎ融資の融資金利が低く、再生企業に対する融資としては適正なリターンを得がたいということも、民間金融機関を及び腰にしている要因ともなっています。

　このように、債権保護の問題と収益性の問題から民間金融機関が及び腰になっていることが、企業再生におけるつなぎ融資市場が拡大しない理由かと考えます。一般に、担保余力のある資産を保有する再生企業は少ないと考えるべきでしょう。なぜなら、業績が苦しくなって資金ショートしたので、法的倒産

手続に移行するというのが一般的なパターンですから、担保余力がある資産はすでに金融機関等の債権者に担保提供しているケースが多いからです。不動産などで、無担保ないし担保余力のある物件は、まずないといえるでしょう。

また、売掛債権などは、机上の計算上無担保債権があったとしても、取引約定書において債権譲渡が禁止されていたり、あるいは第三者対抗要件などの担保設定時の法的要件を満たすことが実務的に困難であるケースも散見されます。また、同時に複数の集合債権に担保設定するというのは、内容次第ではかなり時間を要することも多々あり、間に合わない、ということもあります。企業再生におけるつなぎ融資には機動性が求められているのに、担保があっても担保設定手続が煩雑で機動的な資金調達が見込めない、というジレンマに陥ることは、再生実務上見受けられます。

次に収益性の問題ですが、これは大きな課題です。リスクに見合わない、なおかつ煩雑で緊急性の高い融資行為に民間金融機関が及び腰になることは至極当然の論理だと思います。リスクに見合わないだけではなく、コストも合わないということにもなりかねません。民間金融機関が企業再生におけるつなぎ融資を行うのは、それを行うことにより自社の既存債権の保護を図ることを目的としているケースも多いと思われます。

法的整理に入り、再生計画が承認されなければ破産となり、清算することになります。一般に、清算価値よりも再生価値が高くなければ、再生計画が承認される理屈はありません。したがって、企業再生におけるつなぎ融資の実行により破産を緊急回避させ、自社の債権の価値を上げるという力学が働くケースもあります。

このように債権保護や収益性の観点ではなく、それ以外の目的があって企業再生におけるつなぎ融資が実行されることもありますが、当然このようなケースはすべてにあてはまるわけではありませんから、企業再生におけるつなぎ融資市場の拡大に寄与するほどのインセンティブにはならないでしょう。

企業再生におけるつなぎ融資にかかわらず、リスクに見合ったリターンが得られることを期待できない市場は拡大することはないと考えます。債権保護の問題も大きいのですが、仮に無担保での融資となっても、それに見合うリター

ンが期待できるのであれば企業再生におけるつなぎ融資市場が今よりも拡大されることが期待できる可能性もあるかと思われます。

　しかしながら、いったん安い金利での融資がデファクトとなっている現市場においては、このような価格訂正はかなり困難であるといえるでしょう。したがって、収益性という根本的な問題は問題としてあるものの、まずは債権保護の観点から法的保全制度を完備していくことが肝要かと考えます。

　融資期間は1か月と短期のものもありますし、5年程度の長期貸付もあります。融資期間の決定については、再生側のニーズを基本に、資金使途、再生企業の信用状態、及び担保内容を総合的に勘案して決定します。1か月から数か月程度の短期融資の場合には、1年程度の包括枠（貸出枠）を設定し、その範囲内で再生企業の要請に応じて機動的に資金提供していくしくみもあります。長期資金の場合は、設備投資ニーズに応えるものが多いのですが、あまり多用されていないようです。

　企業再生におけるつなぎ融資の場合、無担保での取組みは期待できないと考えるべきです。理由は上述のように、制度上、その保護がなされていないからです。担保としては、まずは不動産や有価証券でしょう。売掛金等の売掛債権あるいは敷金保証金も有効です。業種によっては、在庫なども担保としての可能性はありますし、特異なところでは対象企業のブランドも担保となることもあります。

　とはいえ実務的にはやはり、換価性の高い不動産あるいは有価証券が貸手にとっては好ましいようです。しかし、再生企業の多くは、バブル経済時の保有不動産や有価証券の含み益を背景に過剰融資を受けてきたことによる、財務体質の脆弱化が業績不振の原因となっていることも多く、不動産や有価証券はすでに入担されており、かつこれらの時価の下落により担保余力も期待できないことから、現実的ではないことが多いようです。

　次に考えられるのは、売掛債権ないし敷金保証金です。売掛債権担保については、実務的に煩雑なケースが多いようです。もっとも問題となるのは、一定金額の債権を定期的にプールすることが可能かどうかということです。債権のプール方法には、信託やSPC等の導管を利用するケースが多く、債権の中身（信

用リスクの高低）により、融資額に対するプール金額は決定してくるのですが、信用不安状態にある再生企業にとって、安定した売掛債権が恒常的に発生するかどうかということを慎重に検討しなければなりません。

　例えば、1億円の企業再生におけるつなぎ融資を受けるのに、1億3,000万円の債権を毎月見直しながらプールする取引条件となった場合に、この1億3,000万円を常に担保提供することが可能かどうかという問題です。再生中の企業は取引先から一方的に取引を停止させられることが多々ありますし、急激に取引が縮小するケースもあります。このような場合、あてにしていた債権額が確保できないこともありますので、ある程度余裕をもった譲渡担保を計画しておかなければなりません。

　また、債権譲渡担保でプールされた債権が、解除後にいつ資金化されるのかを確認しておくことも大切です。譲渡担保した債権はいったん信託なりSPCなりに入金され、その後会社側に還流されるしくみとなるからです。また、先の例でいくとプール額と融資額の差額3,000万円は寝た資金となりますし、この辺りも考慮に入れた資金計画を立てなければなりません。

　むろん、長期債権を譲渡する場合には上記のような懸念には至りませんが、売掛債権には3か月前後の回収サイトが多く、毎月プールした債権の見直し（組替え）作業がある売掛債権担保は手続的に煩雑となることが予想されます。

　他方、敷金保証金のようにいったん担保設定すれば見直しの必要がないものは手続面でメリットがあると思います。したがって、不動産、有価証券及び敷金保証金など担保設定手続が簡易なものはよいのですが、売掛債権などの担保設定手続が煩雑なものは、再生途上の企業にとって必ずしも好ましい調達とはいえない可能性も含んでいます。

第9章 企業再生における産業活力再生特別措置法の利用

> **ポイント**
> - 産業活力再生特別措置法（「産活法」）の立法趣旨（民事再生法や会社更生法等のような債権者間の権利関係を調整する法的手続とは全く異なり、事業の再構築を円滑にすることを目的とする）を理解すること
> - 産活法の適用対象となる計画内容を理解すること
> - 産活法の申請等に必要な手続及び支援措置内容を理解すること
> - 認定された計画実例を分析し、自社等における利用可能性、支援措置によるメリット等を検討すること

I はじめに

　産業活力再生特別措置法（以下「産活法」）は、従来は「産業再生法」と呼ばれており、その略称のために、民事再生法や会社更生法などの法的整理手続としばしば誤解されることがありました。しかし産活法は、単に会社法・税制・金融面からの支援措置を講じることで事業の再構築を円滑にするものであり、民事再生法や会社更生法のような債権者間の権利関係を調整する法的整理手続とは大きく異なるものであるため、より容易に趣旨の理解を得るために、現在では「産活法」と呼ばれています。実際にソニーの子会社統合や、自動車の金融子会社創設、みずほ銀行等の金融機関再編等、財務に問題がない企業による積極的な経営から、産業再生機構が関与する企業、すでに私的整理の合意がなされている企業も含め、広範囲にわたって利用されています。

産活法は、平成11年の第145回通常国会において成立し、同年10月１日に施行され、平成15年に「産業活力再生特別措置法の一部を改正する法律」が公布され、産活法はその適用範囲・条件を拡大・緩和し、期限を３年間延長しました。その後、平成19年において、さらに適用範囲・条件を拡大し、期限も延長しています。

　当初（平成11年）の産活法は、組織再編や増資等によりコア事業（中核的事業）を強化し、企業全体の生産性を向上させる「選択と集中」による再生が支援対象となっていました。平成15年の改正では、現在のわが国経済における「過剰供給構造の解消」や、金融機関の不良債権処理の過程で経営資源が散逸しないよう「経営資源の再活用」や「過剰債務構造の是正」に対する取組みを支援するものとなっています。また、平成15年の改正に先立ち、平成13年の緊急経済対策において不良債権処理が大きな課題となったことをふまえ、私的整理における「債権放棄をともなう事業再構築計画」についても対象範囲に含めることを明らかにしています。平成19年の改正では、さらに、付加価値創造を目指す技術革新やイノベーションによる生産性向上を明確な目標として打ち出し、これらに関する計画を支援の対象に含めています。

　以下においては、平成19年改正後の産活法を中心に、その内容と利用例等を解説します。

図１

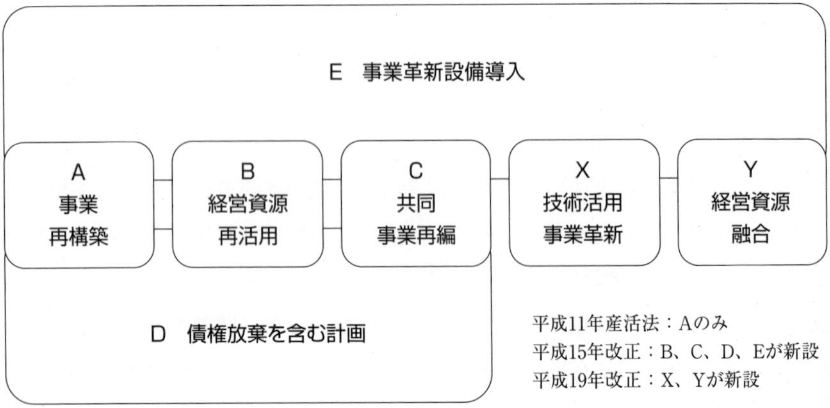

```
┌─────────────────────────────────────────────────────┐
│                 E  事業革新設備導入                  │
│ ┌─────┐ ┌─────┐ ┌─────┐ ┌─────┐ ┌─────┐ │
│ │  A  │ │  B  │ │  C  │ │  X  │ │  Y  │ │
│ │事業 │ │経営資源│ │共同 │ │技術活用│ │経営資源│ │
│ │再構築│ │再活用 │ │事業再編│ │事業革新│ │融合  │ │
│ └─────┘ └─────┘ └─────┘ └─────┘ └─────┘ │
│     D  債権放棄を含む計画                            │
└─────────────────────────────────────────────────────┘
```

平成11年産活法：Aのみ
平成15年改正：B、C、D、Eが新設
平成19年改正：X、Yが新設

Ⅱ 平成19年改正産活法の概要

1 対象となる各計画の概要

産活法の対象となる計画分類は以下のとおりです。

	計画分類	内　容	政策目的
A	事業再構築計画	既存企業が中核事業への「選択と集中」を通じ、企業全体の生産性向上を図る計画 主としてグループ内での再編	選択と集中
B	経営資源再活用計画	既存企業において有効に活用されていない経営資源（事業）を活用して当該事業分野の効率性向上を図る計画	過大債務構造是正
C	共同事業再編計画	過剰供給事業において複数事業者が共同で事業集約、縮小・廃棄を通じ事業の効率性向上を図る計画	過剰供給構造解消
D	債権放棄を含む3計画	上記ABCの計画の推進	金融支援
E	事業革新設備導入計画	研究開発と一体となった製造拠点を国内に整備する計画	国内空洞化への対応
X	技術活用事業革新計画	革新的な設備投資等	技術革新の支援
Y	経営資源融合計画	リスクの高い異分野企業間の連携によるイノベーション、先端投資	イノベーションによる生産性の向上

A.「事業再構築計画」

いわゆる自力再生型の再生計画で、既存企業が中核事業への「選択と集中」を通じ、企業全体の生産性向上を図る計画です。合併・分割・株式交換等の再編手法を用いて事業再構築を図り経営効率を高める、債権放棄や増資・DES（Debt Equity Swap：債務の株式化）により、財務体質の健全化を図る、等のスキームが想定されています。

図2

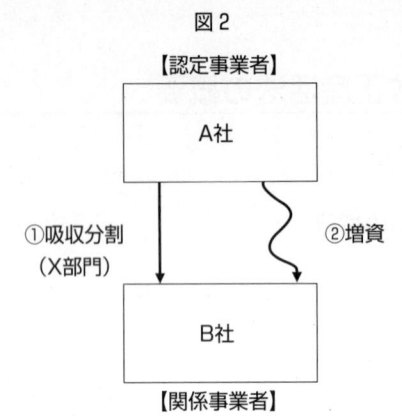

【認定事業者】
A社

①吸収分割（X部門）　②増資

B社
【関係事業者】
③設備投資を行い、新製品の製造・販売を開始

（経済産業省　申請書テンプレート　より）

　図2では、A社がX部門を集中的に活性化させるため、これを吸収分割により別会社化（B社）し、増資の実行及び日本政策投資銀行による融資（支援措置の活用）を受け、設備投資を行い、生産性の向上を図るというスキームになっています。

　支援措置として、日本政策投資銀行による融資の他に、吸収分割や増資における登録免許税の軽減、会社法上の手続の簡略化、新規設備に対する税制上の特別償却等が活用できます。

B.「経営資源再活用計画」

　他力再生（外部救済）型の再生計画で、既存企業において有効に活用されていない経営資源を活用して、当該事業分野の効率性向上を図る計画です。

　上記の「A．事業再構築計画」では、企業の存続を前提としていますが、昨今の不良債権処理の過程では、収益性のある事業を他社や企業再生ファンドに譲渡した後に、不採算部門ごと清算するというような事例が散見されます。このようなケースにおいて、他社で有効活用されていない有望な事業部門を譲り受け、当該部門の生産性向上を図る、あるいは、新規設備投資を行い、事業を強化するといった計画を対象としており、計画の申請者は事業の譲り受け側となります。

図3

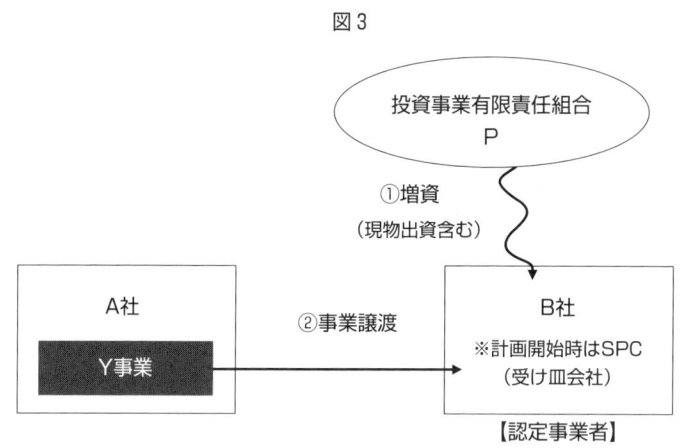

```
          投資事業有限責任組合
                 P
                 │
            ①増資
          (現物出資含む)
                 ↓
  ┌─────────┐              ┌─────────────┐
  │  A社    │  ②事業譲渡   │    B社       │
  │ ┌─────┐│ ─────────→  │※計画開始時はSPC│
  │ │Y事業 ││              │ (受け皿会社) │
  │ └─────┘│              └─────────────┘
  └─────────┘              【認定事業者】
```

（経済産業省　申請書テンプレート　より）

　図3は、投資ファンドPが、B社をSPC（受け皿会社）として設立し、そこに全体として不採算企業であったA社から、収益性のある（と思われる）Y事業の営業譲受を受けることにより、同事業を強化していこうというスキームです。

　SPCの設立や営業譲渡における登録免許税や不動産取得税の軽減、検査役の調査免除等の会社法上の手続の簡略化、日本政策投資銀行からの融資等の支援措置が活用されます。

　さらに、このようなスキームの円滑化を図るために、産活法では企業再生ファンドのための制度整備を行っています。これまで国内の投資事業有限責任組合における投資対象を、未公開の中小・ベンチャー企業に限定していたため、大企業・公開会社に投資するファンドは、国内では民法上の組合とするか、ケイマン諸島等で設立せざるを得ない状況でしたが、平成15年改正産活法により特例として、投資事業有限責任組合の投資対象を「同法の認定企業」や「（認定を受けていなくても）財務内容が悪化している企業」に拡大することとなり、また、株式や新株予約権付社債の取得だけではなく「金銭債権の取得」や「金銭の貸付け」も業務内容に加えることができるようになりました。これにより、企業再生ファンドの円滑組成を通じて、再生企業への資金供給手段の一助とすることが期待されています。

C.「共同事業再編計画」

産業内での再編に用いられる再生計画で、過剰供給事業において、複数事業者が共同で事業集約、縮小・廃止を通じ、事業の効率性向上を図り、業界内における過剰供給構造を解消するための計画です。

国内需要の低迷により供給能力が過剰となり利益率が低下している事業分野では、当該事業からの撤退は多大なコストがかかるため、個々の企業が単独で撤退することは困難な場合が予想されます。同業他社との事業統合や合併などにより、設備廃棄等を通じた効率的な事業縮小・撤退を促進していく必要があります。また、半導体等の次世代に向けた大規模な研究開発費や設備投資が必要になる場合、多額の投資を行うための企業間にわたる取組みを支援していくため、過剰供給構造にある複数の企業が共同して設備廃棄や設備投資を行う計画を対象としています。

また、再生計画期間内に限定して、会社法上の匿名組合契約に基づく施設・設備の出資が規定されました。このスキームを使うことにより、複数の企業が事業を共同子会社に集約するケースにおいて、匿名組合契約を用いて子会社での（設備廃棄等による）損益を親会社にパススルーして親会社損益に取り込むことができます。

図4では、類似する事業を行っているA社とB社が、匿名組合方式でC社を

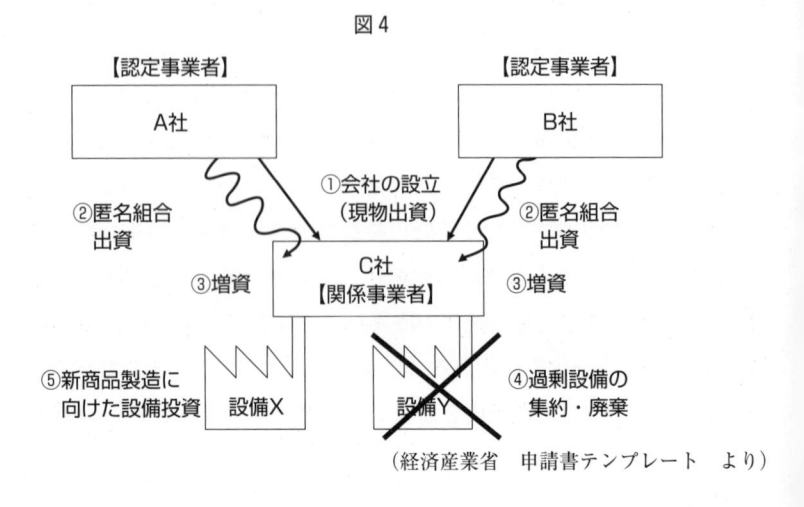

図4

【認定事業者】A社　【認定事業者】B社
①会社の設立（現物出資）
②匿名組合出資　②匿名組合出資
③増資　③増資
C社【関係事業者】
⑤新商品製造に向けた設備投資　設備X　設備Y　④過剰設備の集約・廃棄

（経済産業省　申請書テンプレート　より）

現物出資により共同設立し、設備を集約・廃棄するとともに、新商品製造に向けた新たな投資を行っていくというスキームになっています。

会社設立・現物出資における検査役調査の免除や登録免許税の軽減、新規設備に関する税制上の特別償却等の支援措置が活用されます。

D.「債権放棄を含む3計画」

上記の「A. 事業再構築計画」、「B. 経営資源再活用計画」、「C. 共同事業再編計画」の3計画についても、私的整理の過程で債権放棄を受ける企業についての産活法の適用が受けられることとなりました。具体的には、計画終了時点で財務内容が健全化していることを条件に、債権放棄により抜本的な事業再構築を行う企業に対しても、主務大臣が認定することにより産活法の適用が受けられます。ただし、債権放棄を含む計画であるため、それが円滑かつ確実に実施される可能性が高いかどうかを判断するために、より慎重な審査手続が要求されており、上記3計画に加えて、追加的な書類や手続が必要になります。詳しくは、後述の「4　申請及びその後必要となる手続」を参照してください。

なお、そもそも私的整理手続については、法的整理手続（会社更生法、民事再生法）において資産評価損の損金算入が認められることに対し、これが認められないため、私的整理により債権放棄を受けた場合には多額の課税所得が発生するという問題がありましたが、産活法の認定を受けた企業が債権放棄を受けて資産の評価換えを行った場合についても、損金算入が認められることが、国税当局との間で確認されております。

E.「事業革新設備導入計画」

国内空洞化への対応を図るもので、思い切った設備投資の促進により、国内に生産性が高く、競争力のある産業を確保するための計画です。

近年、安価な労働力を求めて東南アジア等の諸外国への投資が多いことに対応した措置であり、税制上の優遇措置や資金調達面における支援により、革新的設備の導入を促進することが目的です。他の3計画と異なり、設備投資の内容のみに着目したものになっています。

X.「技術活用事業革新計画」

　付加価値の創造を目指す技術革新などをより一層支援することを目的としており、他者から技術や知的財産を獲得してこれを活用することにより、生産性向上を目指す計画を対象としています。例えば、他社から譲受又は設定を受けた知的財産権を活用した研究開発や、在外子会社が他の外国企業との合併により知的財産等を獲得するような計画が含まれます。

　支援措置の中でも、該当する革新的な設備投資について30％の特別償却が認められていることから、認定基準は上記A、B、Cよりも若干厳しくなっています。

　図5では、A社の子会社であるB社が、外国企業であるC社の有する技術を獲得することを目的として、同社の株式を取得し、研究開発によるシナジーをあげるというスキームになっています。B社の株式取得にあたっては、投資ファンドからの出資も受けています。

　活用できる支援措置として、投資ファンドは「投資事業有限責任組合契約に関する法律」（以下、LPS法）上の外国会社に対する出資制限（50％）を超えて出資を行うことが可能であり、また、外国子会社が現地金融機関から資金調

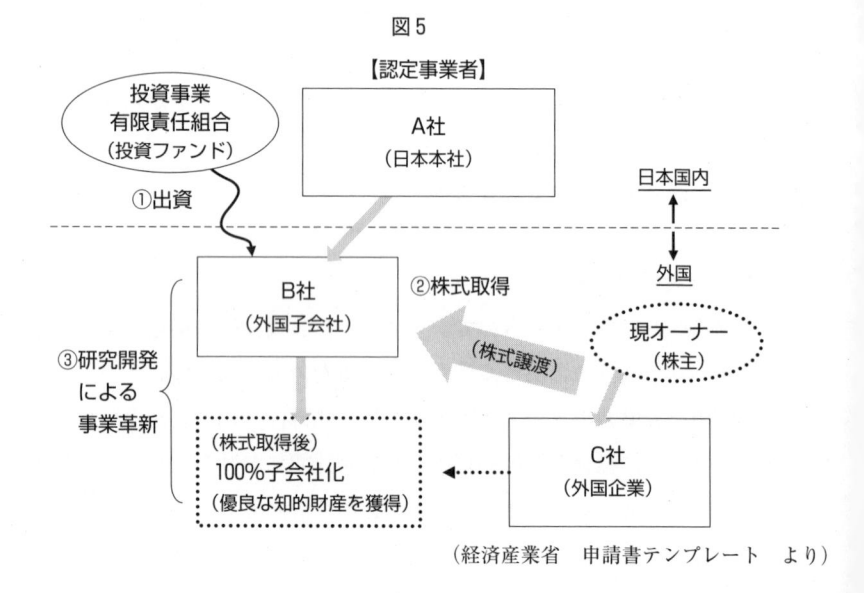

図5

（経済産業省　申請書テンプレート　より）

達を行うにあたり、中小企業基盤整備機構の債務保証を受けることができます。

Y.「経営資源融合計画」

　イノベーションによる生産性向上を目的としており、異分野企業間の連携・経営資源の融合により、革新的な事業を行う計画を対象としています。例えば、2社以上の、それぞれ異分野に属する企業がジョイントベンチャーを設立し、各社がそれぞれの経営資源を持ち寄って一体的に活用することにより革新的な事業を行うこと等が含まれます。

　特に、これらの計画による先端投資を促進するために、革新的な設備投資には30％の特別償却が認められていることから、認定基準は上記A、B、Cよりも若干厳しくなっています。

　図6では、異分野に属するA社（自動車メーカー）、B社（電池メーカー）、C社（総合商社）が共同で合弁会社を設立し、それぞれの得意分野を持ち寄ることにより、新たに共同で統合された新型リチウムイオン電池に関する事業を、トータルとして行うというスキームです。

　新会社設立にともなう会社法上の手続の簡素化や、登録免許税の軽減、新規

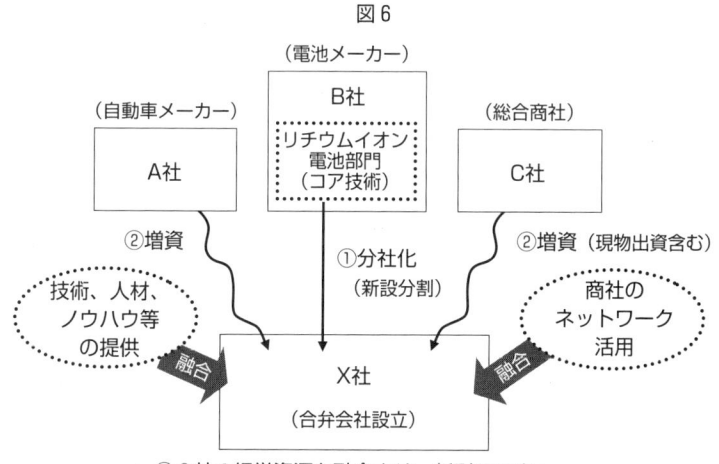

図6

（自動車メーカー）　　　（電池メーカー）
　　　　　　　　　　　　　B社
　　A社　　　　　　　リチウムイオン　　　　（総合商社）
　　　　　　　　　　　電池部門　　　　　　　C社
　　　　　　　　　　　（コア技術）

　②増資　　　　　　　　　　　　②増資（現物出資含む）
　　　　　　　　　①分社化
　　　　　　　　（新設分割）
技術、人材、　　　　　　　　　　　　　商社の
ノウハウ等　　　　融合　　　融合　　　ネットワーク
の提供　　　　　　　　　　　　　　　　活用
　　　　　　　　　X社
　　　　　　　　（合弁会社設立）

　③3社の経営資源を融合させ、新型リチウム
　　イオン電池の製造・販売を新たに開始

（経済産業省　申請書テンプレート　より）

設備の特別償却、日本政策投資銀行による融資等の支援措置が活用できます。

2 認定基準

(1) 基本となる認定基準

産活法適用の認定基準は各計画によって異なりますが、基本的な要件分類は、生産性の向上(又は供給能力の減少)と事業革新設備要件、財務の健全化並びに雇用への配慮です。

なお、詳細については各計画ごとに具体的に定められていますので、実際の検討に当たっては、経済産業省の公表資料等を参照してください。また、これら指標を原則として、業態特性や固有の事情等を勘案して柔軟に運用することとされていることにご留意ください。

要件分類	指 標		対象計画	備 考
生産性向上（又は供給能力の減少）	●自己資本等基準利益率（ROE）の向上 ●有形固定資産回転率の向上 ●従業員1人当り付加価値額の上昇 ●機械装置資産回転率の上昇 等	いずれかを達成	A、B、C X、Y	X、Yにおいて、より厳しい基準値
事業革新設備	●新商品・サービスが国内売上高に占める割合≧1％ ●製造原価・販売費の低減率≧5％ ●売上伸び率≧業界平均＋5％ 等	いずれかを達成	（必須） E、X、Y （特定の支援措置を利用する場合） A、B、C	
財務健全化	●有利子負債のキャッシュフローに対する比率が10倍以内 ●経常収入が経常支出を上回ること	すべてを達成	A、B、C X、Y	
雇用への配慮	●計画についての労使間の十分な話し合い ●従業員数の推移の記載 ●出向、転籍、解雇の内訳の記載	すべてを達成	A、B、C X、Y	
その他	●事業分野が過剰供給構造にあること	すべてを達成	C	

(2) その他の要件

　産活法の認定は、主務大臣である各事業の所管大臣（省庁）が行うこととなっており、複数の省庁にまたがった事業を行っている企業では、共同認定となるケースもあります。各事業の所管大臣は、その事業分野の特性に応じて「事業分野別指針」を定めることができます。例えば、国土交通大臣により、別途建設業の再生に向けた指針が定められており、上記の認定基準に加えて、安定性を表す指標（資本・負債比率等）等に関する要件も求めています。

3　支援措置

　産活法の支援措置は、大きく税制、会社法・民法の特例、金融に関する措置等があります。

　各支援措置の概要は、以下のとおりです。

分　類	内　容
税制措置	a）登録免許税の軽減措置（0.7→0.25％等） b）革新的新規設備投資に対する特別償却（20％もしくは30％） c）不動産取得税の軽減（3→2.5％等） d）債権放棄時の資産評価損の損金算入
会社法・民法の特例	＜会社法＞ a）略式組織再編手続の簡素化 b）現物出資等の際の検査役調査の簡素化（取締役・監査役の調査で代替） c）株式の併合手続の簡素化 ＜民法＞ a）事業譲渡時の債権者のみなし同意
金融措置	a）日本政策投資銀行による支援措置 b）中小公庫、国民公庫、商工中金による低利融資 c）LPS法による特例（外国株式等取得規制の適用除外） d）海外子会社へのL/C発行債務に関する中小企業基盤整備機構による債務保証
（参考）その他の法令等に基づく措置	a）独占禁止法に基づく企業結合審査の迅速化（30日→15日） b）企業再生ファンドの整備（中小企業投資育成株式会社による設備投資時の株式の引受け等）

会社法・民法の特例については、通常の取引で必要となる株主総会での決議、検査役の検査、債権者への催告等の手続の省略・簡略化により、迅速かつ効率的に組織再編を行うことを目的としていますが、これは実質的に会社債権者などの第三者を害するおそれがないという前提に立っており、また、支配株主の優越的地位の乱用が明らかな場合等では認定がされないこともありますので、ご留意ください。

この他に、公正取引委員会による独占禁止法に基づく企業結合審査の審査短縮等の措置や、企業再生ファンドの整備（Ⅱ 1 B.「経営資源再活用計画」参照）といったバックアップ体制もとられています。

税率軽減内容等の詳細については、経済産業省の公表資料等を参照してください。

4　申請及びその後必要となる手続

(1)　申請手続と認定計画の公表

再生計画を所定の様式に基づいて記載し、定款や営業報告書、計画に記載した事項を立証するデータ等の書類を添付した上で、計画対象となる事業を所管する大臣（省庁）に提出します。

金融機関等の調査によりますと、申請から認定までの期間が10日以内の案件が全体の過半を占めており、15日以内が全体の約8割というデータもありますが、認定に際しては原則1か月の審査期間が必要（約2か月程度前の事前相談が望ましい）とされているため、再編スキームの実施予定からさかのぼり、十分な余裕期間を持って申請することが望まれます。

また、認定された計画は、すみやかに公表されることとなっていますが、企業の事業上の秘密に該当する部分については、公表外とすることができます。

(2)　計画の実施状況報告

認定計画の実施状況については、原則、各事業年度終了後3か月以内に主務大臣に報告し、当該年度の貸借対照表と損益計算書を添付することとなっています。法的整理手続の開始、手形の不渡り等の事態が生じた場合には、すみや

かに報告を行う必要があります。

　また、計画が終了した時点においても、主務大臣への報告が求められており、競争上の地位に影響を与えるおそれがない事項であって、かつ、事業者の同意を得たものについては、当初の目標が達成できたかどうかも含めて報告の概要が公表されることになっています。

　なお、計画終了時点で当初の数値目標を達成できなかった場合の取扱いについては、「計画に沿って企業が真摯な経営努力をしており、景気の低迷等の外的な経済環境により、結果的に基準を達成できなかったと認められる場合には、（主務大臣は）認定を取り消すことはないと考えられる」（経済産業省HP、"よくある質問と回答"より）といわれています。

5　債権放棄を含む計画の場合

　債権放棄を含む計画の場合には、上記に加えて追加的な書類や手続が必要となります。具体的には下記のとおりです。

時　点	必要書類・手続
申請時	●金融機関等債権者の債権放棄同意書 ●公認会計士などによる資金計画の報告書 ●減資など、株主責任の明確化を図ることを表目する書面 ●再建計画にかかる専門家による調査報告書（注）
計画実施期間中	＜債権放棄から4か月以内＞ ●債権放棄時点から1か月以内に行った仮決算における財産目録や資産評価換え後の貸借対照表、損益計算書 ＜その後＞ ●四半期ごとの実施状況報告（売上と有利子負債残高の推移） ●半期ごとに公認会計士の監査を受けた貸借対照表と損益計算書の提出

（注）　私的整理に関するガイドラインにおける資産・負債や損益の状況及び再建計画案の正確性、相当性、実行可能性などを調査検証するために選任された公認会計士、税理士、弁護士、不動産鑑定士、その他の専門家による調査報告書

III 産活法の活用事例分析

産活法は、平成11年10月の施行以来、平成15年3月までの期間において204社、平成15年改正後、現在（平成21年3月27日現在）に至るまでに288社と、計492社が認定されています。

以下の事例分析で用いられる図表等については、認可当局の公表資料に基づいて筆者が作成したものであり、その区分等は標準産業分類等の一般に認められた基準による厳密なものではなく、その分析目的をはずさない範囲で独自の判断と基準に基づき区分したものですので、ご留意ください。

1 計画種類別分析

(1) **平成11年10月の施行以降、平成15年3月までの期間**

平成15年改正前においては、A.事業再構築計画のみが規定されていました。

(2) **平成15年改正後、平成21年3月までの期間**

図7 改正後 計画種別からみた企業数

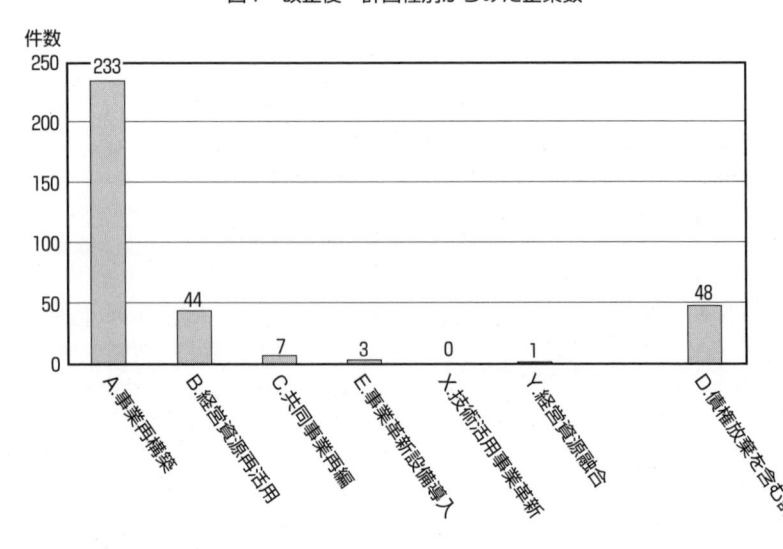

計画種別	件数
A.事業再構築	233
B.経営資源再活用	44
C.共同事業再編	7
E.事業革新設備導入	3
X.技術活用事業革新	0
Y.経営資源融合	1
D.債権放棄を含む計画	48

「D．債権放棄を含む計画」は、「A．事業再構築計画」、「B．共同事業再編計画」、「C．経営資源再活用計画」のそれぞれと重複してカウントされています。「A．事業再構築計画」が大半を占めていることが明らかであり、「E．事業革新設備導入計画」については、シャープ㈱（２件）及び日東電工㈱の計３件のみ、「X．技術活用事業革新計画」は認定実績なし、「Y．経営資源融合計画」は三菱重工業㈱／三菱商事㈱の１件のみというように、法の狙いとしている付加価値創造やイノベーションに対してはまだまだ未活用の状況となっています。

また、「B．共同事業再編計画」においては、当初法制化の時に予想されていたスキームである、匿名組合を用いるスキームはほとんど見受けられず、実際には活用しにくいものとなっている状況が伺えます。

2 担当省庁別分析

(1) 平成11年10月の施行以降、平成15年３月までの期間

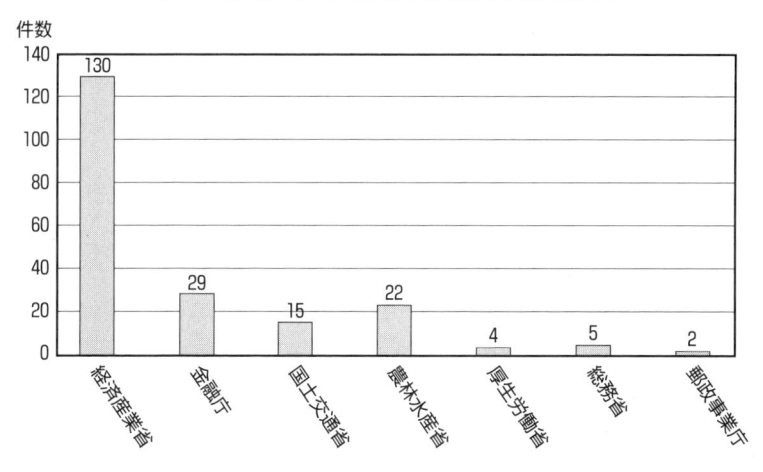

図8　改正前　担当省庁別認定企業数（重複申請あり）

省庁	件数
経済産業省	130
金融庁	29
国土交通省	15
農林水産省	22
厚生労働省	4
総務省	5
郵政事業庁	2

経済産業省（旧通商産業省を含む）がトップで、続いて金融庁、農林水産省、国土交通省となっています。産活法は、そもそも構造不況業種と考えられる重厚長大型企業の救済を想定していたことから、施行当初は経済産業省への申請が大半でしたが、その後の規制緩和の影響から、ソニー、トヨタ等の異業種か

らの金融業務への参入や、商法改正による持株会社の解禁により加速した金融機関の大型再編等、金融庁への申請も目立ってきています。

(2) 平成15年改正後、平成21年3月までの期間

図9　改正後　担当省庁別認定企業数(重複申請あり)

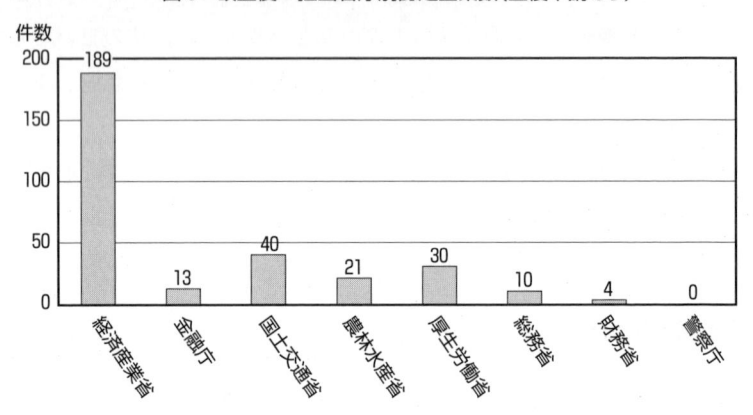

省庁	件数
経済産業省	189
金融庁	13
国土交通省	40
農林水産省	21
厚生労働省	30
総務省	10
財務省	4
警察庁	0

　経済産業省がトップなのは同様ですが、続いて国土交通省、厚生労働省となっています。これは、運輸会社や航空業界等の会社が集中したこと(国土交通省)、ホテル・旅館等のレジャー産業の会社が数多く認定されていること等の特定の業種の偏りによる傾向の現れといえます（3の業種別分析を参照）。

3 業種別分析

(1) 平成11年10月の施行以降、平成15年3月までの期間

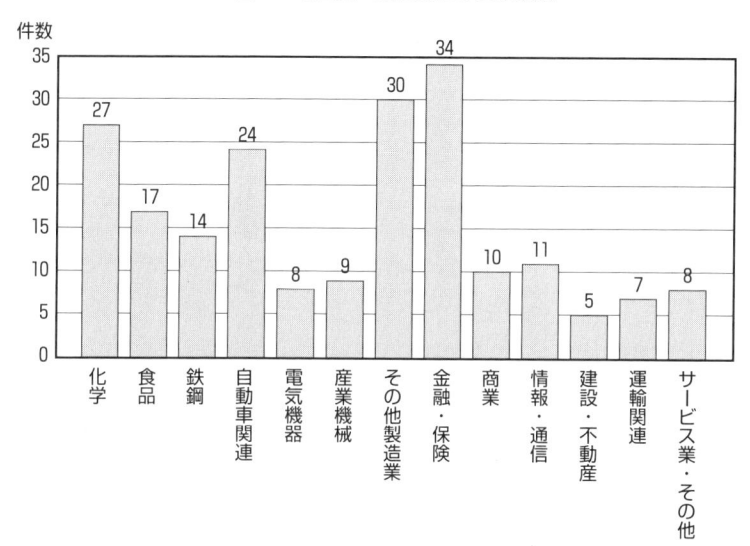

図10 改正前 業種別にみた企業数

業種	件数
化学	27
食品	17
鉄鋼	14
自動車関連	24
電気機器	8
産業機械	9
その他製造業	30
金融・保険	34
商業	10
情報・通信	11
建設・不動産	5
運輸関連	7
サービス業・その他	8

　業種別では、「金融・保険」が34件でトップです。みずほフィナンシャルグループや三菱東京フィナンシャルグループ等の、都市銀行における持株会社を利用した大型再編や、地方銀行では足利銀行や北陸銀行などの増資の例が目立ちました。

　次に、国際的再編が進む石油化学を含む「化学」や「自動車関連」、重厚長大産業といわれる「鉄鋼」においても認定が目立ち、海外を含む競争激化により再編が進んでいることが伺われます。

　なお、上記の「自動車関連」には、自動車販売や自動車金融等も含まれています。また、「食品」の中で認定件数として圧倒的なシェアを占めた製糖事業や「その他製造業」に含まれる製紙事業等、個別の業種で再編が進んでいる状況も見受けられました。

　一方で、他業種と比較して圧倒的な企業数を抱え、また、不良資産を多額に抱えていると考えられる「建設・不動産」業においては、統合・再編が依然と

(2) 平成15年改正後、平成21年3月までの期間

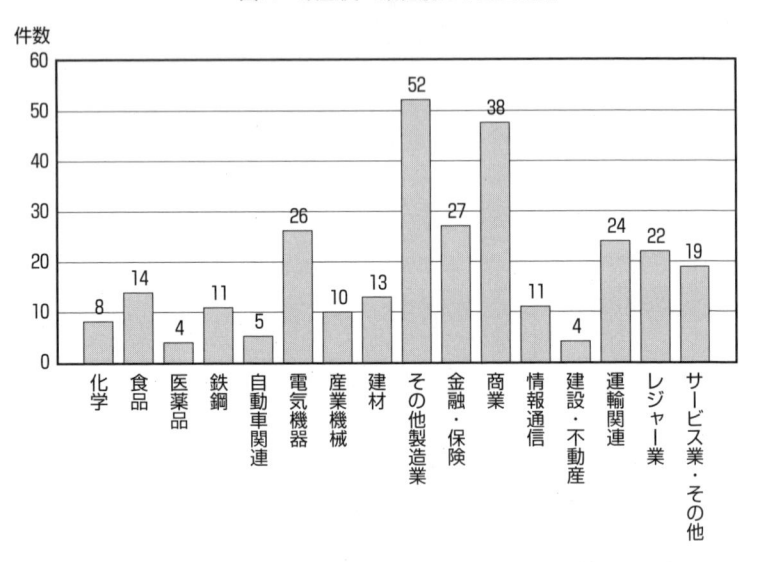

図11　改正後　業種別にみた企業数

業種	件数
化学	8
食品	14
医薬品	4
鉄鋼	11
自動車関連	5
電気機器	26
産業機械	10
建材	13
その他製造業	52
金融・保険	27
商業	38
情報通信	11
建設・不動産	4
運輸関連	24
レジャー業	22
サービス業・その他	19

　業種別分析においては、平成15年以前と大きく異なる傾向が見受けられることがわかります。まず、平成15年以前においては、比較的大型の業界内での再編や、国際的再編が進む業界が目立つ傾向にありましたが、平成15年改正後においては、電気機器業界を除き、比較的細かい産業分類への集中が目立ちます。

　電気機器業界においては、液晶パネルや半導体関連を中心に、事業再構築のみならず経営資源活用型、共同事業再編型や、事業革新設備導入が見られました。

　金融業界においては、件数は同様に多く見られましたが、平成15年以前に見られた大型再編ではなく、地銀やリース、信販会社へとその対象がシフトしています。

　その他特徴的な点として、商業における商社や小売業、運輸業界における運送会社・鉄道会社・航空会社等、レジャー業界におけるホテル・旅館・ゴルフ場等のように、特定の細かい業種において、集中的に認定がされている傾向が

見られました。

また、平成15年以前の分析で「その他製造業」に含めていた「医薬品」「建材」の件数が増加したことに加え、この2業種を除く「その他製造業」の件数も増加しており、産活法の認定が、より多岐にわたる業種で活用されてきている傾向が伺えます。

4 再生手法別分析

当セクションにおける再生手法の分類においては、複数の手法を複合して適用している場合は、筆者の判断により、よりメインと考えられる手法を中心として分類しています。ただし、組織再編の手法を複数利用しており、優劣がつけがたいケースにおいては、「複合的スキーム」として分類していますので、ご留意ください。

(1) 平成11年10月の施行以降、平成15年3月までの期間

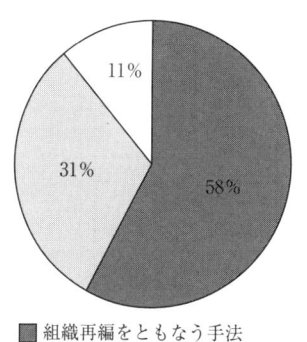

図12 改正前 手法別にみた企業数(A)

■ 組織再編をともなう手法 58%
□ 増資・DES 31%
□ 生産集約・新規投資・その他 11%

利用された再生手法は、組織再編をともなうものが過半数を占めますが、単純な増資やDES（Debt Equity Swap：債務の株式化）による財務健全化策も大きなシェアを占めています。自社内のみで行われる生産集約（設備廃棄を含む）や新規投資等による再生策は少ない結果となっています。

図13　改正前　手法別にみた企業数（B）

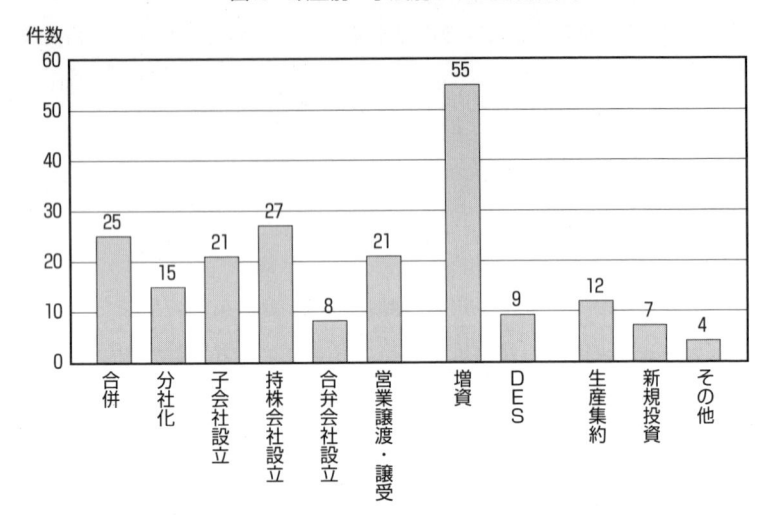

手法	件数
合併	25
分社化	15
子会社設立	21
持株会社設立	27
合弁会社設立	8
営業譲渡・譲受	21
増資	55
DES	9
生産集約	12
新規投資	7
その他	4

図14　改正前　優遇措置利用割合　（複数回答、単位：％）

	手法	税制	会社法	金融
組織再編をともなう手法	合併	100	0	20
	分社化	100	67	40
	子会社設立	86	29	29
	持株会社設立	100	0	7
	合弁会社設立	75	25	75
	営業譲渡	64	64	18
	営業譲受	70	0	50
増資等	増資	100	2	9
	DES	100	11	22
その他	生産集約	75	16	33
	新規投資	29	29	85
	その他	100	0	75
	合計	90	14	26

　各手法別には、単純に登録免許税の軽減メリットが得られる増資案件が最も多く、次に持株会社を利用したものが多く見受けられました。また、子会社設

立・合弁会社設立等においては、会社分割を利用したものが目立ちました。

各手法別の優遇措置利用例で、最も目立つのが増資、DES、合併その他の組織再編にともなう資本金増加における、登録免許税の軽減です。次に税制面では、営業譲渡等の際の不動産取得税の軽減が用いられていました。

会社法上の特例措置では、分社化や合弁会社設立（ともに会社分割を含む）、営業譲渡において、検査役検査の免除が多用されていました。

金融措置（政策金融・保証等）は、新規投資の場合は多くの割合で利用されていますが、全体では税制上の優遇策を受けた会社が90％であるのに対し、26％にとどまっています。また、ストックオプションの適用範囲拡大については、最終的に３件（１％）にとどまっていますが、これは途中から同適用範囲が一般法となり、特別措置からはずれたことも一因であると考えられます。

(2) 平成15年改正後、平成21年３月までの期間

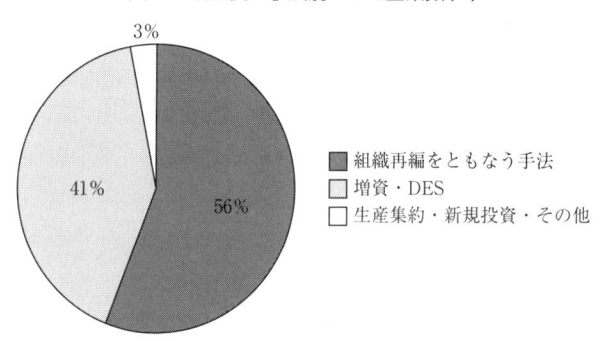

図15 改正後　手法別にみた企業数(A)

- 組織再編をともなう手法　56％
- 増資・DES　41％
- 生産集約・新規投資・その他　3％

改正前と比較して、増資・DES等をメインとする手法が多数用いられていることがわかります。また、「E．事業革新設備導入」、「X．技術活用事業革新」、「Y．経営資源融合」等の計画認定数が少ないことからもわかりますが、生産集約や新規投資を中心とした施策は活用されている事例が少なくなっています。

図16　改正後　手法別にみた企業数(B)

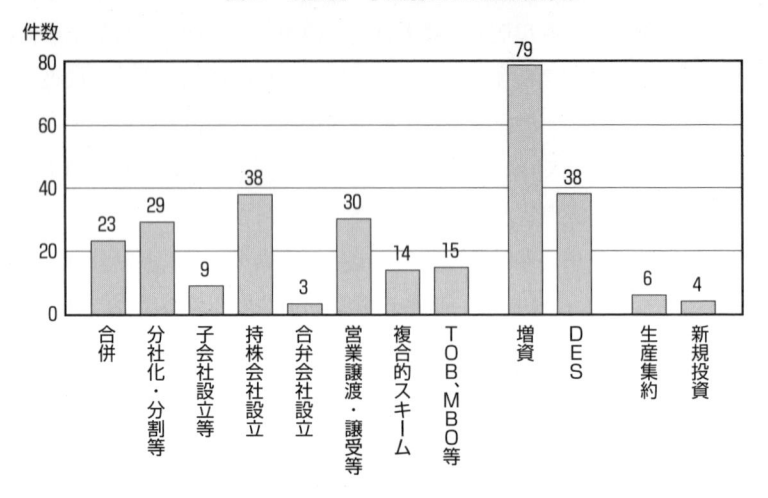

手法	件数
合併	23
分社化・分割等	29
子会社設立等	9
持株会社設立	38
合弁会社設立	3
営業譲渡・譲受等	30
複合的スキーム	14
TOB、MBO等	15
増資	79
DES	38
生産集約	6
新規投資	4

図17　改正後　優遇措置利用割合　（複数回答、単位：％）

	手　法	税　制	会社法	金　融
組織再編をともなう手法	合併	91	30	17
	分社化・分割等	97	31	7
	子会社設立等	67	100	22
	持株会社設立	100	5	8
	合弁会社設立	100	33	0
	営業譲渡・譲受等	100	50	43
	TOB、MBO等	80	87	13
	複合的スキーム	93	50	7
増資等	増資	100	16	11
	DES	100	66	8
その他	生産集約	100	0	0
	新規投資	100	0	0
	合計	97	35	14

　個別件数では、改正前と同じく増資は最も多いですが、DESを利用する割合も増えてきています。組織再編では、TOB、MBO等の手法が増えており、これらの多くは、投資ファンドが主導で行われていることも特徴的であると思わ

れます。

　各手法別に利用された支援措置の内容は、改善前と同じ傾向が見られます。

　ただし、全体としては税制面や、特に会社法上の措置を利用した計画が目立って増加しており、金融面での措置を利用した割合が全体の14％にとどまっている点は特徴的であるといえます。

Ⅳ 平成21年度改正について

　今般、政府の経済対策に盛り込まれる金融危機対応の資金繰り支援策の一環として、平成21年4月22日の参議院本会議で再度、産活法の改正案が可決されました。これは、昨今の金融危機による急激な売上高の落ち込みで自己資本が減少し、業績の回復が見込まれるものの負債が大きく、資金調達が困難になっている企業の資金繰りを支援することを目的としており、従来の産活法とは若干趣を異にするものとなっています。

　産活法の認定を受けた企業に対し、日本政策投資銀行が民間金融機関等と協調して優先株の引受や融資を実施、損失が発生した場合は日本政策金融公庫（公的機関）が5～8割をめどに補填するというもので、補填枠として1兆5,000億円が準備されています。

　この改正は、平成21年4月30日に公布及び施行となっていますが、金融危機対応であるという趣旨にかんがみ、平成22年3月末までの時限立法となっていますので、ご留意ください。

主要語句索引

あ

RCC企業再生スキーム　*191*
一時停止　*180*
一般更生債権　*201*
一般優先債権　*211*
内整理　*168*
営業譲渡　*141, 209*
営業譲渡・譲受　*346*
エグジットファイナンス　*220*
MBO　*348*
LBO　*220, 226*
LPS法　*334*

か

会社更生法　*22, 196, 198*
会社分割　*141*
改正会社更生法　*198*
合併　*346*
株式会社整理回収機構　*191*
株式交換　*140*
簡易再生手続　*214*
管財人　*23, 198, 210*
監督委員　*210*
監督型　*206*
管理型　*206*
企業再生検討委員会　*192*
技術活用事業革新計画　*329*
給与所得者等再生　*215*
共益債権　*201, 211*
共同事業再編計画　*329*
経営資源再活用計画　*329*
経営資源融合計画　*329*
KPI分析　*148*
更生計画　*202*
更生担保権　*201*
合弁会社設立　*346*
子会社設立　*346*

さ

再建型　*197*
再建型処理　*166*
債権放棄　*329*
財産評価　*202, 211*
再生計画　*212*
再生債権　*211*
債務の株式化　*130, 207, 231*
三角合併　*138*
産活法　*327*
産業活力再生特別措置法　*327*
産業活力再生特別措置法の一部を改正する法律　*328*
事業革新設備導入計画　*329*
事業再構築計画　*329*
事業再生ADR　*194*
時系列分析　*147*
市場分析　*147*
実質債務超過の解消年限　*159*
私的整理　*166, 168*
私的整理ガイドライン　*177*
住宅資金貸付金に対する特則　*215*
小規模個人再生　*215*
新規投資　*346*

SWOT分析　147
清算型　197
清算型処理　166
生産集約　346
増資　346

た

担保権消滅の申立て　209
担保債権　211
中小企業再生支援協議会　188
調査委員　200, 210
TOB　348
DDS　220
DES　130, 162, 220, 231, 346
DIP型　23, 206
DIPファイナンス　220
デット・エクイティ・スワップ　162, 207, 220, 231
デット・デット・スワップ　220
同意再生手続　215
投資事業有限責任組合契約に関する法律　334
特定調停法　186

特定認証紛争解決手続　194

は

部門別（事業所別・製品別）分析　147
プレパッケージ型の再生手続　210
プレパッケージ方式　220
分社化　346
ベンチマーク比較分析　147
包括的禁止命令　200
法的整理　166
保全管理人　200
保全処分　200
保全命令の申立て　209

ま

民事再生法　196, 206
持株会社設立　346

や

優先的更生債権　201
有利子負債の返済年限　159
予納金　200, 208

◆著者：あずさ監査法人

[東京事務所]
　東京都新宿区津久戸町1番2号　あずさセンタービル
　TEL 03-3266-7016　FAX 03-3266-7246

[大阪事務所]
　大阪市中央区瓦町3丁目6番5号　銀泉備後町ビル
　TEL 06-7731-1008　FAX 06-7731-1311

◆執筆者一覧（13名　五十音順）
　●あずさ監査法人
　　浅井　愁星（あさい　しゅうせい）公認会計士
　　池澤　宗樹（いけざわ　むねき）米国公認会計士
　　井上　浩一（いのうえ　こういち）公認会計士
　　葛城　覚（かつらぎ　さとる）公認会計士
　　久保田浩文（くぼた　ひろふみ）公認会計士
　　正司　素子（しょうじ　もとこ）公認会計士
　　鈴木　泰希（すずき　たいき）公認会計士
　　花谷　徳雄（はなたに　のりお）公認会計士
　　原田　大輔（はらだ　だいすけ）公認会計士
　　松井　隆雄（まつい　たかお）公認会計士
　　三宅　潔（みやけ　きよし）公認会計士
　　脇田　勝裕（わきた　かつひろ）公認会計士
　●KPMG税理士法人
　　中谷　浩一（なかたに　こういち）公認会計士・税理士

　　ここに記載されている情報はあくまで一般的なものであり、特定の個人や組織が置かれている状況に対応するものではありません。私たちは、的確な情報をタイムリーに提供するよう努めておりますが、情報を受け取られた時点及びそれ以降においての正確さは保証の限りではありません。何らかの行動を取られる場合は、ここにある情報のみを根拠とせず、プロフェッショナルが特定の状況を綿密に調査した上で下す適切なアドバイスに従ってください。

【あずさ監査法人】

あずさ監査法人は、2004年1月、朝日監査法人とあずさ監査法人が合併して設立された監査法人です。全国主要都市に約5,500名の人員を擁し、監査や各種証明業務をはじめ、株式公開支援、財務関連アドバイザリー、リスクアドバイザリーサービスなどを提供しています。また、金融業、製造・流通業、IT・メディア、官公庁、ヘルスケアなど業界特有のニーズに対応した専門性の高いサービスを提供する体制を有するとともに、4大国際会計事務所のひとつであるKPMGのメンバーファームとして、144ヶ国に拡がるネットワークを通じ、グローバルな視点からクライアントを支援しています。

実務家のための　企業再生と事業承継

平成21年8月20日　発行

定価はカバーに表示してあります

著　者　あずさ監査法人

発行者　小泉　定裕

発行所　㈱清文社

〒530-0041　大阪市北区天神橋2丁目北2-6（大和南森町ビル）
電話06（6135）4050　FAX　06（6135）4059
〒101-0048　東京都千代田区神田司町2-8-4（吹田屋ビル）
電話03（5289）9931　FAX　03（5289）9917

清文社ホームページ　http://www.skattsei.co.jp/

著作権法により無断複写複製は禁止されています
落丁・乱丁の場合はお取替え致します

印刷・製本　(株)太洋社
ISBN978-4-433-34299-9

©2009 KPMG AZSA & Co., an audit corporation incorporated under the Japanese Certified Public Accountants Law and a member firm of the KPMG network of independent member firms affiliated with KPMG International, a Swiss cooperative. All rights reserved.

会社清算の実務75問75答

ひかりアドバイザーグループ 編

実務に対する指南書を目指して、現場サイドの疑問をQ&A形式で解説。図や表を出来る限り用いてわかりやすく解説するとともに、様式のひな型や、記載例を豊富に織り込む。

■B5判312頁/定価 2,730円（税込）

最新 成功する事業承継Q&A

自社株対策から贈与・相続・納税猶予の賢い活用法

税理士 坪多晶子 著

遺留分に関する民法特例や自社株式の相続・贈与に係る納税猶予等、最新の税制改正事項はもちろん、会社法の基礎知識から自社株対策まで網羅し、スムーズな事業承継の対応策とそのポイントを徹底解説。

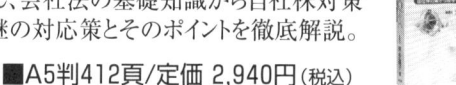

■A5判412頁/定価 2,940円（税込）

事業承継成功のポイント50

税理士 海野裕貴 著

事業承継対策で見落としがちな経営資源承継・相続税負担・遺産分け等に焦点を当て、新事業承継税制や民法の特例、金融支援措置といった新たな制度について解説。早期事前対策による事業承継成功のポイントをQ&Aでわかりやすく詳細に解説。

■B5判148頁/定価 1,890円（税込）

新版 詳説 自社株評価Q&A

税理士 尾崎三郎 監修/税理士 竹内陽一・掛川雅仁 編著

財産評価基本通達における非公開会社の株式の評価に関する実務上のあらゆる疑問に168のQ&Aで明解に答える。

■A5判432頁/定価 2,730円（税込）

新版 企業価値評価の実務

デロイト トーマツFAS㈱ 枡谷克悦 著

M&Aの判断基準としての企業価値の評価方法を中心に、具体的な計算例や設例により解説。

■A5判720頁/定価 4,200円（税込）